A
FILOSOFIA
DA
HISTÓRIA

CIP-BRASIL. CATALOGAÇÃO NA PUBLICAÇÃO
SINDICATO NACIONAL DOS EDITORES DE LIVROS, RJ

G53f   Godinho, Bruno Freitas
        A filosofia da história sob a visão espiritual / Bruno Freitas
Godinho. – 2. ed. – Porto Alegre [RS] : AGE, 2024.
        215 p. ; 16x23 cm.

        ISBN 978-65-5863-278-8
        ISBN E-BOOK 978-85-8343-449-8

        1. História (Filosofia). 2. História universal – Miscelânea.
3. Espiritismo. I. Título.

19-58192   CDD: 909
                  CDU: 94(100):133.9

Meri Gleice Rodrigues de Souza - Bibliotecária CRB-7/6439

Bruno Godinho

A FILOSOFIA DA HISTÓRIA

sob a visão espiritual

2.ª edição

EDITORA

PORTO ALEGRE, 2024

Capa:
Nathalia Real

Apoio:
Adequá Comunicação Estratégica

Diagramação:
Júlia Seixas
Nathalia Real

Revisão e supervisão editorial:
Paulo Flávio Ledur

Editoração eletrônica:
Ledur Serviços Editoriais Ltda.

Agradecimentos

Os pensamentos antecedem as palavras e estas são dirigidas por eles. As ideias, depois de tomarem formas na mente, expandem-se em ondas que, na sua estrutura vibrante, alcançam manifestações múltiplas. Uma parte viaja para o macrocosmo; outra sintetiza-se em estímulo, no microcosmo; e a terceira expressa-se nesse grande fenômeno que se chama **palavra**, materializando-se em sons, que não passam de ondas captadas pelo nervo auditivo, possibilitando aos semelhantes conhecerem, com mais nitidez, o que pensamos ou queremos transmitir. A despeito disso, é na escrita que se fecha a válvula que preside o verbo, economizando-se energia. Contudo, os pensamentos fluem, igualmente, ao ouvido interno, porque quem escreve ouve a si mesmo, no silêncio da acústica mental. "Escrever é uma atividade solitária, mas não exclui contribuições de outras pessoas", bem afirmou a notável escritora inglesa Karen Armstrong (1944).

Assim sendo, expresso aqui minha gratidão aos irmãos e irmãs de ideais crísticos, em ordem alfabética: Álvaro Jesus Souza Guimarães, Ana Valéria Cortes Magalhães, Bruna Ritzel Godinho, Carlos Hugetop, Hugo Solka, Jacqueline Nunes de Lima, Márcio Camargo Alves, Michele Siebeneichler, Rafael Sarturi, Renata de Figueiredo, Rosalina Conceição Siebeneichler, Sandro Luna Pires, Sinara Valesca Pellegrini da Silva, Tatiane Lopes de Oliveira e Thaciane Piletti da Silva. Também agradeço de coração ao professor Paulo Flávio Ledur, que foi, no mundo material, a pessoa que apostou na ideia da publicação deste livro, e sempre nos honrou com sua atenção e carinho incomuns.

Por fim, deixo minha gratulação ao Espírito Vianna de Carvalho, que, na manhã do dia 17 de abril de 2014, na cidade de Ijuí, no Estado do Rio Grande do Sul, através do médium Divaldo Pereira Franco, informou-me que estava me acompanhando em escritos íntimos. Ressalto que à época, ninguém neste Planeta Terra, encarnado, tinha conhecimento do que eu estava escrevendo em meu escritório particular havia quase um ano. Sei, portanto, que ele tem, sobremaneira, uma contribuição na elaboração deste livro, agora trazido a público.

A quem possa interessar, Vianna de Carvalho, em uma de suas reencarnações, assumiu a personalidade de um destacado filósofo. Mas qual deles, perguntar-se-ia. Ah! Esta pergunta eu também fizera, mais de quatro vezes, ao estimado amigo e irmão em Cristo Divaldo Franco, e todas as suas respostas foram: "Embora eu saiba, Vianna de Carvalho prefere que não se tenha conhecimento, na matéria, sobre essa sua existência, e eu preciso respeitá-lo". Obviamente, caro leitor, a resposta não poderia ser outra quando pronunciada pelos lábios de um médium que, sem louvaminhas, é sério (portanto seguro), probo, de comportamento ilibado, e que vive com denodo e sacrifícios inefáveis ao entendimento da grande massa terrena.

Sumário

PARTE IV – À LUZ DA RAZÃO

PARTE V – O FANTASMA MATERIALISTA

PARTE VI – O ESPIRITISMO

Prefácio

Este livro se apresenta, na maioria das dissertações, propondo mais a demonstrar fatos do que fazer construções filosóficas. Já existem, em demasia, literaturas que falam sobre a história da filosofia no ocidente.[1] Entretanto, procuramos trazer nossa colaboração aliando-a à Doutrina Espírita, que, por sua vez, é também filosofia em um do seu tríplice aspecto. Dessa maneira, o Espiritismo, nesta despretensiosa obra, aparece como alicerce, e não é de todo descabido revesti-lo de certa autoridade, trazendo conceitos de outras literaturas, além das fundamentais, onde vários autores aparecem ombreando-a. Não é uma obra de estilo rebuscado, nem se valoriza pelas filigranas e tessituras literárias. É talvez, a nosso ver, um manual didático, um compêndio de informações, e até um livro de consultas. Não negamos que em alguns capítulos há, sim, hermenêutica, à medida que cruzamos informações de diversas obras e tiramos conclusões a partir delas.

"Se você rouba ideias de um autor, é plágio. Se você rouba de muitos autores, é pesquisa", já dizia o dramaturgo americano Wilson Mizner (1893-1933). Por ser uma pesquisa de cunho espírita (portanto, espiritualista), abordamo-la filosoficamente, trazendo bases científicas, e, naturalmente, as consequências tornam-se morais. Portanto, vemo-la como uma lareira, pois procura aquecer o coração e a mente do leitor, nesta hora de alucinação humana do século apocalíptico. Enfim, se conseguirmos levar ciência (conhecimento) aos que forem lê-la, iluminando suas faces e, com efeito, identificando-os de forma crescente com Jesus – consumação última da História Humana –, já nos consideraremos satisfeitos.

Embora a obra tenha sido construída de forma inteiramente anacrônica, seguindo a inspiração que nos chegava à mente, seus capítulos serão apresentados cronologicamente, no tempo e no espaço. Cada capítulo estará forrado de citações diretas e notas explicativas. Estas são indispensáveis para a compreensão da obra, porque, além de enriquecê-la, trazem sempre uma ligação com o texto em questão. Por essa razão, rogamos ao leitor que no momento em que uma nota aparecer não a desconsidere, e, sem hesitar, busque-a assim que vê-la, a fim de melhor compreender o parágrafo que esteja sendo lido. É apenas este encarecido pedido que fazemos.

O leitor atento poderia inquirir se não houve erro de digitação, quando no título – *A Filosofia da História* – a preposição *da* antecede a palavra *História*. Perguntar-se-ia: não seria correto o título ser *A Filosofia na História*? A resposta é não! A preposição *da* se encontra no local certo. Para melhor entender o título da obra, a explicação se encontra na palavra *História*, que, ao ser compreendida, responde muitas perguntas até então desconhecidas, bem como atende a tantas outras questões conhecidas, mas que não acharam a resposta satisfatória.

Vejamos: Friedrich Hegel (1770-1831), o gênio de Stuttgart, define o *espírito do mundo* como um rio correndo na direção duma conscientização cada vez maior de autoconhecimento e autodesenvolvimento até a conquista da liberdade absoluta, na unificação do espírito humano com o divino. O *espírito do mundo*, para Hegel, é como o somatório de todas as manifestações humanas, ou seja, a vida, os pensamentos, a cultura do homem através da História. Com essa visão, o filósofo alemão puxou a filosofia para o nosso chão, trazendo-a das alturas do romantismo. Ademais, cunhou um método para o entendimento racional do curso da História.

Hegel negava a existência de verdades que se eternizassem, afirmando que o conhecimento humano muda de geração para geração. Cada verdade está sempre vinculada a uma época, existindo apenas uma única referência universal: a História, que flui como a corrente de um rio, no qual todos os seus acidentes se refletem uns sobre os outros. O pensamento passado da Humanidade determina nossa maneira atual de pensar, ao lado das condições de vida da presente existência. Com isso, as ideias são verdadeiras no momento em que são expressadas e vividas, o que não significa que são corretas para sempre. Os fatos são verdadeiros ou falsos exclusivamente em relação a um contexto histórico.

A verdade, pois, é apenas **um processo da razão humana**. Fora desse processo é impossível distinguir o certo do errado. Nele há um desenvolvimento do conhecimento, que caminha com a Humanidade, cada geração acrescentando algo novo ao progresso da geração anterior. Todo avanço exibe o *espírito do mundo* e, malgrado os abalos, a Humanidade progride continuamente, dentro de uma teleologia[2] inexorável, em função da qual cada ideia nova se apoia em outras precedentes; a nova, por sua vez, será um dia contestada também, havendo entre ambas uma tensão, que acaba gerando uma terceira ideia, surgida do aproveitamento do que as duas em choque têm de melhor.

A esse jogo, Hegel chamou de *evolução dialética* ou *método dialético*. Não a dialética até então usada para descrever o processo de argumentar e refutar, com o objetivo de determinar os primeiros princípios, conforme os famosos diálogos socráticos. Diferentemente, a dialética (de *diá* = através, e *légo* = pensar) de Hegel consiste em uma primeira ideia, que é a **posição** (ou tese); em uma segunda ideia, que é a **negação** (ou antítese); e o resultado do choque é a **negação da negação** (ou síntese). Mais adiante, esta síntese será o início de outro estágio do processo, dentro da mesma lei, até o primado da conscientização e da liberdade absoluta.

É sempre muito difícil perceber esse processo histórico, simplesmente porque somos todos parte dele. Assim, a História é que vai decidir o que é certo e o que é errado, prevalecendo sempre a vontade de Deus, porque é Ela (a História) uma realização divina.[3] Dizemos vulgarmente que **"o homem faz a história"**. Há, nesta frase, um equívoco, porquanto é **"a história que faz o homem"**. A História é uma realização de Deus. A História não é progresso ao infinito, porque, se assim fosse, cada um de seus momentos seria menos perfeito que o outro; ela é infinita perfeição de todos os momentos.

O mundo de hoje é um cenário de conflitos. Para termos uma ideia, após a Segunda Guerra Mundial já tivemos 160 guerras e 40 milhões de mortos. Se contabilizarmos desde 1914, estes números sobem para 401 conflitos e 187 milhões de mortos, aproximadamente. Outrossim, desde 1998, assistimos a Estados Unidos contra o Iraque; árabes contra judeus; os separatistas bascos e irlandeses; Etiópia contra Eritreia; Índia contra Paquistão; guerras civis no Afeganistão, em Angola, na Argélia, em Bangladesh, no Cazaquistão, no Congo, na Iugoslávia (hoje dividida pela Croácia e Eslovênia), na Libéria, na Papua, na Namíbia, em Nova Guiné, no Senegal, no Sri Lanka, no Sudão, e por aí vai... Também é ostensivo o moderno progresso tecnológico, sem um correspondente progresso na visão ética do ser humano. Uma situação assim permite, por exemplo, que atualmente mais da metade de toda a verba aplicada em pesquisas científicas nos Estados Unidos esteja ligada ao desenvolvimento de novas armas de guerra.

Todo esse cenário apresentado não é História, mas sim Anti-História, que se revela em uma tentativa de subverter o Plano Divino. Tentativa evidentemente frustrada, mas que machuca enquanto dura. A vida é cheia de **contraditórios**, não de

contradições. A Anti-História não existe fora da História, nem os anticorpos fora do corpo. A Anti-História serve apenas para podermos nos maravilhar diante da perfeição absoluta que se expressa na beleza organicista e sinérgica da Criação de Deus.

Conforme Allan Kardec (1804-1869), Codificador do Espiritismo, "tudo é harmonia na obra da criação, tudo revela uma previdência que não se desmente nem nas menores coisas nem nas maiores; devemos, pois, de início descartar toda a ideia de capricho irreconciliável com a sabedoria divina; em segundo lugar, se nossa época está marcada para o cumprimento de certas coisas, é que elas têm sua razão de ser na marcha geral do conjunto. (...) Do fato de que o movimento progressivo da Humanidade é inevitável, porque está na Natureza, não se segue que Deus a isto seja indiferente, e que, depois de ter estabelecido as leis, tenha entrado na inação, deixando as coisas irem inteiramente sozinhas. Suas leis são eternas e imutáveis, sem dúvida, mas porque sua própria vontade é eterna e constante, e que seu pensamento anima todas as coisas sem interrupção; se esse pensamento cessasse um único instante de agir, o Universo seria como um relógio sem pêndulo regulador."[4]

Dessa forma, não deixaremos de abordar a filosofia no ocidente, mas principalmente trabalharemos seu contexto dentro das leis divinas, dentro da História, porque esta, repetimos, é uma realização de Deus. Que o Sempiterno, sob a égide de Jesus, possa nos dar a inspiração necessária para realizarmos esse belo desafio, pois dominados pela avidez de saber, e não pela ambição de criar, temos a certeza de que trocaríamos tudo que sabemos (e é pouco) pela metade do que ignoramos.

Notas

1. De maneira ampla, existem seis grandes temas abordados pela filosofia, a saber: I) Metafísica: o estudo do Universo e sua realidade. II) Lógica: como criar um argumento válido. III) Epistemologia: o estudo do conhecimento e de como o adquirimos. IV) Estética: o estudo da arte e da beleza. V) Política: o estudo dos direitos políticos, do governo e o papel dos cidadãos. VI) Ética: o estudo da moralidade e de como cada um deve viver.

2. A Teleologia é o estudo das finalidades, do mundo como um sistema de relações entre meios e fins.

3. Falaremos, na Parte IV, da existência física de Hegel, bem como mais detalhes de sua filosofia.

4. Allan Kardec. (*Revista Espírita* de outubro de 1866.)

PARTE I

―――――

O alvorecer
da Filosofia

Oriente e ocidente

Os orientalistas sustentavam que a filosofia, no Ocidente, tivera suas raízes implantadas na sabedoria das antigas civilizações orientais. Os ocidentalistas reivindicaram para a Grécia a exclusiva criação da filosofia e da ciência teórica. As duas correntes estão corretas em suas arguições. A filosofia e a ciência teórica foram desenvolvidas pelos pensadores gregos, mas as bases acham-se implantadas nas fontes do saber oriental das civilizações mesopotâmica, egípcia e hindu. Certa feita, um sacerdote budista, do Tibet, disse a um doutor inglês: "Estudais a matéria sob todas as suas formas; nós, há mais de dez mil anos, estudamos a alma e as suas faculdades".[1]

Diferente da Índia e do Egito, a civilização ariana demorou a estabilizar-se na Europa. "Somente com o escoar de muitos séculos regularizaram-se as suas migrações sucessivas,[2] através dos planaltos da Pérsia. Do Irã procederam quase todas as correntes da raça branca, que representariam mais tarde os troncos genealógicos da família indo-europeia. Conforme afirmávamos, os arianos que procuravam as novas emoções de uma terra desconhecida eram, na sua maioria, os espíritos revoltados com as condições do seu degredo;[3] pouco afeitos aos misteres religiosos, que, pela força das circunstâncias, impunham uma disciplina de resignação e humildade, não cuidaram da conservação do seu tradicionalismo, na ânsia de conquistar um novo paraíso e serenarem, assim, as suas inquietações angustiosas."[4]

Pouco restou do que deixaram escrito os filósofos pré-socráticos. A maior parte dos trabalhos originais desses pensadores perdeu-se, sobrando apenas fragmentos em forma de trechos inteiros ou frases, assim como referências a eles inseridas em obras também antigas, mas escritas séculos depois. O conhecimento acerca dos filósofos gregos, desde o século VIII a.C., hoje só pode ser conhecido através de *Doxografia*, ou seja, através de relatos das ideias de um autor, quando interpretadas por outro autor; ao contrário do fragmento, que é a citação literal das palavras de um autor por outro. Em suma, nenhum dos textos dos pré-socráticos foi preservado integralmente, e a maior parte do que sabemos sobre eles baseia-se em fragmentos e nas citações posteriores de historiadores e filósofos, que, em geral, são tendenciosas.

Aproveitamos o ensejo para esclarecer que a palavra *pré-socrático* quer dizer antes de Sócrates (469-399 a.C.), e foi popularizada em 1903 pelo filólogo, helenista (estudioso da língua e/ou da civilização da antiga Grécia) e historiador da filosofia, o alemão Hermann Diels (1848-1922). No entanto, Sócrates foi contemporâneo dos filósofos chamados *pré-socráticos* e, dessa forma, a palavra não significa que os pré-socráticos viveram antes dele. Em vez disso, a palavra *pré-socrático* refere-se às diferenças na ideologia e nos princípios.

"Kósmos", "Théos" e "Ântropos"

A história do pensamento filosófico da Humanidade divide-se em três períodos: cosmocêntrico, antropocêntrico e teocêntrico. Não são períodos nitidamente discriminados, justapostos, em coordenações sucessivas, mas sim períodos que se entrelaçam, sobrepõem-se parcialmente. A razão dessa divisão, meramente objetiva, é porque nos diversos períodos prepondera este ou aquele elemento característico. Ao interesse de nosso despretensioso estudo, os períodos cosmocêntrico e antropocêntrico serão os que, por ora, iremos abordar. Vejamo-los.

I) Período cosmocêntrico

Caracterizado por cerca de dois séculos (600-400 a.C.). Nesse período, os pensadores helênicos lutaram por conseguir a matéria-prima do Universo.

O filósofo Tales (625-558 a.C.), da cidade de Mileto, na província da Jônia, um dos sete sábios da Grécia, admitia que o constitutivo fundamental de todas as coisas era o *hydor* (água). Dela tudo deriva; nela tudo consiste, a ela tudo volta. O que motivou o célebre jônico foi, possivelmente, o fato de que a vida sobre a face do globo terrestre se originou nas águas primitivas, e que até hoje nenhum ser biológico existe sem água.

Anaximandro (610-547 a.C.), outro filósofo Jônio, de Mileto, considerava o *áiperon* (o infinito, o ilimitado) como base de todas as coisas. Por esse *áiperon* nasceram todos os finitos.

Anaxímenes (588-524 a.C.), de Mileto, Diógenes de Apolônio (585-480 a.C.) e Anaxágoras (500-428 a.C.) chamam o princípio cósmico de *aér* (sopro, hálito, espírito no sentido primitivo de vento). Anaxímenes dizia: "Como nossa alma, que é ar, soberanamente nos mantém unidos, assim também todo o cosmo, sopro e ar o mantêm." (Aécio, I, 3-4.)[5]

Mas, nenhum desses supracitados foi mais feliz em suas teorias (hoje se pode dizer dessa maneira) que Leucipo (meados do século V a.C.) e seu discípulo Demócrito (460-370 a.C.), de Abdera, haja vista terem elaborado a mais sutil e célebre teoria da antiguidade sobre a explicação mecânica do Universo – o átomo. Segundo eles, eram partículas indivisíveis, qualitativamente determinadas, eternas, infinitas, separadas pelo vácuo, dotadas de um movimento que lhes é essencial.

No final do século V a.C., os antigos pensadores abandonam a discussão sobre a matéria-prima do Universo como algo físico. Em face disso, uma onda de desânimo e ceticismo (descrença, incredulidade) invade o pensamento humano. Desde então, procuram os filósofos helênicos precisar se esse elemento universal do cosmos – que faz do mundo uma verdadeira unidade na pluralidade – é algo estático ou dinâmico; permanente ou transitório.

Veio a escola filosófica dos Eleáticos (com sede em Elea, cidade do sul da Itália), chefiada por Parmênides (530-460 a.C.), defendendo a concepção estática, imutável do Universo. Ao revés, a escola filosófica de Éfeso (com sede em Éfeso, capital da Jônia, Ásia Menor), sob a liderança de Heráclito (540-470 a.C.), advogava a ideia de que o substrato do cosmos é essencialmente dinâmico, ativo, vibrante ou radiante, processual. É de Heráclito a famosa frase: "panta rhei" (tudo flui). A esse sábio se atribui o famoso aforismo segundo o qual "Não se pode atravessar o mesmo rio duas vezes". Heráclito chegou à famosa concepção do Logos como sendo a alma do Universo. Logos quer dizer Razão ("*Ratio*", em latim) considerada no seu estado mais perfeito e universal, como a Razão Cósmica, o Espírito Universal, do qual tudo vem e para o qual tudo tende. Em outras palavras: Heráclito é o primeiro grande expoente da ideia de que a verdadeira natureza do nosso mundo é a mudança – uma escola de pensamento que chega ao seu apogeu na ciência contemporânea, segundo a qual os mundos atômico, biológico e cósmico estão constantemente fluindo.

II) Período antropocêntrico

Finalmente, perceberam os gênios da época que o homem não pode conhecer o mundo ao redor (*kósmos*), nem o mundo acima dele (*théos*), sem primeiro conhecer o mundo dentro dele (*ânthropos*), já que o instrumento-chave que ele prega para qualquer conhecimento é o seu próprio EU.

Dentre os Templos da antiga Grécia, como o santuário de Asclepios, na cidade de Epidauro, à margem do Mar Egeu; o santuário de Pérgamo, perto das ruínas da antiga Troia; o Templo de Delfos era o mais famoso santuário da antiguidade. É nele que estavam gravadas as palavras lapidares: *gnôth seautón* (conhece-te a ti mesmo). Estava, aí, sintetizada brevíssima e imensa, a alma de toda a filosofia religiosa ou de toda religião filosófica.

Houve, desde então, uma revolução intelectual, que teve como os primeiros expoentes dessa tendência – os sofistas. O maior de todos foi, indubitavelmente, Protágoras (490-415 a.C.), nascido em Abdera, embora tenha ensinado, toda sua vida, em Atenas. Seu célebre lema congrega a essência da filosofia sofista: "Métron Ánthropos Panton" (o Homem é medida de todas as coisas). Mas, nesse contexto, que é o Homem?

Dividem-se, para a resolução dessa enigmática pergunta, os caminhos da filosofia antiga:

I) **Os individualistas ou sofistas:** difundiam uma doutrina relativista, porquanto diziam não haver verdades absolutas ou padrões eternos de direito e justiça. A percepção do sentido é a fonte exclusiva do conhecimento e, por essa razão, só pode haver verdades particulares, válidas para certo tempo e em certo lugar. O homem é essencial e exclusivamente este ou aquele indivíduo. Quer dizer que sua felicidade consiste em ser fiel a seu ego individual; a felicidade humana não pode ter por base senão o real (concreto) e verdadeiro. Não quer dizer que os sofistas não eram altruístas; pelo contrário, deveriam promover a felicidade de seus semelhantes, já que a felicidade do indivíduo depende grandemente da felicidade da sociedade de que faz parte. Condenavam, sem exceção, a escravidão e o exclusivismo racial dos gregos. Eram defensores da liberdade, dos direitos do homem.

II) **Os universalistas ou socráticos:** o homem é um ser universal; um ser transitório, um ser eterno. Quer dizer que sua felicidade consiste em "ser bom"; assim agindo seria feliz.

Um quadro sinótico de Atenas

Antes de falarmos do maior filósofo do ocidente, em todos os tempos – Sócrates –, bem como de seu discípulo – Platão –, iremos fazer uma digressão sobre o quadro geográfico, político-econômico e social da cidade mais importante da Grécia clássica – Atenas –, a fim de contextualizá-la com a vida daquele que fez, no dizer de Cícero (106-43 a.C.), o orador romano, a "filosofia descer do Céu para a Terra", lançando, quase cinco séculos antes de Jesus, a semente das ideias crísticas.

Pois bem. No século V a.C., Atenas não era grande ou muito populosa; apenas uma entre centenas de cidades-Estado. Era possível atravessá-la a pé, em apenas duas horas. Sua população era cerca de 350 mil habitantes, dos quais apenas cerca de 40 mil atenienses – de nascença e do sexo masculino – tinham plena cidadania e direito de voto.

A época mais brilhante de Atenas começou no ano 480 a.C., quando a cidade, comandada por Temístocles (524-459 a.C.), rechaçou uma tentativa de invasão por parte do colossal Império Persa, liderado por Xerxes I (518-465 a.C.), em uma decisiva batalha naval, no Estreito de Salamina, no Mar Egeu, em 479 a.C. Com essa vitória militar, Atenas assumiu a liderança das cidades-Estado gregas, constituindo a chamada Liga de Delos, em 476 a.C., comprometida com a segurança mútua. Com o tempo, cerca de 200 cidades litorâneas da Grécia e das ilhas do Mar Egeu passaram a integrar a Liga de Delos.

Em troca do pagamento de impostos a Atenas, os membros da Liga recebiam proteção e estímulo para o seu comércio. As forças armadas da Liga livraram os mares de piratas e as estradas de bandidos, para que os comerciantes pudessem viajar livremente. O resultado foi uma era de aproximadamente quarenta anos, durante os quais Atenas tornava-se mais poderosa e rica a cada ano. O Parthenon, templo em homenagem à padroeira da cidade, a deusa Atena, começou a ser erguido em 447 a.C., em uma coluna que domina a cidade, chamada Acrópole.

O Pireu – porto de Atenas – estava sempre cheio de navios. Os maiores pensadores, artistas e escritores eram atraídos para Atenas. No teatro de Dionísio (deus do vinho), os atenienses aplaudiam as peças dos fundadores do teatro ocidental, os dramaturgos: Ésquilo (525-455 a.C.), Sófocles (496-406 a.C.), Eurípides (480-406 a.C.) e Aristófanes (447-386 a.C.). A cultura clássica grega não é apenas uma relíquia do passado, mas sim um estímulo constante à radicalização do pensamento sobre o presente e o futuro.

Sócrates

E foi nessa primeira "Era de Ouro" de Atenas, que nasceu Sócrates (469-399 a.C.). Era filho de Sofronisco (pedreiro) e Fainereté (parteira). Quando Sócrates tinha oito anos, em 461 a.C., Péricles (495-429 a.C.) – o mais importante líder de Atenas – assumiu o controle do Estado, dando início a um período de 40 anos de crescimento, prosperidade e realizações.

Esparta, que "passou à história como um simples povo de soldados espalhando a destruição e os flagelos da guerra, sem nenhuma significação construtiva para a Humanidade",[6] em 457 a.C., estava em guerra com Atenas, e esta negocia uma trégua com aquela, garantindo paz e prosperidade por muitos anos. No ano citado acima, Sócrates tinha 12 anos de idade, e até os 19 anos passa a juventude na capital da Grécia, em seu período mais próspero e criativo. Aprendiz de pedreiro junto a seu pai, logo se dá conta de que sua verdadeira vocação é outra. A prova disso está que, dois anos depois, com 21 anos de idade, estuda com Anaxágoras – importante filósofo e cosmólogo, como já vimos alhures – e começa a entender que será seu destino trazer a filosofia *à Terra*, passando a tratar de questões éticas e não apenas científicas. Em verdade, Sócrates era um Espírito "superior a seu mestre".[7] No ano de 447 a.C., Atenas transforma-se no centro do mundo mediterrâneo, atraindo, para si, os maiores talentos em todos os campos da atividade humana.

No ano de 442 a.C., com 27 anos, Sócrates é informado de que o Oráculo de Delfos declarou que não há homem mais sábio do que ele. Desde então, sai por Atenas em busca de um homem mais sábio do que ele mesmo, e constata que sua sabedoria está no fato de saber que sabe muito pouco, dedicando-se, a partir daí, pelo resto de sua existência física, à busca do conhecimento válido e da compreensão profunda.[8]

Aos 28 anos, Sócrates cumpre a primeira etapa de seu serviço militar, em Samos, tendo entre seus companheiros de armas o dramaturgo Sófocles. Aos 34 anos de idade, este enviado de Jesus ao orbe terráqueo ganha celebridade em Atenas ao vencer Protágoras – o mais destacado dos sofistas, como já vimos algures – em um debate público. Disse Protágoras, com elegância, referindo-se a seu antagonista: "Eu o admiro acima de todos os homens que conheço".

Em 432 a.C., aos 37 anos, Sócrates é elogiado por sua coragem na Batalha de Potideia – colônia de Corinto –, conforme relato de Alcibíades em um dos diálogos de Platão – o *Banquete*. Um ano depois, em 431 a.C., Esparta rompe a trégua, invade a Ática, conquista uma região a cerca de dez quilômetros de Atenas e dá início a guerras constantes. Sócrates está presente, quando Péricles pronuncia sua imortal *Oração ao Ateniense Morto*.[9]

No ano 430 a.C., Atenas sofreu uma epidemia que matou um terço da população, e Sócrates sobreviveu a ela. Um ano mais tarde, em 429 a.C., com exatamente 40 anos de idade, casa-se com Xantipa (?-†), e teve três filhos com ela. Aos 48 anos de idade, Sócrates relata a Glauco sua Alegoria da Caverna, para ilustrar os limites do conhecimento, e seu discípulo Platão, mais tarde, iria relatá-la na obra *República*.

Em 406 a.C., os espartanos vencem a Guerra do Peloponeso, que se prolongou desde 431 a.C., ocupando Atenas e instaurando o regime autoritário dos Trinta Tiranos, iniciando o período do terror. Em 404 a.C., com 65 anos de idade, Sócrates desafia os tiranos, recusando-se a participar da prisão ilegal de um concidadão. No ano seguinte (403 a.C.), os Trinta Tiranos são depostos, e tem início um governo mais democrático.

Aos 70 anos, Sócrates é acusado de combater o paganismo – ou seja, a ideia de vários deuses – e de corrupção dos jovens que, alegres, iam à Ágora – praça pública de Atenas – para ouvir o homem mais sábio da Grécia. O julgamento dura somente um dia. Resultado? É condenado, com diferença de 31 votos, a beber cicuta – erva venenosa que, apenas em um cálice, tem poder de matar dez cavalos de uma vez só. Durante o mês que ficou mantido encarcerado, à espera da execução, Sócrates tem seus últimos diálogos com os amigos e rejeita o plano de fuga que estes lhe sugerem. Na data marcada, ingere voluntariamente um cálice de cicuta.

As obras de Platão, que relatam os acontecimentos citados no parágrafo acima, são: *Apologia*, que é um relato completo de todo o processo, inclusive o interrogatório dos acusadores feito por Sócrates; *Críton*, que reproduz a conversa entre Sócrates e seu mais velho amigo, que o visitara na prisão, na noite anterior à sua execução, para implorar que concordasse com um plano infalível de fuga para o exílio; *Fédon*, que retrata a cena em que Sócrates toma cicuta na prisão. Cabe aqui salientar que Sócrates nada escreveu; sua vida e seus pensamentos podem ser conhecidos através do trabalho de seus discípulos – Platão (427-347 a.C.) e Xenofonte (430-355 a.C.) – e de seu contemporâneo, o já citado dramaturgo grego Aristófanes.

Sócrates sempre se utilizou da dialética, ou seja, a arte de discernir, para fazer com que seus interlocutores chegassem, por si mesmos, a todas as conclusões. Para tanto, separava o profundo do que é superficial, o permanente do efêmero, o indestrutível do transitório. Valia-se, também, da ironia para demolir os preconceitos e as ideias falsas. Utilizava-se da maiêutica (em grego, *parto*), em homenagem a sua mãe, que era parteira, dizendo que ela fazia parto de corpos e ele "dava luz às ideias", revelando as verdades latentes do espírito humano. Conseguiu, assim, trazer o pensamento cosmológico para a ética, pois ensinava que somente no Bem e no Belo existe sabedoria.

Em *O Livro dos Médiuns* – segunda obra da Codificação Espírita – iremos encontrar Sócrates colaborando com o Espírito de Verdade, quando traz, no capítulo XVI, itens 197 e 198, informações sobre os *médiuns seguros*. Por fim, o filho do pedreiro Sofronisco não tem sido o *mentor dos mentores* apenas para os intelectuais, mas também para homens e mulheres que tiveram coragem de tomar iniciativas ousadas, em nome de suas convicções. Mahatma Gandhi (1869-1948) e Martin Luther King Jr. (1929-1968) evocaram-no em suas celas na prisão. A existência de Sócrates, "em algumas circunstâncias, aproxima-se da exemplificação do próprio Cristo. Senhor do seu valoroso e resignado heroísmo, Sócrates abandona a Terra, alçando-se de novo aos paramos constelados, onde o aguardava a bênção de Jesus."[10]

Platão

latão nasceu em Atenas no ano 427 a.C. Filho de pais pobres, seu nome verdadeiro era Arístocles, sendo *Platão* um apelido devido aos seus ombros largos, embora creiamos – tal qual o ex-padre e escritor brasileiro Carlos Torres Pastorino (1910-1980) – que a alcunha seja pela larga e vasta amplitude de seus conhecimentos. Com vinte anos de idade, juntou-se ao círculo de amizades de Sócrates, tornando-se seu discípulo até a desencarnação do mestre.

A filosofia de Platão resume-se em combater a teoria da Realidade, como um fluxo desordenado, e substituí-la por interpretação do universo considerado como essencialmente espiritual e obediente a um plano. Ele refutava as doutrinas sofísticas do relativismo e do ceticismo. Construiu uma base segura para a ética. Conseguiu esse feito desenvolvendo a célebre doutrina das Ideias. O resumo dessa doutrina consiste em admitir que a relatividade e as mudanças constantes são características do mundo das coisas físicas, do mundo que percebemos pelos sentidos. Negava, porém, que esse mundo constituísse todo o Universo. Ao revés, ele afirmava haver um reino mais alto e espiritual, composto de formas eternas ou Ideias que só a mente pode conceber. Não são, porém, meras abstrações criadas pelos Homens, mas sim entes espirituais. As coisas que percebemos por meio de nossos sentidos, dizia ele, são apenas cópias imperfeitas das realidades supremas – as Ideias.

Platão também acreditava que a verdadeira virtude tinha sua base no conhecimento. Este, por sua vez, não era o conhecimento derivado dos sentidos, mas na apreensão racional das Ideias eternas de bondade e justiça. Considerava o corpo como um obstáculo para o Espírito, e ensinava que somente a parte racional da natureza do homem é nobre e boa. Nunca deixou inteiramente clara sua concepção de Deus. Algumas vezes referia-se à Ideia do Bem como se fosse uma força divina de ordem subordinada; outras vezes, como se fosse a criadora suprema e a dominadora do universo. É certo que concebia o universo como sendo espiritual, quanto à natureza, e governado por objetivos inteligentes. Quanto à alma, considerava-a não somente como imortal, mas como preexistindo desde toda a eternidade.

Na política, Platão inspirava-se no ideal de construir um estado livre de perturbações e de disputas egoístas dos indivíduos e das classes. Platão via os políticos democráticos atenderem aos caprichos da plebe comum até que, na sua opinião, a liberdade se transformou em uma anarquia; e os velhos padrões de conduta e gosto que protegeram a civilização nos costumes, na moral e nas artes degredaram-se, espalhando uma vulgaridade triunfante. Os fins que Platão desejava atingir não eram a democracia nem a liberdade, mas a harmonia e a eficiência. É por essa razão que vamos ver em sua obra *A República* o famoso plano de uma sociedade cuja população se distribuía em três classes principais, correspondentes às funções da alma. A classe mais baixa, representando a alma apetitiva, incluiria os lavradores, os artífices, os comerciantes ou mercadores. A segunda classe, representando o elemento empreendedor ou vontade, seria formada pelos soldados. A classe mais alta, representando a razão, compreenderia a aristocracia intelectual. De cada uma dessas classes esperava-se a realização das tarefas para as quais tinha maior aptidão.

Em suma, a função da classe mais baixa seria a produção e a distribuição dos bens em benefício de toda a comunidade; a dos soldados, a defesa; ao passo que a aristocracia, dada a sua aptidão especial para a filosofia, desfrutaria o monopólio do poder político. Salientamos ainda que a divisão do povo nessas categorias não se basearia no nascimento ou na riqueza, mas seria feita por um processo de seleção que levasse em conta a capacidade de cada indivíduo para aproveitar a educação que lhe fosse dispensada. Como exemplo, os lavradores, os artífices e os mercadores seriam aqueles que demonstrassem a mais baixa capacidade intelectual, ao passo que os reis-filósofos seriam aqueles que se mostrassem mais bem dotados intelectualmente.

A quase totalidade de preservação das obras de Platão, deve-se, em grande parte, ao empenho do astrólogo e filósofo platônico Trasilo de Alexandria (?-†), confidente do Imperador Romano Tibério (42 a.C.-37 d.C.), que as organizou e editou-as, inclusive os apócrifos e os textos "platônicos", cuja autoria é atribuída aos seguidores diretos e indiretos do mestre da Academia. Todos os manuscritos medievais da obra de Platão procedem dessa edição de Trasilo.

O fato é que Platão desenvolveu e aprimorou a maiêutica de maneira tão profunda e extensiva que chegou a um novo método – a dialética –, que nada mais é (pelo menos essencialmente) do que a arte do diálogo na busca do conhecimento. Platão se tornou um dos pensadores mais lidos, estudados, publicados e pesquisados. São nove os diálogos platônicos (mais a *Apologia de Sócrates*, que é um monólogo), em ordem não cronológica, a saber:

A República – é o segundo mais longo dos diálogos, logo atrás de *As Leis*. Apresenta vários temas, mas todos determinados pela questão inicial: o que é a justiça? Melhor dizendo: qual a sua natureza, do que ela é constituída? Nesse diálogo, Platão expõe sua concepção de um Estado no qual a ideia de justiça seria aplicável, realizável e realizada. É a obra de Platão mais traduzida, mais difundida, mais estudada e mais influente, tendo se consagrado como um dos mais expressivos textos de filosofia em todos os tempos.

As Leis – Sócrates não está presente neste diálogo, que é o mais extenso. Seu personagem não possui sequer um nome, sendo chamado apenas de O Ateniense. A discussão desencadeada por esse anônimo adentra áreas da psicologia, da gnosiologia, da ética, da política, da ontologia, da astronomia, das matemáticas. É o último dos diálogos, e se impõe pelo seu vigor filosófico e por ser a expressão cumulativa e acabada do pensamento do amadurecido velho Platão.

Fédon – está entre os mais belos e comoventes diálogos, pois relata as últimas horas de Sócrates e seu desencarne pela cicuta. O narrador é Fédon, que esteve com ele em seus momentos derradeiros. O diálogo aborda a questão da imortalidade da alma e a doutrina de sua transmigração ao longo de existências em diferentes corpos. A presença do pensamento pitagórico é flagrante.

Fedro – este é o nome de um grande admirador da oratória. Esse diálogo trata da natureza e dos limites da retórica (crítica aos sofistas); fala do caráter e do valor do amor sensual. Foi escrito antes do desencarne de Sócrates.

Górgias – este diálogo trata do verdadeiro filósofo, o qual se distingue e se opõe ao sofista. Górgias, segundo o qual nomeou o diálogo, foi um prestigioso professor de oratória que proferia discursos públicos, mas não ensinava a virtude em aulas particulares remuneradas.

O Banquete – o título deste diálogo indica sua própria ambientação e seu cenário, ou seja, uma festiva reunião masculina regada a vinho. Foi escrito antes do desencarne de Sócrates.

Protágoras – o assunto aqui é específico: a virtude é ensinável ou não? Neste diálogo encontramos a mais veemente crítica de Platão aos mais destacados sofistas: Protágoras, Hípias e Pródico.

Teeteto – aborda a teoria do conhecimento (epistemologia). Há fortes indícios que Platão escreveu este diálogo com 60 anos de idade. Portanto, depois do desencarne de Sócrates. Teeteto foi um discípulo de Platão que frequentou a Academia por vários anos.

Timeu – Sócrates inicia retomando a discussão sobre o Estado ideal (assunto de *A República*), mas graças a Timeu o diálogo se direciona à busca da origem, da geração do Universo. Timeu (que empresta seu nome ao diálogo) representa a contribuição da geometria à teoria cosmogônica de Platão.

Na Revelação Espírita – *O Livro dos Espíritos* –, Platão traz sua colaboração em *Prolegômenos*, juntamente com outros Espíritos. Na questão 1009, dessa mesma obra, fala sobre a eternidade das penas. Na *Revista Espírita* de fevereiro de 1860, o principal discípulo de Sócrates, através do médium Colin, disserta sobre Deus, a criação e a eternidade. Platão desencarnou no ano de 347 a.C., aos oitenta anos de idade, deixando, dentre vários discípulos, um que também seria reconhecido por sua genialidade. Vejamo-lo a seguir.

Aristóteles

Aristóteles (384-322 a.C.), o estagirita, com 17 anos entrou para a Academia de Platão, em Atenas, aí permanecendo como discípulo e mestre durante vinte anos. No portão da Academia de Platão havia o seguinte gatafunho: "Que ninguém entre aqui sem a geometria". Em 343 a.C., Aristóteles foi convidado pelo rei Felipe, da Macedônia, a se mudar para Pela, a fim de se tornar mestre de seu filho, o jovem rebelde de treze anos de idade – Alexandre. Durante sete anos permaneceu nessa função para, depois, retornar a Atenas, onde passou a dirigir uma escola própria, de retórica (literatura e filosofia), conhecida como Liceu (deus dos pastores) – o elegante ginásio de Atenas, cercado por bosques sombreados e alamedas cobertas. O grupo que frequentava a escola foi denominado *peripatéticos*. No Liceu, Aristóteles aprofundou-se nos estudos da Metafísica, da Física, da Astrologia e da Política, que, por sua vez, era sua grande tendência.

A Metafísica é mais real que a Física. Aquela se concentra na natureza e na existência do ser humano; faz reflexões profundas e complexas em relação a Deus, acerca da existência humana, bem como se há um mundo fora de nossa mente. Foi Aristóteles um adepto convicto da Metafísica, que ele chamava de *filosofia primeira*. Originalmente, Aristóteles dividiu a Metafísica em três ramos, que, por sua vez, são usados até os dias atuais: I) Ontologia – O estudo da existência e do ser, incluindo entidades mentais e físicas, bem como da mudança. II) Ciência universal – O estudo da lógica e da razão, considerados os primeiros princípios. III) Teologia natural – O estudo de Deus, da religião, da espiritualidade e da criação.

Embora Aristóteles se interessasse tanto quanto Platão pelo conhecimento absoluto e pelos princípios eternos, sua filosofia diferia, de seu mestre, em vários aspectos. Aristóteles tinha maior consideração pelo concreto e pelo prático. Ao contrário de Platão, que dizia nada poder aprender das árvores e das pedras, Aristóteles era um cientista profundamente interessado pela biologia, pela medicina e pela astronomia. Nos assuntos espirituais, Aristóteles era menos inclinado que Platão. O estagirita não compartilhava das fortes simpatias que tinham Sócrates e Platão pela aristocracia.

Aristóteles concordava com Platão de que o conhecimento derivado do sentido é limitado e inexato; mas recusava a atribuir, como Platão, uma existência independente ao Universo e reduzir as coisas materiais como pálidos reflexos de suas formas espirituais. Ao contrário, Aristóteles afirmava que a Forma (ou Ideia de Platão) e a matéria são de importância igual, já que ambas são eternas, não podendo existir uma isolada da outra. Para Aristóteles, a união das duas é que dá ao universo seu caráter essencial.

Aqui cabe uma digressão. Quanto a Platão reduzir as coisas materiais como pálidos reflexos de suas formas espirituais, os Espíritos informam, em *O Livro dos Espíritos*, na questão 85, que o mundo espiritual é o principal, além de preexistir e sobreviver a tudo. E mais: os Imortais afirmam, na questão 86 da mesma obra citada acima, que o mundo corporal poderia deixar de existir, ou nunca ter existido, sem que isso alterasse a essência do mundo espiritual. Nessa analogia com a Revelação Espírita, Platão está correto. Contudo, Aristóteles também trouxe uma verdade, quando sustentou que a Forma (ou Ideia de Platão), bem como a matéria – ambas eternas – têm importâncias capitais no Universo. A prova disso está na própria questão 86, de *O Livro dos Espíritos*, na complementação da resposta que eles deram, quando afirmaram ser incessante a correlação entre o mundo espiritual e o mundo material, porquanto um sobre o outro incessantemente reagem. Portanto, os dois – tanto Platão como Aristóteles – trouxeram verdades indeléveis.

Com o pensamento de Aristóteles de que as formas (ou Ideias de Platão) são as causas de todas as coisas; que são as **forças cujo fim é modelar o mundo da matéria**, produzindo os objetos e organismos infinitamente variados que nos cercam; que toda evolução, tanto cósmica como orgânica, resulta da interação entre a forma (ou Ideia de Platão) e a matéria; vemos, pois, que a filosofia aristotélica pode ser considerada como intermediária entre o espiritualismo transcendental de Platão e o materialismo mecanicista dos atomistas. Sua concepção do Universo era teleológica, isto é, concebia-o como governado por uma finalidade.

Sua concepção de Deus era de uma **Causa Primeira**, de um **Primeiro Motor**, fonte original do movimento orientado que se achava contido nas formas. Não era um Deus pessoal, pois sua natureza era a de uma inteligência pura, desprovida de qualquer sentimento, vontade ou desejo. Entretanto, não deixou lugar, em seu sistema religioso, infelizmente, para a imortalidade individual. Para Aristóteles, todas as funções da alma, exceto a razão criadora (Deus), dependiam do corpo e pereciam com ele. Não considerava o corpo, diferentemente de Platão, como a prisão da alma, nem acreditava que os apetites físicos são necessariamente maus em si mesmos.

Na política, Aristóteles considerava o Estado como a instituição suprema para a consecução do bem-estar dos homens e, por essa razão, interessava-se profundamente em conhecer sua origem e seu desenvolvimento, bem como pelas melhores formas que ele pudesse assumir. Via como o melhor dos estados, não a Monarquia, a Aristocracia ou a Democracia, mas uma Politeia (timocracia) – comunidade intermediária entre a Aristocracia e a Democracia. Seria, em suma, um Estado sob o controle da classe média, mas Aristóteles tencionava fazer que os membros dessa classe fossem suficientemente numerosos, pois advogava medidas preventivas da concentração da riqueza. Ou seja, recomendava ao governo a distribuição de dinheiro aos pobres, para a compra de pequenas lavouras ou para iniciarem-se no comércio e na agricultura, e, assim, alcançarem a prosperidade e a dignidade.

Hedonismo

A Grécia, enquanto Sócrates e Platão estavam encarnados, conheceu uma ideologia defendida principalmente por Aristipo de Cirene (435-356 a.C.), chamada Hedonismo. Palavra derivada do grego *hedoné*, que significa *prazer*. Aristipo de Cirene distinguia dois estados da alma humana: o prazer e a dor. Segundo ele, o **prazer tem sempre a mesma qualidade, e o único caminho para a felicidade é a busca do prazer e a diminuição da dor**.

Um dos continuadores da ideologia hedonista foi o filósofo da ilha de Samos – Epicuro (341-270 a.C.) –, embora tenha sempre ostentado a cidadania ateniense herdada do pai emigrante. Há, também, um fator predominante para se considerar cidadão ateniense: Saindo de Atenas em 323 a.C, aos 18 anos, peregrinou por Cólofon (cidade na costa asiática), em 322 a.C.; por Mitilene (na lendária ilha de Lesbos), em 311 a.C.; por Lâmpsaco (nos Dardanelos), em 310 a.C.; regressando a Atenas no ano de 306 a.C. Adquiriu, na capital grega, uma ampla casa, logo acrescida de um grande jardim, para o fim exclusivo de instalar aquela que viria a ser sua célebre escola, conhecida como *O Jardim de Epicuro*, onde habitavam, além do mestre, seus antigos discípulos: Hermarco e Metrodoro.

Para Epicuro, **o verdadeiro prazer está na ausência de sofrimento**. Dessa forma, o caminho para a felicidade consistia não na busca de prazer, **mas na libertação do sofrimento, da dor**. Pugnava Epicuro: "Pela elevação de propósitos, demonstrando que as sensações devem ceder lugar às emoções de ordem superior, a fim de que o homem se vitalize com as legítimas expressões do Belo, transfira os desejos carnais para as alegrias espirituais".[11]

A doutrina epicurista resume-se em 3 cartas: I – enviada a Heródoto, tratando da física atômica; II – destinada a Pítocles, a propósito dos fenômenos celestes; III – *Carta sobre a felicidade*, destinada a Meneceu. Esta é iniciada fazendo uma exortação ao exercício da filosofia, considerada, desde logo, como uma disciplina cuja única meta é tornar feliz o homem que a pratica. Desencarnou no ano de 270 a.C., aos 72 anos de idade. Doravante, de forma infeliz, por não compreenderem a sua sapiência, o ideal epicurista, também chamado hedonista, sofreu violenta transformação, passando essa escola a representar um conceito deprimente, expressando o gozo, a posse material, o prazer sensual.

Cabe salientar que a ideia de Epicuro, "de que a felicidade é considerada como falta de sofrimento, ausência de problemas e de preocupações, é cediço, destituído de legitimidade, porque se pode experienciar bem-estar, felicidade, em situações de dor, assim como diante de problemas e de desafios. A felicidade é um estado emocional, no qual as questões externas, mesmo quando negativas, não conseguem modificar o sentimento de harmonia."[12]

Cinismo

Antes, porém, do pensamento epicurista, Diógenes (412-323 a.C.) – o Pai dos Cínicos – já ensinava que a felicidade consistia na vacuidade ou na renúncia de todos os bens externos. Ou seja: quanto menos o homem possui ou deseja possuir, tanto mais feliz é ele, porque a infelicidade consiste no medo de perder o que se possui ou no desejo de possuir o que não se pode obter.

Hoje, à luz do Espiritismo, entendemos que a questão não está em ser possuidor ou não possuidor, mas sim de ser possuído ou não possuído de bens terrenos. Não há mal em possuir! Todo mal está em ser possuído. Ser livre é ser feliz. Ser escravo é ser infeliz. Sendo assim, pode o possuidor ser livre daquilo que possui; e pode o não possuidor ser escravo daquilo que não possui.

No mês de janeiro de 1859, Diógenes compareceu a uma reunião mediúnica, depois de ter sido evocado por Allan Kardec. Segundo informações de um médium vidente, que se encontrava presente na sessão espírita, o Pai dos Cínicos apresentou-se tal qual à sua época: testa larga e as bossas laterais muito ossudas, nariz delgado e curvado; boca grande e séria; olhos negros e cravados na órbita; olhar penetrante e zombeteiro. Talhe um pouco alongado, magro, enrugado, ossudo e de tez amarela; bigode e barba incultos; cabelos grisalhos e dispersos. Roupagens brancas e muito sujas; os braços nus; sandálias surradas, amarradas às pernas por cordas.

Vejamos o diálogo:

– Qual é dos filósofos de vosso tempo o que preferis? – questionou Kardec.

– Sócrates. – disse Diógenes.

– Qual é o que preferis agora? – inquiriu o Codificador.

– Sócrates. – respondeu Diógenes.

– O que se conta de vossa entrevista com Alexandre é real? – perquiriu o mestre lionês.

– Muito real; a história mesma a mutilou. – redarguiu o filósofo grego.

– Em que a história a mutilou? – procurou saber Kardec.

– Entendo falar de outras conversas que tivemos juntos... credes que veio ver-me para não dizer-me senão uma palavra? – esclareceu, sem hesitar, Diógenes.

– Poderíeis nos traçar o quadro das qualidades que procurareis no homem, tais como as concebíeis então, e tais como as concebeis agora? – indagou o missionário de primeira grandeza.

– Então: coragem, audácia, segurança de si mesmo e poder sobre os homens pelo Espírito. Agora: abnegação, doçura, poder sobre os homens pelo coração. – explicou o antigo Pai dos Cínicos.

Observemos que, mais de 2.000 anos depois, Diógenes volta e confirma que Sócrates foi e sempre será o maior de todos os filósofos gregos. O próprio Kardec diz, em *O Evangelho Segundo o Espiritismo*, na Introdução, item IV, que Sócrates fora precursor dos ensinamentos de Jesus. E, apesar do tempo decorrido, ele continua sendo a fonte das mais altas inspirações, não podendo ninguém se afastar do texto exato de suas concepções.

Estoicismo

O fundador da escola estoica, se essa for palavra correta, foi Zenon (334-262 a.C.), de Cítio – cidade a sudeste da ilha de Chipre, no Mar Mediterrâneo. Zenon era um mercador fenício de sucesso, até perder todos os seus bens em um naufrágio. Depois de simpatizar com as ideias de Diógenes, vislumbrou uma verdade e começou a propagá-la, dizendo que a felicidade consistia **numa permanente serenidade interior, tanto em face do prazer como em face do desprazer**. Serenidade, esta, baseada na perfeita harmonia com a Lei Cósmica. Isso implicava autocontrole, firmeza diante da adversidade e comportamento justo.

O Estoicismo é, certamente, o tipo de filosofia que mais se aproximou da solução do problema central da Humanidade. Compreendeu que a felicidade não está em *ter* ou *não ter*, mas em *ser*. Houve, porém, apenas uma falha nessa filosofia: a de querer banir da vida humana os elementos afetivos e emotivos, que seu fundador considera incompatíveis com a serena racionalidade, indispensável a uma vida perenemente feliz.

Os laços de afetividade são indispensáveis para a solidificação do amor entre as criaturas. "Mesmo entre os animais, o instinto, que se transforma em afetividade no processo da evolução, é responsável pela preservação da prole e sua preparação para os enfrentamentos da sobrevivência".[13] A afetividade, portanto, independe da elevação moral do ser humano. Veem-se homens e mulheres despidos de qualidades morais, que não escondem o afeto pelos seus. Malgrado, somente a sublimação por amor **orienta a afetividade num sentido adequado**. Em suma: todo aquele que ama incondicionalmente tem consigo afetividade para com todos. Porém, nem todo aquele que tem afetividade para com alguns ama a todos.

Por isso, ainda precisaria mais quase 300 anos para que viesse à Terra Aquele que pronunciaria e viveria o verbo *amar* na sua mais alta expressão – Jesus. Estamos nos referindo ao verdadeiro amor – uma irradiação da alma, um luar interior, que se propaga de quem o emite a todos; tudo faz para a felicidade alheia; não deseja ser correspondido; é todo excelsitude; sacrifica-se por todos, indistintamente, porque é semelhante à seiva, que nutre tanto a rosa quanto alimenta o espinho dilacerante.

Amemos, pois...

Notas

1. Alfred Erny. (apud *O Psiquismo Experimental*.)

2. Como o leitor já bem sabe, somos reencarnacionistas. Conquanto a reencarnação não seja apanágio da Doutrina Espírita, temo-la reputada a explicar as diversidades morais, intelectuais, espirituais, bem como sê-la mecanismo para atingir a perfeição, que é a suprema finalidade do eterno Ser.

3. É de bom alvitre a leitura da obra *A Gênese*, de Allan Kardec, capítulo XI, itens 38 a 42, cujos esclarecimentos sobre a Raça Adâmica são notáveis. Ademais, a própria obra *A Caminho da Luz*, de onde o texto fora retirado, originando esta nota, é reveladora sobre a temática da migração de Espíritos advindos do Sistema de Capela, localizada na Constelação do Cocheiro.

4. Emmanuel. (*A Caminho da Luz*, cap. VI.)

5. Aécio de Antióquia nasceu na Síria e desencarnou em Constantinopla – atual Istambul, na Turquia –, no ano 367 d.C. Foi fundador de uma seita ariana.

6. Emmanuel. (*A Caminho da Luz*, p. 91.)

7. Idem. (Idem, p. 93.)

8. O Templo de Delfos, construído no alto de um pico que domina o Mediterrâneo, chamado Monte Parnaso, ainda hoje é impressionante. No século V, a experiência extraordinária de galgar a elevação até aquele recinto sagrado, atravessar seu pórtico, sentir a vibração de Espíritos elevados comunicando-se através das antigas pitonisas, devia ser algo ímpar. À época, era a principal fonte de sabedoria para a maioria dos atenienses. Sugerimos ao leitor uma obra que, para nós, no mínimo é esplêndida, em sua riqueza de detalhes e em seu conteúdo moral impressionante. Trata-se do livro *O Solar de Apolo* – um romance mediúnico, narrado pelo Espírito Victor Hugo, através da psicografia da médium Zilda Gama, fazendo o leitor regredir ao ano 195 d.C., junto à cidade grega de Sicione, pertencente ao Peloponeso, às margens do Golfo de Corinto. Na literatura supracitada, teremos narrações belíssimas que aconteceram no Santuário de Delfos, onde inúmeras almas a ele recorriam, em busca de inspiração e auxílio, mesmo o Evangelho de Jesus já sendo tolerado nos séculos II e III, na Grécia.

9. Reproduziremos, aqui, o elogio fúnebre pronunciado por Péricles, em homenagem aos soldados tombados na guerra contra Esparta. Sua declaração de princípios, em favor de uma sociedade aberta, tem constituído uma pedra de toque de toda a História mun-

dial. Não foi à matroca que o século V foi denominado, também, o século de Péricles. Vejamos sua declaração:

> Nossa cidade [Atenas] está aberta para o mundo, e nunca expulsamos um estrangeiro ou impedimos de ver ou aprender coisa cujo segredo poderia ser de valia para um inimigo. Não confiamos na autoridade ou na trapaça, mas em nossos corações e em nossas mãos.
>
> Somos chamados de Democracia, pois a administração está nas mãos de muitos e não de uns poucos. Ninguém é impedido de exercer função pública por ser pobre ou de origem humilde. O mérito pessoal é o padrão pelo qual se distingue qualquer cidadão.
>
> Não só em nossa vida pública somos liberais, mas também no que diz respeito à ausência de suspeita recíproca em nossas atividades da vida cotidiana; pois não nos queixamos de nosso vizinho quando ele age como quer, nem fazemos expressão de azedume, desagradável de ver ainda que inofensiva.
>
> Somos amantes de belo, mas simples em nossos gostos, e cultivamos a mente sem prejuízo da virilidade. Utilizamos a riqueza como uma oportunidade para agir, não como motivo de bazófia. Conosco não é uma desgraça ser pobre; a verdadeira desgraça é nada fazer para evitar a pobreza.
>
> Somos os únicos a encarar um homem que não se interessa pelas questões públicas não como alguém que se preocupa com o que é seu, mas como alguém que não presta para nada. Nós, atenienses, decidimos as questões públicas por nós mesmos, em debate aberto.
>
> Somos os únicos a fazer o bem a nossos vizinhos não por cálculo interessado, mas por confiança na liberdade e um espírito franco e destemido. Atenas é a escola da Grécia. Cada ateniense parece ter em sua própria pessoa o poder de se adaptar às mais diversas formas de ação com a maior versatilidade e elegância. Pois nos momentos de provação só Atenas se mostra superior entre suas contemporâneas.

10. Emmanuel. (*A Caminho da Luz*, p. 95.)
11. Joanna de Ângelis. (*Estudos Espíritas*, p. 128.)
12. Idem. (*Atitudes Renovadas*.)
13. Joanna de Ângelis. (*Mensagem psicografada por Divaldo Pereira Franco*, em 21 de maio de 2010, no G-10, em Zurique, Suíça.)

PARTE II

Depois
do Cristo

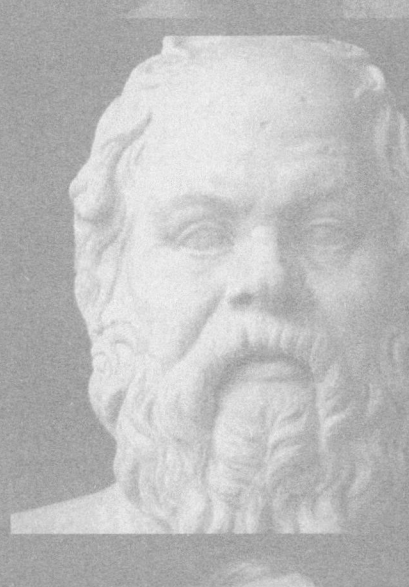

O Movimento Neoplatônico

No subconsciente dos Espíritos pensadores, em meados do século II e durante o século III, o pluralismo aristotélico parecia não satisfazer em definitivo seus anseios unistas. A alma humana parecia ser naturalmente platônica, e apenas superficialmente aristotélica. A cidade de Alexandria, a grande metrópole egípcia, situada ao sul do mar Mediterrâneo, estava fadada a ser o berço da mais arrojada aventura de sintetização filosófico-religiosa de que há memória no drama multimilenar do pensamento humano. Ressurgiram, em nova roupagem, as grandes ideias criadoras de Platão, nas vestes áureas de um racionalismo místico ou de um misticismo racional. Esse movimento, desde então, ficou conhecido na Humanidade como *neoplatônico*. Ammônius Saccas (+ 240), de Alexandria, é, geralmente, admitido como o fundador desse movimento. Destacamos o cristão Orígenes (185-254), bem como outro protagonista, amigo e discípulo de Saccas – Plotino (205-270) –, também de Alexandria, que só conhecemos devido ao seu insigne discípulo e biógrafo Porfírio (234-305).[1] O Movimento Neoplatônico, doravante, serviria como freio para a marcha do Cristianismo eclesiástico, que deu início com o Edito de Milão, em 313, pelo Imperador Romano Constantino.

Todos os neoplatônicos partem da premissa inicial e básica de que existe, e pode existir, uma só Realidade, e que essa Realidade é dinâmica, viva, consciente, espiritual, ao mesmo tempo transcendente e imanente em todos os seres do Universo. E mais: em terminologia oriental diríamos que os neoplatônicos consideram o mundo como *maya*, ou seja, *ilusão*. Ou melhor, *maya* não é, propriamente, o mundo objetivamente considerado, mas antes a falsa concepção subjetiva que o homem tem do mundo. A ilusão não é da parte do mundo, mas do homem ignorante que atribui algo ao nada, que interpreta como autonomia a heteronomia (relatividade) do Universo. Os neoplatônicos não eram idealistas no sentido de outros filósofos do idealismo metafísico, que consideram o mundo externo como simples projeção da mente humana, como miragem subjetiva do homem sem nenhuma objetividade. Não. Entendiam que o mundo é o avesso do Real (Deus), mas esse irreal tido como real não é um processo da mente humana; o mundo é, por assim dizer, uma irrealidade objetiva, assim como Deus é a única Realidade objetiva.

O escopo da vida humana, prezado leitor, é a consecução da verdade, que é o contato com a Realidade; mas, se não há realidade no mundo fenomenal, senão pura irrealidade, tida como realidade, é lógico e justo que o amante da Realidade ou Verdade se afaste persistentemente de toda a irrealidade e inverdade, interessando-se unicamente pela Realidade e Verdade única, que é Deus. A busca de Deus implica necessariamente a fuga do mundo. "Não se pode servir simultaneamente a Deus e a Mamon" (*Lucas*, 16:13). O culto do Deus do mundo é incompatível com o culto do mundo de Deus. Portanto, o grande merecimento do Movimento Neoplatônico não consiste em ter realizado uma síntese completa entre Deus e o mundo, mas sim em ter frisado a realidade de Deus e do mundo ultrassensível (das percepções) e ultrainteligível (do intelecto).

Para entendermos o ideal neoplatônico interagindo no período de seu surgimento, mister se faz mostrarmos como se encontrava a situação política do Império Romano, à época, para então analisarmos as consequências do Movimento, tanto no maior império do mundo, como também nos povos que lhes eram subjugados. Tentaremos contextualizar da forma mais sintética que somos capazes, a fim de que não canse o leitor atento. Pois bem, depois que Constantino I (272-337), também conhecido como Constantino Magno, ou Constantino (o Grande), é proclamado imperador romano, sucedendo a Caio Aurélio Valério Diocleciano (244-311), ele marcha da Gália em direção a Roma, combatendo Maxêncio (278-312), que também aspirava ao poder. Durante a luta, ele vê nos céus a cruz e as célebres palavras: "Com este sinal vencerás". Coloca-as em seu estandarte e, vitória sobre vitória, chega a Roma, em 312. Suspendeu, imediatamente, as perseguições aos cristãos, concedendo a todos, conforme já exaramos, no ano de 313, pelo Edito de Milão, **liberdade de consciência e o direito à Igreja de existir**.

Constantino, decidido a implantar o Evangelho no Império Romano, toma a Igreja sob sua proteção (inicia aí a união dela como Estado); impõe a guarda do domingo; isenta o clero de encargos civis e militares; extingue a crucificação; faz vultosas doações à Igreja; promove ajuda para construção das grandes basílicas constantinianas; combate as chamadas heresias e faz convocar o Concílio de Niceia, em 325, contra o arianismo.[2] Constantino oficializou a nova religião – o Cristianismo – mais por estratégia política do que por convicção de fé. Foi uma forma de esmagar opositores pagãos, principalmente Licínio (265-325), seu cunhado, com quem o poder era dividido, já que Constantino I era o Imperador de Roma apenas no ocidente.

Com essas delegações, foi lavrada, desde já, a sentença de morte da filosofia neoplatônica, considerada, desde então, como heresia incompatível com a teologia eclesiástica oficial. Os livros de Orígenes foram proibidos como heréticos. Era evidente que a ideologia neoplatônica, facultando a cada homem acesso direto a Deus, fosse imprópria para a formação de uma hierarquia eclesial forte e poderosa, de mãos dadas com o Estado. Dizer que o homem é um ser essencialmente divino, e que como tal era capaz de descobrir, *per si*, o caminho de Deus, era o mesmo que tornar a autoridade da Igreja supérflua ou, pelo menos, diminuir-lhe grandemente o prestígio e a influência.

Os filhos de Constantino I – Constantino II (316-340), Constante (320-350) e Constâncio II (317-361) – dividiram, entre si, a administração do Império Romano, até emergir Constâncio II como Augusto único, que, a seu turno, governou entre 337 e 361. Vem, a seguir, Flávio Cláudio Juliano (330-363), o Apóstata, sobrinho de Constantino I. Governou Roma (361 a 363) e procurou restaurar as ideias pagãs. Favoreceu os **hereges**, perseguiu os bispos católicos, cancelou todos os privilégios dos cristãos (nessa altura já eram católicos), negou-lhes o direito de ensinar, de exercer funções públicas e de defender-se em juízo. A essa altura, o sectarismo religioso ditava os rumos dúbios e instáveis. Somente com o Imperador Romano Graciano (375 a 383), sob a influência de Ambrósio (340-397),[3] foi retomada a ofensiva contra o paganismo. Finalmente, o Imperador Romano Teodósio I (347-395), o Grande, tornou, oficialmente, o cristianismo a religião do Estado, completando, assim, a obra de Constantino.

Vieram as invasões bárbaras, que, por sua vez, tiveram grande influência nos territórios romanos. Os visigodos, com Alarico I (370-410), depois da morte de Teodósio I, invadiram grandes áreas orientais do Império Romano, além de terem devastado extensas regiões da Grécia, da Itália e, em 410, saquearam a própria cidade de Roma. Os hunos, com Átila (406-453), flagelaram a Gália em 450. Os vândalos, em 455, finalizam o trabalho na invasão da já infeliz metrópole, cujo Império Romano ruiu no ano de 476; os saxões dominaram a Grã-Bretanha; os francos lutaram contra os burgúndios e se apossaram da Gália.

Com o passar do tempo, todos esses povos acabaram por aderir ao Cristianismo, a começar pelos francos, cujo rei, Clóvis (466-511), casado com Clotilde da Borgonha (475-545), prometeu abraçar a religião cristã se vencesse, em 496, os alamanos, na Batalha de Tulbiac. Ele é conhecido na história como sendo o fundador da França, antiga Gália. Nesse ambiente caótico de universal desordem e selvageria incide a formação da hierarquia eclesiástica do Cristianismo, já adolescente. DISCIPLINA era a grande palavra da época, e não LIBERDADE. Esta é compatível com aquela, mas não no estágio evolutivo da época em vigência. Prevaleceu, então, a senha DISCIPLINA, ou seja, autoridade de cima e obediência de baixo.

Dessa forma, perguntar-se-ia: que outra coisa podia fazer a Igreja senão exigir de seus filhos obediência cega e incondicional à autoridade espiritual? Quem eram, afinal, os filhos da Igreja? Quem eram esses cristãos senão os bárbaros nórdicos, da Gália, Germânia, Britânia, Pannônia; escravos e libertos do Império Romano! Que sabiam eles de Deus e do Reino dos Céus dentro deles? Que teria acontecido se a Igreja dissesse a eles: – Tu és um filho de Deus; guia-te, pois, por tua alma essencialmente divina, e encontrarás a Deus? Ora, eram crianças espirituais que se equiparam a um pai que solta seu filho de dois ou três anos numa estrada, com a ordem de se orientar por si mesma à luz da razão que nela habita! A Igreja **cristã** achou que ela era responsável, perante Deus, pela salvação dessas *grandes crianças* de todas as procedências, e que era seu dever tomá-las pela mão e guiá-las pelo caminho certo, castigando-as também quando necessário (e como castigaram, não foi?), sem apelar para a intrínseca autonomia espiritual do homem.

Os séculos escoam-se... Na Idade Média, datando seu início no ano de 476, pela maioria quase unânime dos historiadores, filosofar, estudar, discernir e definir motivos e consequências dos fenômenos relativos à vida e à morte, era inviável. Para tanto, mister se faria raciocinar sobre a alma – assunto este que, quando analisado com razão e logicidade, quebra paradigmas e interesses pessoais. E na *Idade das Trevas*, pelo menos até o século XIII, perdoe-nos o trocadilho: **a alma já havia sido vendida ao Diabo, faz tempo!**[4]

Agora iremos cumprir o que prometemos: conheceremos dois dos grandes neoplatônicos – Orígenes e Plotino – sem desmerecer todos os outros, bem como o judeu Fílon (20 a.C. a 50 d.C.), que empreendeu a magna tarefa de harmonizar Moisés e os profetas de Israel, com Platão e os filósofos da Grécia.

Orígenes

Educado no ambiente da escola neoplatônica de Alexandria, o cristão Orígenes (185-254) demonstrou que Platão (ou Sócrates) é o maior precursor do Cristianismo e atingiu a alma e quintessência do Evangelho de Jesus, ao passo que os teólogos da Igreja se limitavam, em geral, a frisar o invólucro externo e o corpo (a forma apenas) da religião do Nazareno. Orígenes interpretou os textos bíblicos que pareciam destoar de um monismo ético, profundamente espiritual e místico.

Monismo significa a busca do Centro que inicia da multiplicidade fenomênica para o princípio único que a rege. O que é esse Centro? Na filosofia do antigo Oriente, mais precisamente nos Vedas (Livros Sagrados Hindus), escritos em sânscrito, falava-se em abismar-se na imensidade do Centro, que, a seu turno, significa mergulhar no próprio ser descobrindo sua alma, que é o próprio Deus como consciente no homem. Isto é Monismo.

O Universo foi criado por Deus, conforme esclarecem os Espíritos, em *O Livro dos Espíritos*, na Introdução, item VI, bem como na questão 38. Pois bem: em uma visão profunda, o Universo veio do Todo, ou seja, emanou de Deus. Contudo, devemos tomar o cuidado de não incorrermos no equívoco quanto à palavra *emanar*. O Universo não emanou de Deus assim como um líquido emanou de um vaso quando o colocamos em um copo, ou como o rio emana, todos os dias, de sua nascente, muito menos como nossos pensamentos emanam de nossas mentes no exato momento em que aqui estamos escrevendo. *Emanar*, verbo criado pelo homem em sua ínfima linguagem mental, implica separar, isto é, distanciar daquilo que emana e aquilo de que emana. Todavia, não é isso que acontece com a Realidade Absoluta – Deus.

Como exemplo, os nossos pensamentos, quando são emanados de nossas mentes, continuam a estar dentro delas e, conseguintemente, fazendo parte do espírito – princípio inteligente do Universo –, de onde, pela nossa vontade, são emanados. Portanto, os nossos pensamentos só são reais enquanto estiverem imanentes em nós. Assim confirma León Denis (1846-1927), em sua obra

O Grande Enigma, ao dizer: "Emanamos de Deus, tal qual nossos pensamentos emanam de nosso Espírito, sem fracioná-lo, sem diminuí-lo".

Allan Kardec, em *O Livro dos Espíritos*, questão 66a, questiona: "A inteligência do homem e a dos animais emanam, portanto, de um princípio único?" Os Iluminados respondem: "Sem nenhuma dúvida, mas no homem ela passou por uma elaboração que a eleva sobre a dos brutos". Este princípio único que o Codificador questiona – é Deus. Na Índia de tempos idos, dizia-se que Brahman é presente no universo assim como um torrão de sal dissolvido na água, que desaparece completamente como sal, continuando, porém, a existir com água salgada, igualmente difuso por toda a massa de água, que o recebeu e absorveu totalmente. Com efeito, não existe nessa água salgada uma só partícula onde a natureza do sal não esteja integralmente presente com toda a sua realidade. Embora todo o sal esteja em toda água, todo o sal não está totalmente em cada partícula da água, senão apenas parcialmente. Isso acontece porque tomamos como exemplo duas realidades individuais. Princípio este da tridimensionalidade ou do tempo, isto é, não existe ser nenhum que não esteja no espaço, ou seja, que não tenha três dimensões. Voltaremos a tratar sobre o Monismo, com mais detalhes, na Parte III desta obra.

Para Orígenes, toda alma é cristã ou divina, em virtude da sua própria natureza íntima. Mas essa divindade latente na alma, para o filósofo de Alexandria, deve passar do seu estado inconsciente para o plano consciente. Ou seja, o ser humano deve *ver* o reino de Deus, nele existente, desde o início, pois não é algo que seja impelido de *fora* da criatura humana, mas é a própria natureza da alma humana que deve evoluir de "dentro". Orígenes, que admite a premissa maior de que todas as coisas emanaram da única substância eterna – Deus –, também é inevitável admitir que todas as coisas voltam, finalmente, à sua origem, sem excluir os seres humanos – conscientes e livres.

À luz de uma lógica retilínea e de um raciocínio rigoroso, Orígenes divulga o célebre termo *apokatástasis*, isto é, a *reabilitação final* de todas as coisas, o consciente e voluntário regresso à *casa paterna* de todos os seres humanos. Depois do abuso consciente da sua liberdade, que os levou para tão longe de seu centro divino, os filhos rebeldes, descobrindo o seu verdadeiro EU divino, a sua inalienável filiação divina, retornam ao Reino de Deus. Essa volta pode ser equiparada a uma órbita centrífuga, traçada pelo espírito, na tentativa infrutífera de ir para além do alcance da força centrípeta do astro central – Deus.

Ora, o teotropismo não morre jamais, visto que é a voz da própria natureza de todo ser, principalmente do seres conscientes e livres. Se um único ser pudesse fugir de Deus para sempre, emancipar-se da sua jurisdição, Deus deixaria de ser Deus, e a ordem cósmica seria um mito, porque acabaria em caos e confusão.

Orígenes compreendeu e defendeu a ideia de que Deus cria seres conscientes e livres, e permite que Dele se afastem, no tempo e no espaço, até onde e até quando quiserem, sem obrigá-los, de forma alguma, a regressarem, tal qual fizera o pai do filho pródigo, na parábola de Jesus (*Lucas*, 15:11-32), que não mandou ao rebelde nenhum mensageiro para convidá-lo a voltar, ciente de que o filho, sendo quem era, tornaria, livre e espontaneamente, à casa do pai, depois de atingir a extrema curva da órbita centrífuga. Orígenes defende a ideia do retorno ao Pai, pois a ideia de que um ser não possa querer, para todo sempre, errar (embora a palavra, para ele, seja *pecar*), ou seja, bater de frente com as leis divinas, é impossível. Isso lhe traz infelicidade, e a infelicidade não pode ser objeto permanente de nenhum ser consciente, já que toda criatura humana é dominada pelo inextinguível desejo de ser feliz.

O pensamento de Orígenes não pertencia à Humanidade imatura dos séculos II e III, nem mesmo para a maioria das criaturas reencarnadas nos séculos XX e XXI. Ele falava e escrevia para uma Humanidade em avançado estágio de evolução espiritual, no seio da qual a razão e a lei de Amor universal tivessem atingido plena maturidade. Mas, como não estamos largados à matroca, na embarcação de nossa existência, rumo ao oceano divino, tivemos a honra de nos aprofundar no *apokatástasis* de Orígenes, na leitura de três obras que, desde já, convidamos o leitor interessado a conhecer. Ei-las: *A Grande Síntese*, *Deus e Universo* e *O Sistema*, todas estas, do filósofo e pensador espiritualista italiano Pietro Ubaldi, conquanto a primeira obra mencionada tenha sido escrita, através de Ubaldi, por Sua Voz, que, para alguns, é Jesus; para outros, é Francisco de Assis. Nelas, o leitor não encontrará a última e definitiva verdade sobre o retorno ao seio divino, depois da *queda do espírito*, mas, sim, hoje a hipótese mais aceitável, porque resolve o maior número de problemas (mistérios), em demonstrações lógicas, na investigação do pensamento, deixando o menor número possível de interrogações sobre assunto tão contagiante e enigmático.

Plotino

O gentio Plotino (205-270) fez da filosofia acadêmica do grande ateniense (Platão) a mais arrojada mística racional já elaborada por um cérebro humano, ou melhor, vivida por um Espírito encarnado. É o Buda do Ocidente. Não conseguiu jamais estabelecer verdadeira síntese entre o espiritual e o material, entre o eterno e o temporal, entre Deus e o mundo. No entanto, elevou o fator espírito ao mais alto grau da Realidade Única. Em suma, **intensificou a faculdade intuitiva do homem como fonte de certeza última e definitiva**.

Desenvolver no homem a **intuição espiritual** é, segundo Plotino, a mais importante tarefa do ser humano, uma vez que pela intuição ele percebe a verdadeira natureza e essência do Universo, que é Deus. Plotino recebeu, em vida, de seus discípulos e amigos, inclusive do Imperador Romano Cláudio Galieno (130-210) e de sua esposa, a princesa Julia Cornelia Salonina (?-268), riquíssimos presentes, mas abriu mão de tudo em benefício de crianças pobres e órfãs, e continuou a viver a vida do mais simples dos homens, desapegado tanto de bens materiais como de honras e glórias que lhe couberam em grande abundância. Que exemplo!

Intuição, no Espiritismo, é visto como função mediante a qual surgem percepções por via inconsciente. Na intuição um conteúdo qualquer se apresenta como um todo completo. O conhecimento intuitivo ostenta tal caráter de segurança e de certeza, que o consideramos a mais alta forma de conhecimento. A intuição não é irracional, como se poderia imaginar, mas sim dotada de diferentes mecanismos de racionalização, da mesma forma que a individualidade não é inconsciente, apenas situada em outro patamar de consciência fora do alcance da personalidade. Intuir, portanto, não significa excluir a razão, porque a intuição e a razão – as duas fases do pensamento – são complementares. Posto isso, podem e devem caminhar juntas, mesmo porque representam manifestações diferentes do mesmo princípio inteligente individualizado, do Universo – o Espírito.

A intuição é a próxima etapa evolutiva da inteligência, dado que o processo indutivo/dedutivo já esgotou suas possibilidades cognitivas. "Da insensibilidade inicial à percepção primária; desta à sensibilidade, ao instinto, à razão, em escala ascendente, o psiquismo evolve, passando à intuição, e atingindo níveis elevados de interação com a Mente Cósmica."[5] Não temos dúvida que a inteligência – nossa letargia e que nos mantém cativos, ao fundo de uma pequena concavidade de tempo e espaço – será substituída pela intuição ou, antes, por uma espécie de sabedoria imanente que, sem esforço, nos faria partilhar de tudo o que sabe o Universo, porque a intuição é a penetração do consciente na esfera do superconsciente.

Allan Kardec, em *O Livro dos Médiuns*, no capítulo XV, mais precisamente dos itens 180 ao 183, abordou a intuição, distinguindo-a da inspiração. O leitor, desde já, está convidado a ir àquelas belas e instrutivas páginas do laboratório espiritual, do campo experimental do mestre lionês, e apreciar suas conclusões sobre a inspiração e a intuição. Aqui, porém, vai um resumo: a inspiração é uma variedade da intuição; esta, se comparada à inspiração, diferencia-se no tocante às informações estarem relacionadas, quase sempre, a questões de atualidade e pode aplicar-se ao que esteja fora das capacidades intelectuais do ser humano; isto é, completamente estranho. A inspiração, contudo, estende-se num campo mais amplo e, a seu turno, vem em auxílio das capacidades e das preocupações do Espírito encarnado – exemplo: explanações, palestras.

Na inspiração, o médium sem sair do seu estado normal (estado alterado de consciência), pode ter relâmpagos de uma lucidez intelectual que lhe dá, momentaneamente, desabitual facilidade de concepção e de exprimir-se. Nesses momentos, as ideias abundam, sob impulso involuntário e quase febril. Parece que uma inteligência superior vem ajudar o inspirado (e vem mesmo!), desembaraçando-o de um fardo. As inspirações são ideias surgindo internamente, embora sendo mensagem de emissão externa. O consciente, nesse caso, fica isolado. Não há, portanto, varredura do córtex cerebral (raciocínio). Dessa forma, o inspirado não faz uma análise ou avaliação. Há uma emersão consciente, através dos polos frontais, de influxos subcorticais, subliminares.

A Escolástica

O século XIII foi marcado com o pensamento de Tomás de Aquino (1225-1274), que assimila, em grande parte, o pensamento de Aristóteles. Embora tenha escrito inúmeros textos filosóficos, seu mais famoso e extenso trabalho – *Summa Theologica* –, começada em 1265, é a verdadeira bíblia dos pensadores católicos. O doutor da Igreja considera que todo conhecimento se inicia com a experiência sensível (sensualismo em oposição ao racionalismo). O conhecimento que se tenha de Deus segue vias que partem da experiência. Deus é conhecido, portanto, a partir de Seus efeitos.

Tomás de Aquino, o pai da Escolástica, realizou a síntese da teologia católica com o aristotelismo. Em uma época em que a Igreja Católica tinha um poder esmagador, e as pessoas se digladiavam com a noção de que a filosofia e a religião pudessem coexistir, Aquino colocou a fé e a razão juntas. Ele postulava que todo conhecimento, seja adquirido na natureza seja pelos estudos religiosos, vinha de Deus e podia funcionar junto. Com efeito, começou a atribuir à alma, o juízo, a vontade, o pensamento, a emoção, a sensação, etc. Em suma, a alma seria aquilo que, em nós, sente, pensa e quer. Sob este aspecto, a alma corresponderia à mente, na Psicologia atual. As ideias de Aquino, por serem aristotélicas, eram consideradas psicocêntricas e metafísicas.

Na *Summa Theologica*, o filósofo italiano traz provas da existência de Deus, que, por sua vez, são demonstradas em *As Cinco Vias*, combinando as ideias da Teologia com o pensamento racional e as observações do mundo natural, para provar a existência de Deus, quais sejam: I) O Argumento do Motor Imóvel: muitas coisas estão em movimento no planeta. Sendo assim, qualquer coisa que esteja em movimento foi posta em movimento por algo mais que estava em movimento, e assim por diante. Todavia, isso não pode retroceder ao infinito, porque não haveria o motor original. Portanto, tem de haver um motor imóvel no início, que seja entendido como Deus. II) O Argumento da Primeira Causa: tudo é causado por algo e nada pode causar a si mesmo. Toda causa é corolário de uma causa prévia, que é resultado de outra causa prévia anterior. Isso também não pode retroceder infinitamente, porque se não houver causa inicial não haverá causas subsequentes. Portanto, tem que haver uma causa não causada (incausal), que seja entendida como Deus. III) Argumento da Contingência: como tudo na natureza muda, e o que hoje existe amanhã deixa de existir, tudo, porém, que existia, derivou de algo que já existia; e se fosse possível para algo não existir, isso não existiria antes, bem como não existiria agora. Assim sendo, deve existir um ser cuja existência não dependa da existência de outros; e isso deva ser entendido como Deus. IV) O Argumento do Grau: as características dos seres humanos são patenteadas em graus variados – mais nobre, menos nobre, etc. Essa variação de grau é comparada com o grau máximo – o mais nobre, o melhor. De acordo com Aristóteles, o melhor estado do ser humano é quando ele atinge o melhor estágio de verdade (o máximo). Posto isso, tem que haver uma causa para a perfeição que encontramos nas criaturas humanas; e essa perfeição (ou máximo) deve ser entendida como Deus. V) Argumento Teleológico: é bem sabido que existem objetos inanimados na natureza, que agem na direção de um propósito, mesmo que estes objetos não tenham consciência disso. Dessa maneira, tem que haver um ser que os guia e tenha conhecimento para direcioná-los a seus propósitos. Isso é entendido como Deus.

Embora Aquino tenha o entendimento de que Deus seja o guia das coisas inanimadas, como uma cadeia alimentar ou os processos dos órgãos sensoriais, para nós, os espíritas, uma coisa é certa: há algo muito especial e mesmo sutil que nos conduz logo a distinguir os seres inanimados (inorgânicos) de outros com vida (orgânicos). Eis aí o grande enigma para os biólogos. O famoso biólogo americano Edmund Ware Sinnott (1888-1968), em sua obra *The Biology of the Spirit*, de 1966, p. 31, diz: "Para mim, existem poucos espetáculos na natureza mais impressionantes do que essa demonstração de um controle ordenado exercido sobre aquilo que parece ser uma caótica confusão de células dividindo-se e crescendo aparentemente com objetivos opostos. Alguma coisa inerente à massa inteira [o espírito ou princípio inteligente do universo], algo residindo em sua constituição genética fundamental, põe-se a marchar firmemente em direção a uma culminação precisa. A natureza desse **algo** que coordena as multifárias atividades do crescimento dentro de um sistema harmonioso, que as dirige em uma rota segura, é o maior problema não solucionado da Biologia [por enquanto]." (O negrito é nosso.)

Na obra *Summa Theologica*, Aquino também fala da ética e das virtudes cardeais, criando um sistema ético com base no trabalho de Aristóteles, acreditando que vida boa é aquela que procura alcançar o mais alto fim. Como Aristóteles, Aquino fala em virtude. Para ele, existem as virtudes cardeais – justiça, prudência, coragem e temperança – das quais derivam todas as outras. É vivendo com base nas virtudes cardeais que um pessoa caminha na direção da verdadeira plenitude, segundo Aquino.

Mesmo diante do mal triunfante, porque em 1231 o Tribunal da Inquisição estava consolidado com Gregório IX (1145-1245), Tomás de Aquino, no seio da Igreja, abriu campo para que houvesse consciências livres e corações sinceros, conquanto as autoridades do Catolicismo nunca se mostrassem dispostas a receber semelhantes exortações. Malgrado, Aquino, que acreditava na criação da alma no período de tempo que precede o nascimento de um novo ser, esqueceu-se dos grandes padres da antiguidade, como o neoplatônico Orígenes, cuja obra é um atestado eterno em favor das verdades sobre a preexistência do Espírito.

Vale citar que nesse escuro período da Humanidade – a Idade Média – quando nasceu Tomás de Aquino, em 1225, um ano depois voltaria dos paramos celestes "um dos maiores apóstolos de Jesus [que] desceu à carne com o nome de Francisco de Assis. Seu grande e luminoso espírito resplandeceu próximo de Roma, nas regiões da Úmbria desolada. Sua atividade reformista verificou-se sem os atritos próprios da palavra, porque o seu sacerdócio foi o exemplo na pobreza e na mais absoluta humildade. A Igreja, todavia, não entendeu que a lição lhe dizia respeito e, ainda uma vez, não aceitou as dádivas de Jesus."[6]

A Renascença

Como tudo é harmonia na obra da Criação; como tudo revela uma providência que não se desmente nem nas menores coisas nem nas maiores, "nos albores do século XV, quando a idade medieval estava prestes a extinguir-se, grandes assembleias espirituais se reúnem nas proximidades do planeta, orientando os movimentos renovadores que, em virtude das determinações do Cristo, deveriam encaminhar o mundo para uma nova era".[7]

Assim sendo, o plano espiritual maior determina "a vinda ao mundo de numerosos missionários, com o objetivo de levar a efeito a renascença da religião, de maneira a regenerar os seus relaxados centros de força".[8] E foi graças às luzes projetadas por Espíritos de Escol, como Wycliffe (1328-1384),[9] João Huss (1369-1415),[10] Jerônimo de Praga (1379-1416),[11] Joana d'Arc (1412-1431)[12] – precursores da Reforma Protestante –, que o abuso das riquezas vaticanas, a negação do poder de ensinar da Igreja, o sacerdócio, a missa, alguns sacramentos, a veneração dos santos e imagens, o sufrágio dos mortos, etc., foram combatidos pela **força do espírito** e não pelo **espírito da força**. Quase quatro lustros mais tarde, é chegado o instante da tomada de Constantinopla pelos turcos otomanos, em 1453, ruindo, assim, a Idade Média. O século XV também foi brindado de eventos notáveis, como a invenção da imprensa, pelo alemão Johannes Gutemberg (1398-1468),[13] e a descoberta da América, em 12 de outubro de 1492, por Cristóvão Colombo (1451-1506).

Nos primeiros estágios, já transitando o século XVI, veio a Reforma Protestante, em 1517, com Martinho Lutero. A Igreja Católica revidou com a Contrarreforma, através do Concílio de Trento (1545-1563) – o 19.º Concílio Ecumênico da história, convocado pelo Papa Paulo III, que, por sua vez, esteve como pai da Igreja entre 1534-1549. Esse Concílio foi seu verdadeiro instrumento e o mais importante acontecimento da contrarreforma. Durante a sua realização, asseguraram a unidade da fé, através da sagrada escritura histórica, e fortaleceram a disciplina eclesiástica, tanto dos cardeais quanto dos fiéis, além de estabelecer medidas defensivas e ofensivas para impedir a contaminação pelo protestantismo nos países ainda não atingidos. Nesse período tumultuado, que alcançou seu apogeu no dia 24 de agosto de 1572, com a Noite de São Bartolomeu, é difícil saber, afinal, quem matou mais em nome de Deus e do Cristo, se católicos ou protestantes.

A Inquisição, valendo de seu poder, perseguiu muitos filósofos e pensadores. Dentre estes, destacamos Giordano Bruno (1548-1600). Este nasceu em Nola, província de Nápoles, na Itália Meridional, com o nome de Filipe Bruno. Em 1578, foi para Gênova e abandonou o hábito religioso. Daí, foi para Ligúria, perambulando pelo norte da Itália. A partir de 1579, foi para França, primeiro em Toulouse, onde ficou dois anos, e em 1581 foi para a Paris. Em 1583 foi para a Inglaterra, vivendo em Londres, e esteve também em Oxford. Volta a Paris, em 1585, e, depois de um desencontro com os aristocráticos, teve que fugir. Dessa vez escolheu a Alemanha luterana como asilo, estabelecendo-se, em 1586, na cidade de Wittenberg (capital da Reforma Protestante). No ano de 1589, vai residir em Frankfurt. Em 1591 aceitou o convite de João Mocenigo para residir em Veneza.

Giordano Bruno afirmou, pela primeira vez, que o Universo é infinito quando disse: "Ninguém medianamente iluminado pelas luzes da razão deixará de admitir como princípio incontroverso que o céu, ou o Universo, é infinito. Nele existem sóis e terras inúmeras tão vastas quanto o próprio infinito. Deus está unido aos mundos, assim como a alma está unida ao corpo, que lhe é causa imanente... A nossa vida não pode deixar de ser continuada aqui, podendo o Criador transferir-nos mais tarde para alguns desses exílios de vida corporal, quando a nossa alma estiver fatigada dos dissabores e desferir o seu voo mortal para a eternidade. Estou certo mesmo de que a alma, lembrando-se do seu passado, deve ficar mais ou menos atormentada pelo desejo de voltar aqui, como sabiamente ensinou Sócrates."[14]

Mais tarde foi acusado, pelo próprio Mocenigo, de heresia por defender a ideia de Copérnico, afirmando, ainda, pela primeira vez, como vimos acima, que o Universo é infinito. Por essas e outras assertivas, isto é, por não estar ao nível da ignorância da época, nem concordar com a escravização do pensamento, Giordano Bruno foi transferido para Roma, em 1593, ficando em cárcere durante sete anos, até ser queimado vivo pelo nefasto Santo Ofício (Inquisição), no dia 17 de fevereiro de 1600, no local então conhecido como Campo del Fiore (das Flores). As ruas da cidade de Roma estavam repletas de gente. Nada mais que 50 cardeais vieram para a festividade crematória. Por toda parte viam-se filas de peregrinos, longas, intermináveis, que iam de igreja em igreja pedir o perdão de seus pecados, e encomendar as santas almas ao Criador. No meio da plebe notavam-se príncipes e eminentes personalidades, quando não raro, atrás deles, o pontífice. O cortejo fúnebre cantava litanias, fazia orações e lançava anátema ao condenado. Foi assim que expirou, nas contorções do hediondo martírio, aquele homem ilustrado, clarividente, sincero e bom, mas que abalara a Igreja secular com as verdades que viera trazer ao mundo.

Giordano Bruno era a reencarnação de Hipátia (370-415) – a matemática, astrônoma e filósofa neoplatônica grega que fundou sua escola em Alexandria, no Egito –, e, mais tarde, voltaria na personalidade de Annie Wood Besant (1847-1933) – Presidente Internacional da Sociedade Teosófica, a partir de 1907. Annie Besant, durante sua existência, teve papel importante no movimento para legislação interna da Índia. Criou escolas e universidades naquele país, além de fomentar a reforma educacional em toda parte. Adotou o jovem Jiddu Krishnamurti (1895-1986), filósofo, escritor e educador indiano. Foi feminista, antes que o movimento do direito das mulheres tivesse sido integralmente promulgado. Foi ambientalista, antes que *ecologia* se tornasse uma palavra comum. Defendia a liberdade, quando a metade do mundo estava presa aos grilhões do Colonialismo.

Cabe salientar, em nosso ignoto estudo, que desde o alvorecer do Renascimento, no século XV, até o seu apogeu, no século XVI, ocorreram profundas mudanças nas artes e nas ciências e, com efeito, a mente humana não pôde deixar de ser também influenciada pelas ideias efervescentes daquela época. Foi uma transição da infância para a adolescência. Portanto, necessária, essencialmente boa, já que não se pode revolver, à sua nascente, um rio em plena marcha rumo ao oceano. O fim da Idade Média coincide com o tempo de uma série de grandes descobertas e invenções, que revolucionaram a Humanidade em todos os departamentos da vida.

Astrônomos, poetas, físicos, pintores, escultores e matemáticos desceram à Terra, para nela materializarem alguma coisa do Céu! O filosofismo de muitos pensadores teve suas raízes na sufocação das ideias, pelo poder da Igreja, interligado ao poder despótico da monarquia. Essa transição da autoridade para a personalidade vem caracterizada por uma verdadeira embriaguez intelectual e moral. A Escolástica de Tomás de Aquino, que vimos nesta Parte, começa o seu declínio, em uma reação crescente e cada vez mais impulsiva na direção da liberdade de pensamento.

Notas

1. Ainda neste volume, abordaremos, com vagar, a existência dos filósofos neoplatônicos – Orígenes e Plotino.

2. O cisma de Ário (280-336) – presbítero em Alexandria – dizia que Jesus não era coeterno com Deus e da mesma substância com o Pai. Em suma, negava a consubstancialidade entre Jesus e Deus. Apesar de condenado, o arianismo continua a fazer adeptos, especialmente entre os povos germânicos.

3. Aurélio Ambrósio foi um dos padres doutores da Igreja. Foi o arcebispo de Milão. Aprendeu a ler a bíblia com Orígenes. Foi quem ministrou o batismo a Agostinho de Hipona.

4. A palavra *diabo*, do grego *diábolos*, significa delator, acusador, difamador, caluniador. Segundo a crença vulgar, é um ser real, um anjo rebelde, chefe de todos os demônios (do grego *diamónion*, que significa gênio, sorte, destino, manes; do latim *daemonîon*) e que tem um poder muito grande para lutar contra o próprio Deus. Ele conhece os nossos pensamentos mais secretos, insufla todas as más paixões e toma todas as formas para induzir o mal.

   A Doutrina Espírita esclarece que o diabo é a personificação do mal; é um ser alegórico, resumindo em si todas as paixões dos Espíritos imperfeitos. Da mesma maneira que as divindades eram representadas em suas alegorias, desde tempos antigos, o diabo ganhou um chifre e uma cauda representando a bestialidade, ou seja, a brutalidade das paixões animais. "O diabo, dizem, só mete medo a crianças, é um freio para fazê-las ajuizadas. Sim, é, do mesmo modo que o papão e o lobisomem. Quando, porém, elas deixam de ter medo, estão piores do que dantes" (Allan Kardec – *O Livro dos Espíritos*, Introdução, XV).

   Igualmente, "não há dúvida de que o diabo é produto mórbido da imaginação humana, pois o figurino escolhido para vesti-lo ainda é o próprio homem, revestido de todas as suas maldades. Existindo na Terra homens que cometem atrocidades as mais bárbaras, quer em tempo de paz, quer em tempo de guerra, nos horripilantes matadouros dos campos de concentração, acredito que é tolice e falta de imaginação do homem o pretender pintar um diabo pior e mais cruel do que ele mesmo! Se examinardes a história terrena verificareis que nunca existiram atrocidades, crimes, torpezas, impiedades ou vinganças maiores do que as praticadas pelo homem, de vez que eles as cometem com mais requintes de malvadeza do que se fossem praticadas pelo diabo.

"As Cruzadas da Idade Média, que retalhavam vivos os infiéis; a Noite de São Bartolomeu, quando milhares de católicos apunhalaram os protestantes por ordem de Catarina de Médicis; a impiedade dos Doges venezianos; as tropelias de Átila; as pirâmides de cabeças decepadas por Gengis-Khan; a matança dos cristãos nos circos de Roma; as torturas dantescas da Inquisição; as chacinas monstruosas da China; os enterrados vivos no Egito; as degolas em massa na Turquia; os empalamentos na Índia; os milhares de judeus assassinados pelos nazistas, porventura não são acontecimentos que fariam corar de vergonha, ante seu fracasso, o diabo mais perverso?

Acresce, ainda, que o pobre diabo mitológico, capaz de assustar os religiosos dogmáticos, há muito tempo que deve sofrer de invencível complexo de inferioridade, pois ainda não gozou da volúpia de lançar uma bomba atômica sobre 140 mil criaturas que respiravam oxigênio e faziam planos de ventura humana, nem tampouco pôde apreciar o magnífico espetáculo de vê-las se transformarem em gelatina fervente.

Os próprios sacerdotes católicos, que tanto acusam o infeliz Belzebu e lhe atribuem a culpa de todas as maldades do mundo, não se tornaram, porventura, os seus fiéis procuradores, quando Gregório IX instituiu o Santo Ofício e, à sombra da proteção de Fernando e Isabel, os reis católicos, torturavam criaturas humanas e arrebanhavam as fortunas dos infiéis para depois os fazerem estorricar nas chamas purificadoras do programa religioso oficial? Todas essas barbaridades, praticadas pelos poderosos da Terra, não significaram, porventura, verdadeiros insultos ou desafios a Satanás e uma técnica bem mais original que a dos vulgares recursos dos caldeirões de líquidos ferventes?" (Atanagildo – *A Sobrevivência do Espírito*, p. 58.)

5. Hermínio Miranda. (*Alquimia da Mente.*)

6. Emmanuel. (*A Caminho da Luz*, p. 159/160.)

7. Idem. (*A Caminho da Luz*, p. 171.)

8. Ibidem. (*A Caminho da Luz*, p. 175.)

9. Teólogo inglês muito popular, tendo imaginado a possibilidade de a Igreja libertar-se do papa. Adversário das indulgências, ele pregou sobre a eucaristia uma doutrina próxima da que seria, quase um século depois, a de Martinho Lutero.

10. Alemão de *Husinec* fora queimado vivo, em Constança, no ano de 1415, por não querer retratar-se, conquanto tivesse conseguido um salvo-conduto do Imperador Sigismundo de Luxemburgo (1368-1437).

11. Célebre reformador religioso Theco, e principal discípulo de João Huss. Foi preso, quando procurava socorrer seu mestre, e queimado vivo, também na cidade de Constança, em 1416.

12. Francesa nascida, em 1412, na cidade de *Domremy* e que aos 13 anos, em 1425, ouve as primeiras vozes no jardim da casa de seu pai. Por quase quatro anos, de 1425 a 1429, escuta-as, amadurecendo a própria preparação espiritual. E ao despontar de 1429, a

heroína de dezessete anos entra em ação, libertando, um ano depois, em 1430, a França do jugo inglês. As vozes eram diversas. A primeira é de São Miguel, o anjo guerreiro, o santo das batalhas, que guia os exércitos. Chegam, depois, em auxílio, como que para proporcionar-se melhor, ameigando-se à feminilidade de Joana, outras duas vozes: Santa Catarina e Santa Margarida.

13. É considerado o pai da imprensa. Fez com que o conhecimento passasse a ser patrimônio público. Morreu em extrema miséria por haver criado uma arma diabólica... Não poderia ser diferente, já que em todos os séculos, "as Ciências novas, experimentaram combates da tradição vigente que, não podendo competir no campo das ideias, sempre utilizou a difamação e o escárnio para ridicularizar os opositores." (Vianna de Carvalho – *À Luz do Espiritismo*, p. 43.)

PARTE III

Os
pensadores
do
século XVII

Francis Bacon

Francis Bacon (1561-1626) nasceu em Londres, no seio de uma família de nobres. Seu pai – Nicholas Bacon (1510-1579) – durante os primeiros vinte anos do reinado de Elizabeth (1558-1603), também conhecida como Isabel I da Inglaterra, fora guarda do Selo Nacional. Sua mãe – Anne Cooke Bacon (1528-1610) – era poliglota e versada em teologia; para ela, corresponder-se com os bispos na língua grega era bastante natural. Ela foi preceptora de seu filho, não economizando esforços em sua educação.

A Inglaterra do período de Elizabeth foi a era mais importante da mais poderosa das nações modernas. Com a descoberta da América do Norte, o comércio foi desviado do Mediterrâneo para o Atlântico e, com efeito, a Espanha, a França, a Holanda, e a própria Inglaterra, tornaram-se supremacias financeiras e comerciais. Até então, a Itália era o centro comercial da Europa, através de seu porto, tanto para a entrada do comércio (através da Europa), como para a saída (ao Oriente).

Aos doze anos de idade, Bacon foi estudar no Trinity College, em Cambridge, lá ficando por três anos. Os textos, os métodos e o culto de Aristóteles, levando às disputas escolásticas, fez com que o filósofo inglês buscasse um caminho mais fértil para a filosofia, com o intuito de esclarecimento e progresso da Humanidade. Com apenas dezesseis anos de idade, teve papel preponderante na política inglesa, uma vez que aceitou o cargo no quadro de assistentes do Embaixador da Inglaterra, junto à França, desviando-o da filosofia para a política.

Seu pai desencarnou, repentinamente, em 1579. Bacon, com dezoito anos, foi chamado às pressas para Londres, e, na capital inglesa, soube que seu genitor não conseguira, a tempo, deixar-lhe bens materiais, ficando quase sem capital algum. Acostumado com uma vida luxuosa, foi difícil para Bacon acostumar-se a uma vida simples. Para sobreviver, em 1582 assumiu o ofício de advogado, conquanto apelasse a seus parentes para lhe conseguirem algum cargo político, com o intuito de não ter mais dificuldades financeiras. Em 1583, foi eleito representante, no Parlamento, de Taunton – pequena cidade inglesa

–, sendo reeleito várias vezes, porquanto fora um orador singular. Diz o literário escocês John Nichol (1833-1894) que "não havia trecho em seus discursos que não contivesse uma particular beleza. Seus ouvintes não podiam tossir ou desviar dele os olhos sem grande perda. (...) Ninguém exercia maior poder sobre os sentimentos. O receio dos que o ouviam era de que chegasse ao fim."[1]

Em 1597, sob a forma de um livro de dez capítulos (ou textos), Bacon publica sua obra *Ensaios*. Houve duas outras edições: uma em 1612 e outra em 1625, respectivamente; nesta última edição, foram incluídos os primeiros dez textos e também novos títulos, o que perfaz o total de cinquenta e oito ensaios completos. Na melhor obra literária de Bacon – *Ensaios* – conseguimos observar o progresso de um espírito inquieto entre seus dois amores: a filosofia e a política. Desde os ensaios da primeira edição, de 1597, onde Bacon trata *Dos estudos, Dos competidores, Da honra e da reputação, Das negociações*, etc., até a segunda edição, de 1625, quando aborda os ensaios *Da verdade, Da morte, Da unidade religiosa, Da vingança, Da astúcia, Da ambição, Da natureza do homem, Do hábito e da educação, Da beleza, Dos estudos, Da cólera*, etc. É quase inacreditável saber que as realizações literárias de Bacon eram passatempo de uma turbulenta vida política, embora seu desejo também fosse ser filósofo.

Os *Ensaios* trazem o compacto pensamento de Bacon, deixando a sabedoria do filósofo inglês externar-se em clareza, beleza e força. É, sem hesitar, um livro que merece ser *mastigado* e *digerido*, segundo o brocado popular. No capítulo 50, da segunda edição, de 1625 – *Dos estudos* –, somente por não considerá-los ser finalidade, nem constituir sabedoria por si mesmos, e que os conhecimentos não aplicados não passam de vaidade, já conseguimos enxergar que Bacon foi um Espírito diferenciado, tanto para sua época, como ainda o é nos dias atuais. Nos *Ensaios*, não há nada de supérfluo; ao contrário, oferece-nos riquezas infinitas, escritas em pequenas frases. Em cada capítulo da obra vemos um Espírito genial, dissertando sobre um assunto importante da vida. O livro supracitado equipara-se a uma comida substancial e pesada, que não pode ser digerida em grandes quantidades, de uma vez só; mas se tomarmos pequenas porções de cada vez, constituem o melhor alimento espiritual da língua inglesa.

Outro livro de Bacon – *O Progresso do Conhecimento* –, de 1605, é um tratado sistemático, dividido em duas partes. Estas, são de extensão desigual. A segunda parte, ampliada em 1623, é maior que a primeira. Nesta, Bacon faz a defesa da importância do conhecimento e elabora, com detalhes, respostas às objeções habituais na busca deste. Por isso, defendia que "os filósofos devem pesquisar diligentemente o dinamismo e a força do costume, do hábito, da educação, do exemplo, da imitação, da emulação, da companhia, da amizade, do elogio, da crítica, do conselho, da reputação, das leis, dos livros, dos estudos, etc., pois são essas as coisas que reinam na moral dos homens e é por esses agentes que é formada e controlada a mentalidade."[2] Na segunda parte da obra, ocupa-se dos escolhos até então impostos ao progresso do conhecimento e apresenta, com minúcias, uma classificação das ciências ou dos saberes (como ele mesmo denominava), porque, para Bacon, a ciência, que é a organização do saber, tem ela própria de ser organizada.

O aparecimento da filosofia natural (ou ciência, como chamamos hoje) e da metodologia científica deve-se a Francis Bacon. A filosofia da natureza trata do conhecimento das primeiras causas e dos princípios do mundo material. O estudo da natureza, tanto do ponto de vista científico como metafísico, é uma ciência de mudança e movimento que ocorrem naturalmente, em todos os âmbitos do conhecimento. Quaisquer descobertas, antes do século XIX, tinham outras denominações, a saber: *Tratado, Princípio, Ensaio*, etc. Atualmente, o método científico se aperfeiçoa, universaliza-se e serve de modelo e inspiração a todas as outras ciências particulares que vão se destacando do corpo da *filosofia natural*.

Segundo Bacon, a filosofia, para renovar-se a si própria, tem que começar de novo com um livro de páginas brancas e uma mentalidade purificada. O primeiro passo, portanto, é deixar de lado o intelecto e nos transformar em crianças pequenas, inocentes de *ismos* e abstrações, sem preconceitos, e não deixar a mente assemelhar-se a certos espelhos, que emprestam suas próprias características aos diferentes objetos, destorcendo-os e desfigurando-os. Ora, "o conhecimento humano não é fruto de uma investigação desinteressada".[3] Por essa razão, Bacon enfatizava a importância da **experimentação em seu trabalho, e considerava que os dados deviam ser cuidadosamente registrados, para que os resultados pudessem ser, ao mesmo tempo, confiáveis e reproduzíveis.** Nessa proposta do filósofo inglês, surge um novo método organizado – indutivo ou científico –, em que se combina o processo de observar a natureza com cuidado e acumular dados sistematicamente, descobrindo leis e teorias sobre como ela funciona. Salientamos, porém, que a indução não significa simples enumeração de todos os dados; isto poderia ser interminável e inútil; nenhuma coleta de material pode, per si, fazer ciência. O método indutivo tem que incluir uma técnica para a classificação dos dados e a eliminação de hipóteses, de modo que pelo cancelamento sucessivo das explicações possíveis, reste apenas uma no final.

Exemplo: o que é calor? Procura-se algum fenômeno que cresça com o aumento do calor e decresça com a sua diminuição. Depois de longa análise, encontra uma correlação exata entre calor e movimento, concluindo que o calor é uma forma de movimento. Portanto, através dessa insistente acumulação e análise de dados, chegamos à FORMA do fenômeno que estamos estudando, isto é, à sua NATUREZA SECRETA, à sua ESSÊNCIA INTERIOR. Para explicar seu método indutivo, Bacon publicou, em 1621, *Novum Organum Scientiarum* – a primeira teoria formal de lógica indutiva. Fez da indução uma conquista. A filosofia estava estéril há muito tempo (principalmente depois de Aristóteles), e necessitava de um novo método para torná-la fecunda. Para Bacon, o grande erro dos filósofos gregos era gastarem tanto tempo com a teoria e tão pouco tempo na observação. **O raciocínio deve ser seu auxiliar e não seu substituto**.

O método indutivo difere do método dedutivo, porque este começa por tomar como base uma ou mais afirmações verdadeiras (ou axiomas) e, então, procura provar que outras afirmações também são verdadeiras. **A *dedução* é o argumento cuja conclusão é inferida, necessariamente, de duas premissas**. Conquanto a dedução seja um modelo de rigor no raciocínio, é também estéril na medida em que não nos ensina nada de novo, apenas organizando o conhecimento já adquirido. Portanto, ela não inova; isso não significa que a dedução não tenha valor algum. O trabalho do filósofo Aristóteles foi todo basilado na dedução lógica, chamada por ele de *silogismo*, que significa *ligação*. Melhor dizendo, é a ligação de dois termos, por meio de um terceiro. Exemplo: se $x = y$ e $y = z$, então $x = z$. Existe um termo médio (y), que estabelece a ligação entre x e z, de modo que a conclusão se torne necessária, ou seja, tem de ser esta e não outra. Ademais, o enunciado da conclusão não excede o conteúdo das premissas, isto é, não se diz mais na conclusão do que já foi dito.

A *indução* é uma argumentação na qual, a partir de dados singulares, suficientemente enumerados, conclui-se uma verdade universal. Enquanto na dedução, a conclusão deriva de verdades universais, já conhecidas, partindo portanto do plano do inteligível, a indução, ao revés, chega a uma conclusão a partir da experiência sensível, dos dados particulares. Exemplo: esta porção de água ferve a cem graus Celsius; e esta outra, também; e esta outra, da mesma forma...; logo, a água ferve a cem graus Celsius. Diferentemente do argumento dedutivo, o conteúdo da conclusão da indução excede o das premissas. Ou seja, enquanto a conclusão da dedução está contida nas premissas, e retira daí sua validade, a conclusão da indução tem apenas probabilidade de ser correta. Apesar da aparente fragilidade do método indutivo, já que não possui o rigor do raciocínio dedutivo, trata-se de uma forma abundante de pensar, sendo responsável pela fundamentação de grande parte dos nossos conhecimentos na vida cotidiana, e de grande valia nas ciências experimentais. De resto, todas as previsões que fazemos para o futuro têm base na indução, isto é, no raciocínio que, baseado em alguns casos da experiência presente, faz com que concluamos que o mesmo poderá ocorrer mais tarde.

Em suma: enquanto o método dedutivo, em essência, usa a lógica, o método indutivo usa a natureza. Perguntar-se-ia: será o método indutivo usado com mais resultados na ciência moderna? Não. De modo geral, a ciência tem usado, com melhores resultados, não a acumulação de dados (história natural) e sua manipulação através dos complicados quadros do *Novum Organum Scientiarum*, mas o método de *hipótese, dedução* e, por fim, *experiência*. Foi assim que Charles Darwin (1809-1882), lendo o *Ensaio Sobre a População*, do economista britânico Thomas Robert malthus (1766-1834), considerado o pai da demografia, teve a ideia de aplicar a todos os organismos, a hipótese Malthusiana de que **a população tende a crescer mais depressa do que os meios de subsistência**. Deduziu dessa hipótese a conclusão provável de que a pressão da população sobre o suprimento de alimentos resulta em uma luta pela vida, na qual sobrevivem os mais aptos e através da qual, em cada geração, as espécies se transformam para maior adaptação ao ambiente. E, finalmente, depois de vinte anos de paciente exame indutivo dos fatos, chegou à conclusão da origem das espécies.

O pensamento humano, filho de capacidades perceptivas incrustadas pela natureza das coisas entre esses dois extremos, lançou-se, em seu impulso natural para o conhecimento, ora numa direção ora noutra, criando assim instintivamente os dois métodos de pesquisa que o homem conhece: o dedutivo e o indutivo. O homem, com o método dedutivo, explorou o terreno como de cima de um monte ou de um avião, obtendo uma visão de síntese, mas sem ser controlada no local, em contato com o terreno onde ocorrem os fenômenos; isso ocorreu quando o homem se entregou nos braços da inspiração, da intuição ou da revelação.

O método indutivo, por sua vez, diante do problema do conhecimento, tem um ponto fraco: se é mais apto a agir na matéria, dando-nos resultados práticos, é o mais inadequado, por ser método de análise, para dar-nos a visão de síntese e resolver assim o problema do conhecimento. Sucede então que, em pleno século de ciência positiva, como o nosso, voltamos a confiar no gênio dos grandes matemáticos, os quais, por abstração – não só trabalho de lógica, mas também de intuição conseguem elevar-se acima do mundo fenomênico, daí trazendo a visão de conjunto, que a ciência positiva, com seu método experimental (indutivo), não consegue alcançar. Inclusive, a própria ciência necessita da intuição – pelo menos para formular algumas hipóteses de trabalho, sem o que não consegue orientar-se, ficando em seu progresso sujeita às puras tentativas.

A grande contribuição de Bacon para a Humanidade está em seu método indutivo, prevendo a vitória progressiva da observação e da experiência em todos os domínios dos estudos humanos. Dessa maneira, o filósofo inglês acabou por perceber o mundo transcendente e cristão, trazendo de volta, com efeito, o pensamento de Platão. Bacon foi um livre-pensador, sempre com a mente aberta. A propósito, ele mesmo disse: "Triste não é mudar de ideia; triste é não ter ideia para mudar". Espiritualista, combateu o ateísmo quando disse: "Eu preferiria acreditar em todas as fábulas da Legenda [Áurea],[4] do Talmude e do Alcorão, a crer que toda essa estrutura universal não tem uma causa inteligente. (...) O conhecimento superficial da filosofia inclina os homens ao ateísmo; mas o conhecimento profundo volta suas mentes para a religião, pois enquanto a inteligência olha apenas as causas segundas dispersas, poderá, em alguns casos, parar nelas e não ir adiante, mas quando considera a concatenação dessas causas, associadas e ligadas entre si, tem de apelar para a Providência e para a Divindade."[5]

Francis Bacon foi a inteligência mais poderosa e influente da sua época. Sua mente vasculhou o Universo como um farol, espreitando e sondando, com curiosidade, todos os esconderijos e segredos do espaço. Para muitos, ele foi o regenerador da filosofia. Mais tarde, os enciclopedistas agradeceriam seu trabalho. Bacon não propôs a razão como inimiga ou substituta da religião, como fizeram a maioria dos filósofos do século XVIII (e veremos na Parte IV); ao contrário, abriu espaço para ambas na filosofia e na vida. Ele exigiu explicações naturais e racionais, ao invés de pressuposições emocionais, intervenções sobrenaturais e mitologia popular. Enfim, Bacon desfraldou o estandarte de todas as ciências e atraiu para elas as mentes mais ávidas dos séculos seguintes.

Tomas Hobbes

Thomas Hobbes (1588-1679) nasceu prematuro, na cidade de Malmesbury, na Inglaterra. Seu pai biológico desapareceu (abandonando mulher e filhos), deixando o menino e seus irmãos aos cuidados de seu tio paterno, que, sem hesitar, pagou toda sua educação escolar. Quando Hobbes tinha quatorze anos de idade, foi estudar em Magdalen Hall, na cidade de Oxford. Em 1608, então com vinte anos de idade, deixou Oxford com o título de bacharel em Artes, e foi trabalhar como preceptor na família nobre britânica, conhecida como *Cavendish*, tendo, portanto, um emprego que lhe proporcionou, nos trinta anos seguintes, além de um bom salário, casa, comida e roupa lavada. Como mestre particular do jovem barão Willian Cavendish (1590-1628), quase da mesma idade de Hobbes, teve oportunidade de visitar vários países. Em sua viagem à Itália, no ano de 1636, vai a Florença, e na parte sul da cidade (conhecida como Arcetri) conheceu Galileu Galilei (1564-1642),[6] e, nos seis anos seguintes, fez profunda amizade com o astrônomo italiano.

Hobbes ficou mais de cinquenta anos de sua existência física sem nada publicar. Suas melhores obras, tornando-o famoso na filosofia ocidental, só tomaram forma quando ele já estava com muita idade. A primeira delas, como um monarquista convicto, foi *Os Elementos da Lei Natural e Política*, quando defendeu o rei Carlos I (1600-1649). Em 1640, quando cresciam os conflitos que se tornariam a Guerra Civil Inglesa (1642-1651), Hobbes deixou a Inglaterra e foi para Paris. Ali, conheceu o famoso padre Mersenne (1588-1648), que, por sua vez, apresentou-lhe René Descartes (1596-1650), somente em 1648, um ano antes deste embarcar para a Suécia. Hobbes residiu na França durante onze anos, isto é, de 1640 até 1651. Neste ano, ele publicou a mais importante de suas obras – o *Leviatã*. Neste livro, o filósofo britânico afirma que o Estado é um monstro terrível (Leviatã) que deseja, mais do que qualquer coisa, o poder, o domínio absoluto sobre todos os povos, capaz de devorar todos direitos e liberdades individuais. Depois disso, ele apresenta o Estado como um fantoche que segura uma espada na mão direita, e um cetro na esquerda, com uma coroa na cabeça, e milhares de caveiras amontoadas sobre a cabeça. Esta é a capa, inclusive, da edição original do *Leviatã*.

Thomas Hobbes foi um pensador independente. Enquanto na Guerra Civil Inglesa a maioria dos favoráveis à monarquia expressou apoio à Igreja na Inglaterra, ele mostrou seu desagrado, o que o fez ser banido da corte. Mesmo sendo um grande defensor da realeza, o filósofo inglês não considerava que o rei governava por direito divino. Ao revés, afirmava que se tratava de um contrato social, com apoio do povo.

Hobbes, diferentemente de Francis Bacon, não acreditava na existência da alma. Esse pensamento só é ultrapassado pelos chamados atualmente de *céticos*, já que de tudo duvidam, sem crer em nada. Posto isso, do experimentalismo de Bacon, infelizmente, Hobbes tirou uma triste conclusão: só a matéria existe. Com isso, ele fez aparecer, já no século XVII, o "fantasma do materialismo". Pode-se dizer que Hobbes foi um dos precursores do materialismo positivista que iria despontar no século XIX, porque **a raiz de seu sistema filosófico estava em sua crença de que todos os fenômenos do Universo podiam ser rastreados, até a origem, na matéria**. Ele, porém, rejeitava o conceito de que **o método experimental e a observação da natureza podiam servir de base para o conhecimento**.

Perguntar-se-ia: mas a que natureza o filósofo britânico estava se referindo? Resposta: à **natureza acessível aos sentidos e ao intelecto**. Ora, se o campo exclusivo da filosofia fosse a zona dos sentidos e do intelecto, Thomas teria razão em seu entendimento. Mesmo em seu senso prático de que "filosofar é pensar corretamente", Hobbes foi um perfeito agnóstico. Este, diferente do ateu ou materialista, IGNORA a existência ou inexistência de um mundo extrafísico, embora deixando a mente aberta para o *sim* ou para o *não*, comportando-se de forma neutra. Caso alguma faculdade diferente dos sentidos e do intelecto venha a descobrir a realidade desse mundo imaterial, o agnóstico não recusa admiti-lo. Já o ateu, vai além do agnóstico, porque AFIRMA ter plena certeza da não existência de um mundo espiritual, justificando com o *nada* um conhecimento real. Hobbes entende por *natureza* algo que outros espíritas e espiritualistas consideram apenas pequeno segmento da natureza. **A natureza acessível aos sentidos e ao intelecto não é a natureza total**, como Thomas equivocadamente admite.

Os seres humanos, diz Hobbes, não passam de máquinas, e o livre-arbítrio é a grande ilusão da criatura humana. Para ele, não pode haver liberdade de ação em um mundo de causa e efeitos necessários. O ser humano é DETERMI-NADO, por apetites, por paixões (emoções corrompidas) a fazer ou deixar de fazer isto ou aquilo. As razões, porém, do agir acham-se ocultas, para além da fronteira acessível ao nosso consciente. Por essa razão, afirma Hobbes, temos a IMPRESSÃO de agir livremente, pois ignoramos a causa, o motivo dos nossos atos, que, por sua vez, se desenrolam de forma mecânica. Será?

Esse pensamento de Hobbes, sobre o livre-arbítrio, está contrário à Doutrina Espírita, porquanto a liberdade humana não é simples ilusão, conforme apregoa o filósofo britânico. Os Espíritos afirmam, em *O Livro dos Espíritos*, na questão 843, que o Homem tem livre-arbítrio, sim, nos seus atos, pois caso contrário seria uma máquina. Mas o leitor atento diria que de duas, uma: I) ou o ser humano é livre, e, neste caso, pode praticar atos sem nenhuma causa predeterminante, o que é contra a lei férrea da causalidade universal; II) ou o ser humano não é livre, e, neste caso vige a grande lei da causalidade universal, mas acaba a responsabilidade ética, porque o ser humano não é responsável pelo fato de ser bom ou mau, virtuoso ou vicioso, já que foi compelido a ser o que é, se a liberdade é simples ilusão.

Pois bem. Há uma terceira ideia, que o Espiritismo admite, qual seja: **tanto a lei de causalidade universal como o fato da responsabilidade ética**. Por incrível que possa parecer, é errônea a ideia de que a ausência de liberdade, no sentido tradicional, destrua a responsabilidade da vida ética. Ora, **quanto mais livre é um ser, maior é sua responsabilidade pelos seus atos; e quanto menos livre, menos responsável o** é. O ser humano não é totalmente livre, em seus atos, porque a liberdade é idêntica à consciência. E como nenhuma criatura humana é plenamente consciente, também não pode ser plenamente livre. Só Deus é plenamente consciente e, com efeito, plenamente livre. Nós – criaturas do Criador – somos parcialmente livres, pois somos parcialmente conscientes. Mesmo um ser, depois de ter alcançado a plenitude, esta sempre será relativa.

Vejamos. O livre-arbítrio não é um fato constante e absoluto, em insolúvel conflito com o determinismo das leis divinas, mas é um fato progressivo e relativo aos diversos níveis espirituais que cada um atingiu. Essa liberdade é, portanto, relativa, e nossas ações só podem afetar o que se refere a nós mesmos. O livre-arbítrio evolui com a consciência. Posto isso, a responsabilidade de nossas próprias ações é relativa e progressiva. "O princípio do determinismo divino [determinismo das leis divinas] é absoluto e impõe como fatal, necessária e irreversível a evolução universal, na direção da suprema felicidade, que é o supremo bem, o supremo saber e o supremo poder, no infinito dos espaços e das eternidades. Como princípio, é unitário, imanente, indivisível e eterno. O princípio da livre determinação individual (livre-arbítrio) é desdobramento, consequência e complemento do primeiro, ao qual diretamente se vincula, e outorga a cada criatura o direito inalienável de atender à suprema vontade do Criador quando e como quiser."[7]

Sendo divina a essência do Homem, em sua essência é o Homem livre; mas, como a sua individualidade não é idêntica a Deus, aliás muito inferior, é lógico que, como individualidade existencial (como Espírito), o ser humano não é livre. Só Deus é livre. Em suma, o Homem é livre por sua essência divina, mas não é livre por sua existência humana, pois há, no ser humano, uma liberdade limitada e, com isso, uma responsabilidade limitada, parcial, imperfeita. E dessa responsabilidade limitada, segue-se que a criatura humana não pode nem identificar-se totalmente com Deus, nem separar-se inteiramente Dele.

Sempre é limitado o grau de liberdade de qualquer ser humano. Dessa forma, o Homem não pode jamais emancipar-se totalmente de Deus, pois está eternamente ao alcance e dentro da jurisdição das leis divinas. O Espírito – encarnado ou desencarnado –, por mais que se revolte contra Deus, e por mais responsável que seja sobre seus atos, nunca e em caso algum chega a ser totalmente livre. Se houvesse liberdade total para um ser humano, a soberania divina deixaria de ser absoluta. Portanto, o Espiritismo afirma a responsabilidade moral do Homem, conquanto não admite que o Homem seja absolutamente livre; isto é, a responsabilidade ética não exige essa liberdade absoluta. Aliás, só onde existe liberdade parcial é que pode haver ordem ética. E Deus não é um ser ético, pois é absolutamente livre.

Em sua obra *Leviatã*, Hobbes diz que bom é aquilo que favorece a paz e a harmonia da sociedade; mal é o que as destrói ou as põe em perigo. Sem delongas, afirmar que, eticamente, bom é aquilo que conserva a paz e a harmonia da sociedade, o filósofo de Malmesbury se opõe diretamente ao Evangelho de Jesus, uma vez que a família – célula primeira da sociedade – é sempre a primeira a receber perseguição e desarmonia, através daquele que dá testemunho do Bem e procura a Verdade. Por causa do Cristo Jesus – maior modelo do Bem e da Verdade – a discórdia é inevitável entre pai e filho, mãe e filha, sogra e nora, etc. (Mateus, 10:34-36). Assim sendo, a verdade não depende das consequências agradáveis ou desagradáveis que ela possa produzir, como Hobbes erroneamente supôs. Ela é absoluta em si mesma, e não relativa.

A Verdade (o bem), conforme o Espiritismo nos esclarece, é uma só, e vem como torrente descendo do mais Alto, através das Eras, saciando, em todos os tempos, a sede de Saber dos Homens de Boa-Vontade. Ela não é apanágio de uma só religião, e sim da que se encontra em Deus, substanciada no Bem. Assemelha-se a um oceano, e jamais será represada; mas qualquer um imerso nela pode sentir-lhe a profundidade. Ao demais, àqueles que a defendem e a buscam, não trazem a paz no local em que se encontram, como diz Hobbes, mas, sim, a espada, a divisão. Viver a Verdade (o Bem), porque este é um estado de ser, e não um ato propriamente dito, "exige pesado ônus de quem a conduz, pois que, não compactuando com as licenças morais nem a delinquência dissimulada de legalidade, que passa disfarçada como direito de uns em detrimento de outros, faz-se detestada e perseguida. Os vanguardeiros e porta-vozes da Verdade ainda pagam o tributo da coragem em vivê-la."[8]

É como filósofo político que Hobbes ficou efetivamente conhecido. Muitos dizem ser ele o pai do totalitarismo, conquanto ele mesmo jamais se considerasse um político totalitário. Em muitos de seus textos, Thomas defende a ideia de que o estado primitivo do Homem era o da "guerra de todos contra todos". Como ninguém pode modificar fundamentalmente a natureza humana, diz o filósofo inglês, essa lei continua também a vigorar nos Estados modernos. Mas o ser humano é perspicaz, e, com efeito, percebe a vida social, e a convivência nacional e internacional seriam impossíveis sem um certo grau de harmonia mútua. Por essa razão, diz Thomas, o Homem inventou os governos, cuja função é refrear, até certo ponto, essa inevitável "guerra de todos contra todos", mantendo uma relativa paz e concórdia externa. Afirma Hobbes que a guerra jamais será abolida em definitivo; ela só pode ser contida e mantida dentro de certos limites; uma paz armada é o máximo que o governo pode conseguir, pois este é a suprema norma ética dentro de um país.

Conquanto Hobbes afirmasse em seus textos que a sociedade necessitava de um poder soberano supremo, conforme narrado no parágrafo acima, no livro *Leviatã* ele esclarece sua posição: a monarquia absoluta é a melhor forma de governo e a única maneira de oferecer paz a todos, porque a luta entre Igreja e Estado levava incondicionalmente à guerra civil. Assim, para manter a paz para todos, em uma sociedade, todas as pessoas devem concordar em ter uma figura de autoridade para controlar o governo, legislar e se encarregar da Igreja. Triste nova! Bem se vê que o Contrato Social forjado por Hobbes, que levava ao absolutismo monárquico justificado, infelizmente ainda estava baseado no ESPÍRITO DA FORÇA e não na FORÇA DO ESPÍRITO.

O medo de morrer fez de Hobbes um fugitivo. O medo de morrer fez Hobbes atacar, durante quase toda sua existência, o poder da Igreja, enquanto defendia o dos soberanos. Lá bem no fundo das suas ideias, ele queria matar a Igreja para não morrer. Em 1675, Thomas Hobbes deixa Londres, e passa o resto de sua existência no campo, na cidade de Hardwick, desencarnando em 3 de outubro de 1679.

René Descartes

No final do século XVI, a filosofia estava estagnada. Conforme já vimos na Parte I, a filosofia teve início no século VI a.C., na Grécia antiga, e dois séculos depois adentrou em um período áureo, com o advento de Sócrates, seguido por Platão e Aristóteles. Depois disso, por cerca de mil anos, nada aconteceu em filosofia, salvo os neoplatônicos, no século II; o bispo de Hipona – Agostinho (354-430) –, que, por sua vez, também resgatou o pensamento de Platão para a Igreja; e a vinda de Tomás de Aquino, que trouxe de volta o pensamento aristotélico para o Cristianismo (já institucionalizado). Mas foi René Descartes (1596-1650) quem deu à filosofia novo impulso, fazendo do século XVII um dos períodos mais fecundos para o livre-pensamento. Descartes é considerado, por muitos, o Pai da Filosofia Moderna. Sem recusar a autoridade dos filósofos que o antecederam ou foram seus contemporâneos, ele foi o maior expoente do chamado *racionalismo clássico*. Foi o primeiro pensador europeu que situou o problema epistemológico (do conhecimento) na sua verdadeira perspectiva.

Descartes nasceu na pequena cidade francesa de La Haye, aproximadamente 50 quilômetros ao sul de Tours. Atualmente, o lugar é conhecido pelo nome de Descartes, e o visitante ainda pode ver a casa onde ele nasceu, bem como a igreja de Saint Georges, do século XII, onde foi batizado. René foi o quarto filho, e tornou-se órfão de mãe no primeiro ano de existência. Seu pai – Joachim (1553-1640) – era um aristocrata (juiz da Alta Corte da Bretanha) e, depois que a mãe de Descartes desencarnou, não demorou muito para Joachim casar-se novamente. Resultado? Descartes foi criado na casa de uma das avós, onde se afeiçoou principalmente por sua babá, por quem nutria grande estima e a quem sustentaria até o dia de seu desencarne.

Seu pai, mesmo afastado, sempre se preocupou em proporcionar uma boa educação aos filhos. Aos oito anos de idade, Descartes foi enviado a uma escola jesuíta, em La Flèche. Como o reitor era amigo da família Descartes, René ganhou um quarto individual e permissão para levantar-se quando quisesse. Ele acordava por volta do meio-dia, todos os dias, e esse hábito tornou-se rigoroso até o fim de sua existência física. Foi nesta escola que ele se familiarizou com a lógica, a retórica, metafísica, astronomia, música, ética e filosofia natural. A despeito disso, deixou a escola, aos dezesseis anos de idade, desencantado. Como Sócrates, estava convencido de que nada sabia. Mesmo a Matemática só era capaz de proporcionar certezas impessoais. A outra certeza que conhecia era Deus.

Seu pai o enviou para estudar Direito na Universidade de Poitiers. Aos dezoito anos de idade, já havia esgotado seu interesse no assunto. Nessa época, havia tomado posse de pequenas propriedades rurais, fruto da herança de sua mãe, e, com isso, tinha uma renda modesta, mas suficiente para viver a seu bel-prazer. Assim sendo, partiu para Paris, a fim de se dedicar às suas ideias. Dois anos depois, já com vinte anos de idade, cansou-se da vida de solteiro rico em Paris, e mudou-se para um endereço tão tranquilo, no Faubourg St. Germain, que ninguém, absolutamente ninguém o visitaria. Nessa certeza, vivia em reclusão e continuava sua introspecção, porque gostava de descobrir o mundo e o conhecimento que estavam dentro dele mesmo. Este seria seu estilo de vida favorito, pelo resto de seus dias. Parece que o filósofo francês tinha duas obsessões (no bom sentido da palavra), perfeitamente equilibradas: a solidão, para estudar, e as viagens. Como jamais tivera um lar verdadeiro, não tinha desejo de construir o seu próprio. Permaneceria, durante toda sua existência física, em solidão.

Em 1618, com vinte e dois anos de idade, foi para a Holanda e alistou-se no exército como voluntário nas tropas do Príncipe Orange, cujo exército protestante se preparava para defender as Províncias Unidas dos Países Baixos contra a Espanha católica, que desejava retomar suas antigas colônias. É conhecida na Anti-História como a Guerra dos Trinta Anos (1618-1648), onde ocorreram uma série de guerras entre nações europeias, principalmente por rivalidades religiosas, entre católicos e protestantes.

A vida no exército entediava Descartes. Uma tarde, depois de seu leve desjejum habitual, o filósofo francês decidiu sair para um passeio restaurador pelas ruas da cidade de Breda, na Holanda, e percebeu um cartaz fixado em um muro, exibindo um problema matemático não solucionado e desafiando os transeuntes a resolvê-lo. Descartes não entendeu totalmente as instruções, porquanto estavam em holandês. Dirigiu-se ao cavalheiro que se encontrava de pé, ao lado do cartaz, e, com gentileza, pediu-lhe que traduzisse. O holandês ficou estupefato com o jovem e ignorante oficial francês, e disse-lhe que só traduziria o cartaz caso o francês estivesse disposto a se empenhar na solução do problema, e trazê-la até ele. Assim ficou acordado. Na tarde do dia seguinte, Descartes foi à casa do holandês, onde, para surpresa do anfitrião, ficou evidenciado que não apenas resolvera o problema, como também o fizera de modo extremamente brilhante.

Segundo Adrien Baillet (1649-1706) – o primeiro biógrafo de René Descartes –, foi assim que René conheceu Isaac Beeckman (1588-1637), o renomado filósofo e matemático holandês. Os dois se tornariam amigos íntimos, correspondendo-se com regularidade nos vinte anos seguintes. Foi Beeckman que reacendeu o interesse de Descartes pela Matemática e pela Filosofia, que permanecera dormindo desde que deixara La Flèche.

Na noite de inverno do dia 10 de novembro de 1619, Descartes teve três sonhos, ou visões, que mudariam o curso de sua vida e da filosofia, conforme ele mesmo narra no *Discurso* (2.ª parte). Essa revelação expressava uma imagem matemática do mundo, o que o convenceu de que o funcionamento de todo o Universo podia ser descoberto mediante a aplicação de uma ciência matemática universal. Desde então, ele tomou a decisão de dedicar-se a "descobrir os fundamentos dessa ciência admirável."[9] Ele começou com a filosofia, porque esta era a raiz de todas as ciências, e mister se fazia que essas ideias pudessem amadurecer. Ele prossegue em suas viagens pela Europa, perambulando sem objetivo por cerca de sete anos. Há poucos detalhes precisos sobre Descartes durante esse período de *vida errante*, como ele mesmo dizia.

Em 1623, Descartes voltou para sua casa, em La Haye, e vendeu todos os seus bens. Os títulos adquiridos com o produto da venda garantiram-lhe um bom rendimento pelo resto de sua existência material. Em 1626, Descartes fixa residência em Paris, onde frequenta os salões e reuniões intelectuais, embora passasse a maior parte do tempo na capital francesa, trancado em seu quarto, estudando. Em 1628, retirou-se para o norte da França, a fim de viver, mais uma vez, em reclusão e dedicar-se tão somente a pensar. Não logrou êxito nesse intento, porque seus amigos parisienses continuaram a visitá-lo, o que o fez novamente mudar de endereço, melhor dizendo: de país. Agora, iria para a Holanda, onde se estabeleceu por mais de duas décadas, ficando lá até 1649, um ano anterior ao seu desencarne. A Holanda tinha uma grande vantagem: ela era, no século XVII, a zona franca do pensamento europeu. Ao contrário de outras nações, ali não se tinha que pagar (com a vida) pelas ideias que se tivesse.

Foi então que passou a escrever o livro *Regras para a Orientação do Espírito*, que apresentava seu novo método para o pensamento, a saber: descobrir a ciência universal, adotando um método adequado de reflexão, que consistia na adoção de duas regras de operação mental – **intuição e dedução**. Descartes definiu *intuição* como "a concepção inequívoca de um espírito claro e formado exclusivamente pela luz da razão"; definiu "dedução" como a "necessária inferência a partir de outros fatos tidos como certos". O notável método de Descartes, que veio a ser conhecido como **método cartesiano**, baseava-se na aplicação correta dessas duas regras de pensamento, isto é: **intuição e dedução**.

Foi através da metodologia cartesiana que Allan Kardec – o Codificador do Espiritismo – fundamentou, em 1857, os princípios vigentes da Doutrina Espírita, porque ela enfrenta sempre a razão e contesta tudo quanto não suporte a demonstração científica e o debate cultural. O Espiritismo foi trabalhado pelos imortais dentro desses parâmetros vigorosos do intelecto vinculado à intuição e à dedução e, por essa razão, suplantou a intolerância com que atacaram acadêmicos e religiosos partidaristas, populares ignorantes; enfrentou a revolução das doutrinas psicológicas, que passaram a confirmar-lhe indiretamente os conteúdos psicoterapêuticos, os avanços da Física e da Astronomia, da Medicina e da Antropologia, e assim demonstrou a robustez dos seus ensinamentos sem alterar um paradigma sequer, mantendo-se tão atual neste momento quanto o esteve ao ser publicado.

Os três anos seguintes (isto é, de 1628 a 1630), Descartes passou concentrado em seu *Tratado Sobre o Universo*, e o enviou ao Padre Mersene (1588-1648), a fim de que fosse publicado em Paris. Mas em 1633, ao saber que Galileu Galilei (1564-1642) havia sido acusado de heresia, e levado ao Tribunal da Inquisição, sendo forçado a declarar que abjurava seus trabalhos científicos, René recuou, desistindo de publicar a obra. O *Tratado Sobre o Universo* jamais foi concluído, e o filósofo francês só completou a primeira das três partes do livro; e cada parte era composta por doze regras. A obra foi publicada postumamente, em 1684.

Nessa época, quase certo em 1634, a vida íntima e isolada de Descartes é aberta para uma de suas criadas, uma jovem de nome Hélène; desse relacionamento, em 1635, nasce uma filha, cujo nome é Francine. Mas, para continuar sua vida a sós, em reflexões profundas, acreditamos ser esse o real motivo, Descartes passa a viver sozinho, em uma casa vizinha à de Hélène. Malgrado, ela o visita com regularidade. No seu isolamento, Descartes estava escrevendo aquela que hoje é considerada sua obra mais original – *Discurso do Método*. Neste livro – seu primeiro e mais famoso trabalho –, publicado em 1637, Descartes lançou os fundamentos da geometria analítica moderna e introduziu as coordenadas cartesianas. Na óptica, articulou uma explicação para o arco-íris, bem como pronunciou uma teoria científica racional para explicar o tempo.

Não obstante, a melhor parte do *Discurso do Método* é, de longe, a relativamente curta *Introdução*, que esboça as ideias essenciais de seu pensamento, e que mudaram o curso da Filosofia. Para tanto, René discute o primeiro conjunto de regras que criou no livro *Regras para a Orientação do Espírito*, e **como sua perspectiva fazia com que duvidasse de tudo que sabia**. Assim, demonstrou como suas regras poderiam solucionar problemas profundos e complexos, tais quais: a existência de Deus, o dualismo (mente e corpo) e a existência pessoal (daqui saiu a famosa frase: "Penso, logo existo"). Ora, se era possível duvidar de tudo, menos do fato de que se está pensando, onde fica Deus? É lógico que a Igreja se levantou contra ele. Mas Descartes teve amigos mobilizados para defendê-lo, além da *sorte* de estar morando na Holanda – a zona franca dos livres-pensadores.

Em 1640, Descartes sofreu um golpe emocional que o deixou arrasado; o maior de toda sua existência física: sua filha Francine, então com cinco anos de idade, desencarnou. René sofreu muito. "Chorou por sua filha com uma ternura que mostrava que a ideia de eternidade pode ser dissipada pela dor do momento", diz seu biógrafo Adrien Baillet, em *La Vie de Monsieur Descartes* (de 1691). E não podia ser diferente: a dor da saudade é inevitável. O Espiritismo nos esclarece que a morte, em tenra idade, "não raro, constitui provação ou expiação para os pais".[10] Será que Descartes esteve incluído nesse processo? Jamais saberemos senão ele mesmo. O que não podemos duvidar, é que nossa reação, diante da morte física de um filho, deve ser a de um espírita verdadeiro – aquele que tem o ponto de vista para além da vilegiatura da carne, a fim de que não se desespere quando retornar à vida espiritual, no alvorecer da vida material, aquele que está sob nossa tutela.

Leiamos, caro leitor, o que diz o Espírito Sanson, em *O Evangelho Segundo o Espiritismo*, no capítulo V, item 21:

(...) A morte é preferível, numa encarnação de vinte anos, a esses vergonhosos desregramentos que pungem famílias respeitáveis, dilaceram corações de mães e fazem que antes do tempo embranqueçam os cabelos dos pais. Frequentemente, a morte prematura é um grande benefício que Deus concede àquele que se vai e que assim se preserva das misérias da vida, ou das seduções que talvez lhe acarretassem a perda. Não é vítima da fatalidade aquele que morre na flor dos anos; é que Deus julga não convir que ele permaneça por mais tempo na Terra.

É uma horrenda desgraça, dizeis, ver cortado o fio de uma vida tão prenhe de esperanças! De que esperanças falais? Das da Terra, onde o liberto houvera podido brilhar, abrir caminho e enriquecer? Sempre essa visão estreita, incapaz de elevar-se acima da matéria. Sabeis qual teria sido a sorte dessa vida, ao vosso parecer tão cheia de esperanças? Quem vos diz que ela não seria saturada de amarguras? Desdenhais então das esperanças da vida futura, ao ponto de lhe preferirdes as da vida efêmera que arrastais na Terra? Supondes então que mais vale uma posição elevada entre os homens, do que entre os Espíritos bem-aventurados?

Em vez de vos queixardes, regozijai-vos quando praz a Deus retirar deste vale de misérias um de seus filhos. Não será egoístico desejardes que ele aí continuasse para sofrer convosco? Ah! essa dor se concebe naquele que carece de fé e que vê na morte uma separação eterna. Vós, espíritas, porém, sabeis que a alma vive melhor quando desembaraçada do seu invólucro corpóreo. Mães, sabei que vossos filhos bem-amados estão perto de vós; sim, estão muito perto; seus corpos fluídicos vos envolvem, seus pensamentos vos protegem, a lembrança que deles guardais os transporta de alegria, mas também as vossas dores desarrazoadas os afligem, porque denotam falta de fé e exprimem uma revolta contra a vontade de Deus.

Vós, que compreendeis a vida espiritual, escutai as pulsações do vosso coração a chamar esses entes bem-amados e, se pedirdes a Deus que os abençoe, em vós sentireis fortes consolações, dessas que secam as lágrimas; sentireis aspirações grandiosas que vos mostrarão o porvir que o soberano Senhor prometeu.

Que lição! Que advertência! Quando iremos ter a certeza íntima de que o corpo físico – foco de corrupção onde fermenta o levedo das paixões impuras – é composto de órgãos que muitas vezes arrastam o Espírito a tomar parte nas sensações brutais que pertencem ao campo da matéria? Quando estaremos convictos de que o princípio da vida orgânica (vital) se extingue por um dos mil acidentes aos quais está sujeito o corpo, e o Espírito se desprende dos laços que o retinham em sua prisão fétida, e ei-lo livre no espaço? Dá-nos, Senhor, essa sabedoria!

Mas Descartes não podia parar! O desencarne de sua filha deu-se na ocasião em que ele estava finalizando sua obra *Meditações* – não menos importante que o *Discurso do Método*. Pediu a seu amigo – o padre Marin Mersenne – que circulasse o livro (publicado em 1641), a fim de saber a opinião dos eruditos da época. E assim se fez: o padre Mersenne enviou o manuscrito para o cenário intelectual da Europa. Um dos que leram a obra foi Thomas Hobbes. A publicação das *Meditações* causou conflito na Igreja, principalmente entre os jesuítas, que, por sua vez, entenderam que a dúvida cartesiana e *cogito, ergo sum* ("Penso, logo existo") determinavam o fim da filosofia escolástica, trazida por Tomás de Aquino. E não é que os jesuítas entenderam corretamente! Mas o que eles fizeram? Ora, a controvérsia foi levada até a Holanda, e Descartes foi acusado de ateísmo; pior: de heresia. Felizmente, René teve a intervenção do embaixador francês – Pierre Chanut (1601-1662) –, e a polêmica arrefeceu.

Descartes tornou-se famoso em toda a Europa depois que o Departamento de Matemática da Universidade de Utrecht reclamou ser impossível proibir os pensamentos de René, porque assim não desenvolveriam estudos sobre geometria. Seu nome tornou-se tão conhecido, que se estendeu além das fronteiras dos intelectuais. Ele era tão culto que todos os homens cultos o visitavam, e muitos desejavam que Descartes lhes mostrasse sua loja de instrumentos, uma vez que naquela época o aprendizado da matemática dependia do conhecimento de instrumentos. René, então, sempre puxava uma pequena gaveta sob a mesa e mostrava-lhes compassos com uma das pernas quebradas, e uma folha de papel, dobrada duas vezes, que ele usava como régua. Incrível, não? Um gênio não precisa de muito para ser gênio!

E sua genialidade chamou atenção da jovem rainha Cristina da Suécia (1626-1689), que ficou impressionada com os pensamentos do filósofo francês, convidando-o para visitar a corte sueca. A perspectiva de uma viagem a Estocolmo, na Suécia, não chamava sua atenção. Ora, morando em uma pequena cidade ao norte de Amsterdã – Egmond-Binnen –, com cinquenta e três anos de idade, indo visitar Paris, de vez em quando, para discutir suas ideias com Pascal, Hobbes e alguns outros, já era o suficiente para esse livre-pensador que ganhou fama por toda a Europa. Mas a vontade da rainha Cristina de transformar Estocolmo na Paris intelectual do norte, fez com que ela, determinada, não deixasse Descartes escapar. Ele era a chance dela para tal desiderato. Depois de receber, através de um marechal enviado por Cristina, um barco de guerra para transportá-lo até a Suécia, e Descartes ter recusado deixar a Holanda, entregando ao militar uma carta lisonjeando a rainha, ela não desistiu e, pessoalmente, foi convidá-lo. René, por fim, aceitou o convite e foi para Estocolmo em outubro de 1649, sendo recebido com uma cerimônia pouca vista naquele país.

Em meados de janeiro de 1650, Cristina decidiu ter aulas de Filosofia, durante três dias na semana, começando às cinco horas da manhã. Imagine, caro leitor, a tortura de Descartes em ter que levantar cedo; nem no exército ele se levantava antes das onze horas da manhã. No frio incomum do inverno rigoroso da Suécia, deslocando-se de trenó, pelas ruas congeladas da capital sueca, para chegar ao palácio da rainha, não tardou para que o filósofo francês, depois de duas semanas, adquirisse um forte resfriado, que, a seu turno, transformar-se-ia em uma pneumonia. Uma semana depois, mais precisamente no dia 11 de fevereiro de 1650, desencarnaria. Foi enterrado em Estocolmo, no cemitério para católicos não batizados, uma vez que estava em terra protestante. Ainda no século XVII, os despojos cadavéricos de Descartes foram levados a Paris, onde novamente foi enterrado. Atualmente, para os interessados em ir visitar os restos mortais de Descartes, deve dirigir-se à igreja de St. Germain des Prés, no coração do Quartier Latin, em Paris.

René jamais foi um cético, como poderiam pensar os menos avisados. A sua dúvida sempre foi o meio preliminar para investigar e alcançar a verdade. O filósofo francês recomenda que não se aceite nada simplesmente porque beltrano ou sicrano disse; ou por ser uma tradição e rotina geral. Segundo Descartes, só pode conhecer alguma coisa quem se põe sem nenhuma construção alheia à sua mente. Infelizmente, o ser humano, em sua maioria, age diferentemente da recomendação cartesiana e, com efeito, criam paradigmas que, por sua vez, são difíceis de serem retirados nos hábitos mais comuns, sejam eles no ambiente social, religioso, profissional ou no lar.

Para melhor retratarmos como se forma um paradigma, iremos citar uma estória que, para muitos, já é conhecida. Portanto, pedimos paciência ao leitor que já tomou conhecimento do que iremos aqui contar. Diz respeito a um grupo de cientistas que colocou cinco macacos em uma gaiola e, no meio desta, uma escada com bananas em cima. Toda vez que um dos macacos começava a subir a escada, um dispositivo automático fazia jorrar água gelada sobre os demais. Passado certo tempo, toda vez que qualquer dos macacos esboçava um início de subida na escada, os demais o espancavam, evitando, assim, a água gelada. Obviamente, após certo tempo, nenhum dos macacos se arriscava a subir a escada, apesar da tentação. Os cientistas decidiram então substituir UM dos macacos. A primeira coisa que o macaco novo fez foi tentar subir na escada. Imediatamente, os demais começaram a espancá-lo. Após várias surras, o novo membro dessa comunidade aprendeu a não subir na escada, embora jamais soubesse por quê. Um SEGUNDO macaco foi substituído e ocorreu com ele o mesmo que com o primeiro. Ou seja, o primeiro macaco que havia sido substituído participou, juntamente com os demais, do espancamento. Um TERCEIRO macaco foi trocado e o mesmo espancamento foi repetido. Um QUARTO e o QUINTO macaco foram trocados, um de cada vez, com intervalos adequados, repetindo-se os espancamentos dos novatos quando de suas tentativas para subir na escada. Resultado? Ora, o que sobrou foi um grupo de cinco macacos que, embora nunca tenham recebido um chuveiro frio, continuavam a espancar todo macaco que tentasse subir na escada.

Caro leitor. Se fosse possível conversar com os macacos e perguntar-lhes por que espancavam os que tentavam subir na escada, a resposta, sem tardança, seria: "Eu não sei – essa é a forma como as coisas são feitas por aqui". Essa resposta ou esse comportamento, não nos parece familiar? Não aceitamos comumente algo, seja uma opinião ou uma verdade, porque fulano disse, ou por ser de dogma e rotina geral, sem antes conhecer esse algo? Descartes propõe o *conhecer*, e não a dúvida por causa da dúvida. Duvidar por duvidar, de tudo, é como acreditar em tudo; são posições igualmente preguiçosas. Ambas nos dispensam de refletir.

A palavra *conhecer* – derivada na norma culta portuguesa da palavra *cognoscere*, que significa ter uma *noção com, em conjunto* – é composta de *con* e *noscere*, o que mais tarde resultou em *cognoscere*, em vez de *connoscere*. O simples conhecimento dos sentidos não é um verdadeiro conhecimento, mas sim mera percepção externa, empírica. O verdadeiro conhecimento supõe uma relação entre duas palavras. A noção isolada não é cognição ou conhecimento. O nexo lógico, a noção de relação, a integração de *algo* em um Todo maior, mais vasto, chama-se *conhecimento*.

Mas, o conhecimento absoluto de algo não é possível no plano dos sentidos (empíricos) e do intelecto (razão), porque estas são faculdades relativas e individuais que, de forma alguma, podem abranger (compreender) o Absoluto e Universal. Ademais, **o Todo Absoluto não é a soma total de**

suas partes. Os que assim pensam, ainda vivem na ilusão do conhecimento. Os empiristas, com raras exceções, creem que o Todo pode ser conhecido, sucessiva e analiticamente, pela progressiva adição ou justaposição de parte a parte. Melhor dizendo: se cada uma das partes for conhecida – dizem a maioria dos empiristas – o Todo é conhecido. Para Descartes, porém, é necessário primeiramente termos conhecimento do Todo, antes de podermos conhecer, realmente, alguma das suas partes, já que estas partes radicam no Todo e nenhuma delas é cognoscível sem que preceda, repetimos, o conhecimento do Todo. Sendo o conhecimento das partes essencialmente função dos sentidos e do intelecto, o Todo não é cognoscível por via dos sentidos físicos ou mentais.

O *cogito, ergo sum*, de Descartes, expressa uma profunda verdade. Somente o *cogito* (eu penso), faz-nos perguntar: como é que sei que estou pensando? Poderei provar que estou pensando? A resposta é não! É impossível e desnecessário provar, analítica e indutivamente, que estou pensando. Objetar-se-á: mas se não o provo, não tenho certeza desse fato. Eis, aí, o grande equívoco. Aliás, o erro que divide a filosofia em cartesiana e empírica. A maioria dos empiristas acreditam que a certeza vem de provas e demonstrações analíticas. A certeza, caro leitor, não vem de provas, porque antes que se dê o primeiro passo para provar *algo*, já se supõe *algo* anterior a essa prova. Há pessoas que dizem: não suponho nada, provo tudo, não aceito nada sem provas. Estas frases aparentam grande erudição, mas não traduzem a verdade objetiva.

Vejamos. **Para um pensador começar a raciocinar, a analisar, ele deve supor algo pré-analítico**. Esse *supor* não é uma *hipótese de trabalho* que, talvez, possa resultar falsa, mas sim uma **realidade primária**, um fato básico, original, imediatamente evidente, tão insuperavelmente claro que não necessita de prova alguma senão a sua própria existência, e, por essa razão, não pode jamais ser demonstrado analiticamente. Essa **realidade primária** não é derivada de algo anterior, não é veiculada por alguma outra faculdade; é o alicerce original, virgem, não lançado pelo cognoscente (o indivíduo pensante). Aqui está a falha de todos os sistemas empíricos, porquanto desejam derivar o conhecimento de algo externo, imediato, indireto. Isto é, não compreendem que provar algo implica supor algo anterior a qualquer demonstração. Albert Einstein (1879-1955) dizia: "Penso noventa e nove vezes; e quando paro de pensar, vem a intuição". Ou seja, vem a **realidade primária**.

Não penseis com isso, prezado leitor, que Descartes tenha ignorado o ato cognoscitivo, ou seja: de raciocínio. Muito pelo contrário, como matemático e estudioso que era, ocupou-se assaz com o mundo externo, ao ponto de chegar à conclusão de que o mundo objetivo é composto de duas substâncias básicas, a saber: I) substância extensa; II) substância pensante ou inextensa. Não era chegado o tempo em que o ser humano pensante percebesse que, na raiz dessa aparente dualidade – extensa e inextensa – está a grande Unidade, da qual essas duas substâncias não são senão manifestações ou modos perceptíveis.

Educado no colégio de jesuítas, em La Flèche, René não conseguiu libertar-se, por completo, desse dualismo que, ainda hodiernamente, se encontra nos meios escolásticos, e, sobretudo, na filosofia de Tomás de Aquino, baseada em conceitos aristotélicos. Somente depois da Teoria da Relatividade Geral, trazida por Einstein, e já na era atômica que nos encontramos, foi possível chegar à conclusão de que, na base de todas as *coisas extensas* (matéria), está o *inextenso* (energia), que não pode ser dimensionada. Ora, depois de 1905, matéria não é alguma nova substância, mas apenas o modo de ser da energia; ou seja, energia em baixa frequência ou energia congelada.

O filósofo francês considera a matéria (substância extensa) e a energia (substância inextensa) como duas realidades paralelas, mas não intercambiáveis. Portanto, alheias uma à outra. Para René, o ser humano é composto de substância extensa (corpo) e a substância pensante (alma), e, com efeito, também não é possível que esta atue sobre aquele, por serem realidades paralelas, justapostas, mas não interativas. Eis aí o erro de Descartes. A substância extensa e a substância pensante, segundo ele, não têm nada em comum, a não ser o fato de serem ambas criadas por Deus. Criador de todas as coisas, Deus é, assim, a substância suprema, mas não é a única substância.

Para Descartes, a mente e o corpo interagiam na glândula pineal, a qual chamava de *sede da alma*. A ação do dualismo de Descartes pode ser explicada da seguinte forma: os órgãos sensoriais transmitem informações para a glândula pineal no cérebro e, então, essas informações são enviadas ao espírito. Vejamos que "o enigmático e transcendente hóspede da glândula pineal, de Descartes, antes é um ser perfeitamente identificável, com características e constituição própria, que se movimenta à vontade, edificador do seu destino, graças às realizações em que se empenha. Consequentemente, a vida espiritual deixou de ser imaginária, concepção ingênua dos antigos pensadores éticos que recorriam ao fantasioso para traduzir o que não conseguiam compreender."[11]

Felizmente, hoje o Espiritismo esclarece, em suas obras complementares, que não é a glândula pineal propriamente, como interpretou René, o local em que o Espírito se liga à matéria, mas sim a válvula transmissora e receptora de vibrações do corpo astral,[12] regulando todo o fluxo de emissões do Espírito para o corpo físico e vice-versa. Na atualidade, graças ao empenho da Doutrina Espírita, o Espírito já não pertence ao conceito do "enigmático e transcendente hóspede da glândula pineal", de Descartes; antes, é um ser perfeitamente identificável, com características e constituição próprias, que se movimenta à vontade, pois é o construtor do seu destino. A ciência materialista, porém, ainda não reconheceu a presença de uma alma na interação com o corpo somático – instrumento que o Espírito tem para seu desenvolvimento moral e, com efeito, espiritual.

As pesquisas ainda estão engatinhando. Em 1937, o neuroanatomista norte-americano James Papez (1883-1958) publicou um trabalho que veio revolucionar os conceitos até então vigentes sobre os processos emotivos. Ele foi muito influenciado pelos experimentos de Cannon-Bard (?-†), que demonstravam a importância dos mecanismos hipotalâmicos nas reações de raiva, e convenceu-se de que a expressão das emoções depende inteiramente da ação integrativa do hipotálamo. Assim, Papez foi o primeiro a estabelecer as bases anatômicas para o estudo neurofisiológico das emoções.

Mas foi o cientista, também norte-americano, Paul MacLean (1913-2007) que, em 1952, introduziu a expressão *sistema límbico*. Definiu, através de experiências, que o sistema límbico é o sistema central na mediação das emoções, colocando as hipóteses iniciais de Papez sobre uma sólida base experimental. Mas o que é o sistema límbico? É a unidade do sistema nervoso central responsável pelas emoções, modificando o meio interno, controlando as relações entre o corpo e o mundo externo, além de comandar o sistema nervoso autônomo e o sistema endócrino.

Mesmo com essas descobertas no meio científico, a associação de uma força ativa comandando o corpo físico é muito incipiente; a necessidade de buscar fora dos corpos a fonte primeira dos movimentos que os animam, pouco é cogitado; o pensamento como atributo do Espírito, jamais! Quando muito, é a famosa *mente* a palavra utilizada como coordenador do sistema nervoso central.

De René Descartes até os dias atuais – salvaguardando o Espiritismo e alguns isolados cientistas, como o médico indiano Deepak Chopra (1947) –, no discurso cultural vigente não há diferença entre mente e cérebro. Vemos, sim, atribuírem ao cérebro poderes e faculdades que ele não possui. Ora, por mais prodigioso que seja, o cérebro não passa de um sofisticado circuito (eletroquímico), por onde transitam as importantes faculdades que conhecemos, e não a matriz em que elas são suscitadas. Mesmo estando no século XXI, a maioria dos cientistas contemporâneos opta por uma visão mecanicista do cérebro humano. Consideram, portanto, o pensamento – consciente ou inconsciente – gerado no cérebro, sem necessidade alguma de recorrer-se a abstrações, como espírito ou alma.

Há literaturas espíritas, todavia, que bem explicam a relação entre espírito, mente, perispírito e corpos físico que, desde já, sugerimos ao leitor interessado na temática, a saber: *Universo e Vida*, do Espírito Áureo; *Evolução em Dois Mundos*, do Espírito André Luiz; *Técnica da Mediunidade*, de Carlos Torres Pastorino; *A Vida Humana e o Espírito Imortal*, do Espírito Ramatis.

Descartes, além de formular a geometria analítica, inspirado na teoria atômica dos gregos, concluiu, trezentos anos antes da descoberta do elétron (1897), que na base do átomo deveria existir uma partícula primitiva, chegando a desenhá-la, com surpreendente rigor de concepção, como sendo um remoinho ou imagem aproximada dos recursos energéticos que o constituem. E mais: a alma, esta abstração da matéria, tem seu ponto de partida na palavra de Descartes: "Penso, logo existo!". O *cogito, ergo sum* foi-lhe revelado por súbita intuição, que lhe atravessou o pensamento com a rapidez de um raio. A filosofia cartesiana, sem embargo, é oriunda de uma revelação mediúnica intuitiva, e graças a ela é que devemos a emancipação do pensamento moderno, a libertação do espírito humano, encarcerado havia séculos na fortaleza escolástica – verdadeira prisão do despotismo aristotélico, remodelado por Tomás de Aquino.

René Descartes era tão culto, que todos os homens cultos o visitavam, que muitos deles desejavam que ele lhes mostrasse a sua loja de instrumentos (naquela época, o aprendizado da matemática dependia do conhecimento de instrumentos). Pois bem: todas as vezes que lhe faziam tal pedido, Descartes puxava uma pequena gaveta sob a mesa e mostrava-lhes compassos com uma das pernas quebradas, e então uma folha de papel, dobrada duas vezes, que ele usava como régua.

Nada mais digno de menção senão dizer: glória nas alturas a este grande homem e pensador – René Descartes!

Blaise Pascal

Outro exemplo incomum foi Blaise Pascal (1623-1662). Nascido em Clermont-Ferrand, na França, este homem apelou da inteligência para a fé; declarou, em público, a falência da filosofia intelectualista em face dos problemas centrais da vida humana. Se um homem medíocre tivesse assumido semelhante atitude, os agnósticos lançá-la-iam à conta de *fraqueza intelectual*. Mas, como essa atitude foi tomada por um Espírito que assombrou o mundo, no século XVII, com a potência de seu gênio, grande foi a perplexidade dos que não acreditavam na existência das realidades espirituais.

E o próprio Pascal jamais escondeu sua crença na imortalidade da alma. Ele disse: "É tão importante – a questão da imortalidade da alma – que é preciso haver perdido toda a consciência para ficar indiferente ao conhecimento de si mesmo. O mesmo se poderá dizer quanto à existência de Deus. Quando meditamos sobre essas verdades, ou apenas na possibilidade da sua existência, elas nos aparecem sob aspecto tão grandioso que a nós mesmos interrogamos como podem criaturas inteligentes, seres racionais, pensantes, entregar-se durante uma vida inteira a interesses transitórios, sem se abstraírem uma que outra vez da sua apatia para atender a essas interrogativas preciosas."[13]

Como estavam impossibilitados de negar a grandeza intelectual de Pascal, resolveram muitos dos seus inimigos tachá-lo de *anormal* e patológico. É possível que eles tivessem razão... Basta, apenas, saber o que é que se entende por *homem normal*. Vamos dar um exemplo para melhor entendimento do leitor: conta-se que numa ilha longínqua vivia um povo singular que tinha por elegante coxear e gaguejar. Certo dia, apareceu nessa ilha um homem de outras terras onde não reinavam esses costumes, andando normalmente com as duas pernas. Enorme foi a gargalhada com que os ilhéus receberam esse *homem anormal*. E, quando ele quis explicar a esses *homens normais* da ilha que o modo de andar dele era natural e o coxear deles é que era desnatural, foi pior a vaia, porque, além de não saber coxear, nem sabia gaguejar... E o *homem anormal* deu-se pressa em abandonar a ilha dos *homens normais*, porque tinha amor à sua vida.

Agora, perguntamos ao leitor interessado no divino mistério da Vida: quem é, nessa pequenina ilha cósmica chamada Terra, homem normal? Ou seja, aquele que considera o mundo material como fenômeno principal e único, ou aquele que admite a espiritual como suprema realidade?

Pascal, aos 10 anos, estudou geometria por conta própria. Certo dia, seu pai viu o pequenino Blaise Pascal com um pedaço de giz na mão, riscando rodas e barras; ou seja, os círculos e retas da geometria. O menino começou a explicar ao pai as relações que descobrira entre as rodas e as respectivas barras. Estranho divertimento para uma criança! Provou, por esse tempo, que a soma dos ângulos de um triângulo perfaz dois retos, solvendo assim, por passatempo, o 32.º teorema de Euclides (?-285 a.C), cujo nome ignorava. Escreveu um tratado sobre sons depois de ter batido com a colher no prato e escutar, atentamente, o som que, por algum tempo, continuava a vibrar, parando, porém assim que pôs a mão sobre o prato.

Aos 16 anos elaborou um tratado sobre as secções cônicas, e publicou, com espanto para o mundo científico, o famoso *Ensaio para os Cones*. Só por este feito na adolescência, Pascal, "e inúmeros Espíritos de escol, laborando com a sua genialidade precoce nas grandes tarefas para as quais foram chamados à Terra, constituem uma prova eloquente, aos olhos dos menos perspicazes e dos estudiosos de mentalidades tardias no raciocínio, a prol da verdade reencarnacionista".[14] Aos 19 anos, presenteou Luiz II com sua exemplar máquina aritmética. Com 22 anos, teve uma entrevista com René Descartes, além de ter feito um tratado sobre o vácuo. Com 28 anos, escreveu os tratados sobre os líquidos e sobre o peso da massa atmosférica. Um ano depois, escreveu os tratados sobre o triângulo aritmético e sobre a ordem numérica. E foi com 29 anos que Pascal iniciou seu grande período de introspecção, de cristalização interior, que, mais tarde, deixou incomparáveis vestígios nos fragmentos da sua obra conhecida por *Apologia ao Cristianismo*.

Pascal realizou a missão do homem inteligente na Terra, porque, mesmo sendo alguém eminentemente racional, acreditava mais nas razões do coração, que a razão ignora, do que nas razões que a razão conhece. Espírito de escol, enclausurado na Terra, amou, amou e amou... E só quem ama conhece cabalmente. O coração é o chaveiro da inteligência. E quase 400 anos depois, compreende-se a grandeza de Pascal, já que vivemos um grande minuto na existência planetária que, para compreendermos a missão do homem inteligente na Terra, devemos alçar o coração ao nível do cérebro, e controlar o cérebro de tal modo que o coração não seja sufocado pelas aventuras da inteligência.

Ele colaborou com o Espírito de Verdade, na terceira obra da Codificação Kardequiana – *O Evangelho Segundo o Espiritismo* –, no capítulo XI, item *O Egoísmo*, e no capítulo XVI, cujo titulo é *A Verdadeira Propriedade*. Podemos ver uma mensagem de Pascal em *O Livro dos Médiuns*, capítulo XXXI, item 13, dissertando sobre os médiuns.

Baruch Spinoza

Baruch Spinoza (1632-1677) é, juntamente com Descartes, o maior filósofo racionalista do século XVII. É o filósofo que mais estudaremos; não por preferência pessoal (que não é o caso), mas sim pelo seu pensamento incomum. O que mais interessava a Spinoza era o mundo das relações humanas, para com Deus e para com os seus semelhantes. Sua visão de Deus é diferente de todos os outros filósofos do ocidente, depois de Jesus. Spinoza falou de Metafísica, preenchendo-a de princípios morais; o seu Panteísmo (na verdade, Monismo) tem outro significado do que nos explicam os Espíritos Superiores da Codificação Espírita sobre esse assunto, porque vem cheio de raciocínios. Ademais, os princípios de Descartes vêm envolvendo o centro do pensamento de Spinoza – a Substância.

Antes de falarmos de seu nascimento e sua vida, mister se faz, para entender Spinoza, compreender o que era viver na Espanha e em Portugal no começo do século XVII. A intolerância religiosa estava no ápice e impedia a qualquer um a profissão de uma fé que não fosse a católica. A Inquisição Espanhola – fundada no final do século XV por Fernando de Aragão (1452-1516) e Isabel de Castela (1451-1504) – foi resultado da reconquista da Espanha das mãos dos árabes muçulmanos, e da política de conversão de judeus e muçulmanos espanhóis ao catolicismo. Foi uma espécie de *limpeza de sangue* contra os descendentes de judeus e de muçulmanos convertidos.

Vejamos o relato do Espírito Jésus Gonçalves, pela psicografia de Célia Xavier Camargo, na obra *Em Busca da Ilusão*, p. 117 e 118, sobre a instalação do nefasto Santo Ofício, no século XV, quando encarnado como um inquisidor:

A rainha de Castela, Isabel, reinava com mãos firmes, assessorada por Fernando, seu esposo, rei de Aragão. Isabel era meiga e gentil, bela e elegante, sendo considerada a mais encantadora testa coroada da Europa. De temperamento agradável, era amada por seu povo, que lhe admirava a brandura. Não obstante razoável e ponderada em todos os assuntos, era extremamente zelosa na defesa da religião católica, mantendo estreitas ligações com a Igreja. Fernando, com quem ela dividia o trono, era detestado pelo povo de Castela, visto ser estrangeiro, um aragonês no trono da Espanha. Hábil estrategista, de vistas largas e palavra fluente, dominava com o carisma da sua personalidade. Também fiel católico, mantinha relacionamento com a Igreja e o clero por razões diferentes das da rainha. Via nessa união meios de tirar proveito da situação em benefício da Espanha. Preocupada com a salvação das almas de seus súditos, no seu fanatismo religioso, Isabel solicitou à Igreja que instalasse um tribunal para coibir as heresias e os abusos existentes.

Havia muitos milhares de judeus na Espanha, e eles eram acusados injustamente de uma série de barbaridades, inclusive de matarem crianças para beber-lhes o sangue em suas cerimônias religiosas. Desencadeou-se, então, uma onda de repressão contra os judeus e mulçumanos que residiam em território espanhol. Aqueles que se retratassem, abjurando da sua fé e adotando a religião católica, eram perdoados desde que denunciassem outra pessoa que se julgasse suspeita de heresia. Com isso, muitos abusos foram perpetrados, servindo inúmeras vezes de pano de fundo para ajustes e vinganças de cunho pessoal, visto que o denunciante não teria seu nome revelado, para proteger sua integridade. E, dessa forma, o acusado não tinha condições de provar sua inocência, pois bastava uma denúncia para que fosse levado à prisão.

Lá, eram torturados até que admitissem o seu crime, quando então eram conduzidos à morte na fogueira. Os que concordassem em abandonar a fé dos seus ancestrais, para adotarem a religião católica, não tinham, porém, paz de espírito. Eram vigiados dia e noite. Por estranho que possa parecer, até uma certa época, estavam mais seguros judeus e mulçumanos do que os *cristãos-novos*, como eles eram chamados. A esses, se voltassem à fé antiga, não havia perdão. De temperamento alegre e comunicativo, amando as festas e brincadeiras, tornou-se o povo espanhol arredio e calado. As casas viviam fechadas e, mesmo dentro delas, falava-se baixo e com receio.[15]

E foi nesse clima que os pais de Spinoza, ambos judeus, para fugir do Tribunal do Santo Ofício da Inquisição, foram forçados, primeiramente, a se converterem e depois a se expatriarem. A despeito disso, naquela época, todos os que se convertiam ao Cristianismo (o Catolicismo, é claro) eram injuriosamente chamados de "marranos" e, com efeito, sempre eram vistos com desconfiança. Resultado? Arriscavam-se, como vimos no relato do Espírito Jésus

Gonçalves, dia após dia, a serem queimados em praça pública, no meio de uma multidão de fiéis exultantes – consequência do fanatismo religioso. Foi então que os pais de Spinoza se mudaram para a Holanda.

E foi no dia 4 de novembro de 1632, na comunidade judaico-portuguesa de Amsterdã, na Holanda, que nasceu Baruch Spinoza. Ao atingir seis anos de idade, sua mãe morreu de parto. Criado, à risca, com os costumes judaicos da época, Spinoza era obrigado a estudar, diariamente, horas a fio o Velho Testamento e o Talmude (a base da tradição judaica). Seu pai, pela dedicação do menino aos estudos, acreditou que ele se tornaria rabino. No entanto, na década de 1650 Spinoza começou a aprender o ofício de fabricantes de lentes, abandonando o magistério e, desde então, mantendo-se com esse emprego. Em 1654, aos vinte e dois anos de idade, Spinoza tornou-se órfão de pai.

Os estudantes judeus de pensamento independente, e Spinoza era um deles (para não dizer o mais independente), começavam a se irritar com as restrições da ortodoxia, e, com efeito, começaram a questionar o Velho Testamento. Com o passar do tempo, entretanto, as ideias pouco ortodoxas de Spinoza causaram reações nas autoridades judaicas. Dentre elas, o filósofo de sangue judeu, com vinte e dois anos de idade, dizia não haver provas no Velho Testamento de que Deus tinha corpo.

Antes de trazer a visão espírita sobre o antropomorfismo divino, bem como a de outras correntes espiritualistas de antanho, vejamos como Spinoza via Deus, e demonstraria isso, mais tarde, na sua obra mais importante – *Ética* –, que, por sua vez, comentaremos sobre ela mais adiante, com mais vagar. Pois bem: Spinoza via Deus como Substância única, constituída por uma infinidade de atributos, produzindo em si mesma uma infinidade de modos. Nesse ponto de vista, permite-se, segundo o filósofo holandês, refutar alguns erros comuns, quais sejam: I – Os homens enganam-se a respeito de Deus por antropomorfismo, assimilando o ser divino ao ser humano, projetando sobre ele os seus desejos e as suas inquietações. II – Enganam-se, também, ao afastar o ser divino da compreensão humana, imaginando que é insondável, incognoscível e inefável. Esses dois erros retromencionados, por vezes conjugados, têm origem no fato de não termos uma ideia adequada da Substância. Resultado? Corremos o risco, ou de confundir a Substância com os seus modos, ou de situá-La para além dos seus atributos, considerados erradamente como propriedades cuja fonte se mantém misteriosa.

Vejamos, agora, qual a ideia que a Doutrina Espírita traz sobre o antropomorfismo divino. Para o Espiritismo, Deus também não tem corpo. Aliás, de forma clara a Doutrina Espírita jamais antropomorfizou Deus. No conceito dado pelos Espíritos Superiores, Deus é a "inteligência suprema, causa primária de todas as coisas".[16] O próprio insigne Codificador do Espiritismo – Allan Kardec – questionou assim aos Espíritos: "QUE é Deus", e não "QUEM é Deus". A pergunta, por si só, traz o caráter de impessoalidade divina.

No entanto, é falso afirmar que Deus não possua perfeição alguma das que o ser humano possui. Ao revés, Ele possui todas as perfeições da criatura humana, mas não do modo e na forma que o ser humano as possui. É bem plausível e coerente a resposta dos Espíritos, em *O Livro dos Espíritos*, na questão 13, quando Kardec perguntou se dissermos ser Deus eterno, infinito, imutável, imaterial, único, onipotente, soberanamente justo e bom, trar-se-ia uma ideia dos atributos Dele. Os imortais disseram: "Do vosso ponto de vista, sim, porque credes abranger tudo. Sabei, porém, que há coisas que estão acima da inteligência do homem mais inteligente, as quais a vossa linguagem, restrita às vossas ideias e sensações, não tem meios de exprimir. A razão, com efeito, vos diz que Deus deve possuir em grau supremo essas perfeições, porquanto, se uma lhe faltasse, ou não fosse infinita, já ele não seria superior a tudo, não seria, por conseguinte, Deus. Para estar acima de todas as coisas, Deus tem que se achar isento de qualquer vicissitude e de qualquer das imperfeições que a imaginação possa conceber."

Os atributos divinos, trazidos por Kardec em sua pergunta (questão 13 de *O Livro dos Espíritos*), não se encontram em Deus, mas é o que a pobreza da nossa linguagem consegue exprimir. Por mais superlativos que sejam os atributos que venhamos dar a Deus, trazem relatividade (porque provêm de uma polaridade). Não se deve dizer que Deus é bom ou mau, porque esses dois conceitos adversos provêm de uma polaridade, isto é, de um positivo e de um negativo, de uma luz cujo contrário é a treva. Igualmente, dizer que Deus é justo, em face do nosso pequenino ponto de vista, também é errôneo, porque Deus nada faz porque é justo, mas tudo que Deus faz é justo pelo fato de Ele o fazer. Posto isso, Deus não é justo, mas é a própria justiça, porquanto Deus não é servo da justiça, e, sim, senhor dela. Dessa maneira, na Substância Infinita e Absoluta nada existe de finitos e relativos.

No *Tao Te King*, do filósofo chinês Lao Tsé (?-533 a.C), no aforismo 14, vamos ler que Deus (Tao) "olhando, não é visto – é nomeado o Invisível. Escutando, não é ouvido – é nomeado o Inaudível. Tocando, não é sentido – é nomeado o Impalpável. Esses três atributos são inseparáveis e perfazem um só. No alto, não é iluminado. Embaixo, não é obscurecido. É eterno e sem nome. Tem sua origem onde não pode existir ser algum. Pode-se dizer que é Forma sem forma, Figura sem figura. É o indeterminado. Indo ao seu encontro, não se vê sua face. Seguindo-o, não se veem as costas." Não obstante, caro leitor, ninguém precisa de altos estudos para compreender Deus, e sim de Amor para senti-Lo. Porque só Deus pode compreender a Deus.

O filósofo holandês também argumentava que no Velho Testamento não havia nada que dissesse ou provasse que os anjos existiam. Analisemos. Segundo a ideia vulgar, são eles seres intermediários entre o homem e a divindade, por sua natureza e poder, que podem manifestar-se, quer por avisos ocultos, quer de maneira visível. Eles não foram criados perfeitos, já que a perfeição supõe infalibilidade, e alguns dentre eles se revoltaram contra Deus. Diz-se: os *anjos bons e maus*, o *anjo das trevas*. Contudo, a ideia mais geral, ligada a esta palavra, é a da bondade e de suprema virtude. A palavra *anjo*, do grego: *ággelos* e do latim: *angêlus*, significa *mensageiro*.

Allan Kardec, em *O Livro dos Espíritos*, na questão 128, questionou aos imortais sobre os anjos. Vejamos sua pergunta: "Os seres a que chamamos anjos, arcanjos, serafins formam uma categoria especial, de natureza diferente da dos outros Espíritos?" E os Espíritos responderam: "Não; são os Espíritos puros: os que se acham no mais alto grau da escala e reúnem todas as perfeições". Se o prezado leitor se interessar, poderá se estender às perguntas seguintes, em *O Livro dos Espíritos*, que vão até a questão 131, acrescida de uma nota, no final, do próprio Kardec.

A visão de Spinoza sobre a religião estava bem além de seu tempo. Para ele, o "Amai ao próximo", preconizado por Jesus (Mateus, 22:39), era a única mensagem de Deus. Ele dizia que a religião se transformara em uma superstição em que as palavras colocadas em uma página significavam mais do que elas representavam. Ora, não está certo Spinoza? Não parece Paulo de Tarso, ao dizer, em sua II Carta aos Coríntios, 3:4-6, que "a letra mata, e o espírito vivifica"?

Spinoza afirmava que a Bíblia não era uma criação divina, mas que deveríamos olhar para ela como qualquer outro texto histórico, pois, como fora escrito ao longo de muitos séculos, ele acreditava que não era confiável. Mais uma vez, Spinoza estava certo. Vejamos: Ptolomeu II (309-246 a.C.) – filho de Ptolomeu

I (366-283 a.C.), general Macedônio de Alexandre, o Grande (356-323 a.C.) – rei do Egito, foi quem promoveu a iniciativa da tradução da Bíblia Hebraica ou do Velho Testamento para o grego. Para tanto, convocou setenta e dois sábios egípcios judeus. Essa tradução foi intitulada de *Versão dos Setenta*. E a *Vulgata Latina*, que o Papa Damaso (305-384), desejando atender ao clamor geral, encarregou Jerônimo (347-420) de estabelecer o texto definitivo das Escrituras? É bem verdade que a tarefa era ingente, mas Jerônimo tinha capacidade para desempenhá-la, pois conhecia bem o hebraico, o grego e o latim. Ele devia retraduzir para o latim todas as Escrituras, já que as versões antigas eram variadíssimas. Assim sendo, por volta do ano 384 a *Versão dos Setenta* foi revista e traduzida para o latim, ganhando o título de *Vulgata*. Esta, passou a ser a Bíblia Canônica oficial da Igreja Católica.

Entretanto, essa tradução oficial foi retocada em diferentes épocas, por ordem dos pontífices romanos. Em 1590, o que tinha sido aprovado no Concílio de Trento (1545) foi declarado insuficiente e errôneo pelo Papa Sixtus V (1521-1590). Fez-se, então, nova revisão por sua ordem, mas a própria edição que daí resultou, e que trazia seu nome, foi modificada por Clemente VIII (1536-1605) em uma nova edição, que é a que hoje está em uso e pela qual têm sido feitas as traduções francesas dos livros canônicos. Não esteve Spinoza com razão ao declarar que os textos bíblicos não eram confiáveis? Para se ter uma ideia, João Ferreira de Almeida (1628-1691) foi um pastor protestante português, do século XVII, muito conhecido por todos os estudiosos da Bíblia em Língua Portuguesa, haja vista ser considerado um dos melhores tradutores das Escrituras, em todos os tempos. Ele mesmo confessa que sua versão da Bíblia, para o português, tem cerca de dois mil erros.

E quanto aos milagres das Escrituras? Spinoza afirmava que eles não existiam e tudo tinha uma explicação natural; todavia, as pessoas escolhem não procurar essas explicações. Não é o que ensina o Espiritismo, quando descondiciona o ser humano, libertando-o de preceitos, obrigações e superstições, de milagres, de tabus, de dogmas e preconceitos religiosos, evitando que os homens tolos continuem a ser explorados religiosamente pelos mais astutos? Ora, milagre é aquilo que a natureza faz depressa. Portanto, não foge às leis divinas – sábias e imutáveis. Por que se fazer uma estranha ideia de Deus, que por Si criou? Um Legislador Supremo subvertendo a ordem imutável que Ele mesmo instituiu, a violar por suas próprias mãos a atividade das forças naturais? Ah! Todo o milagre, se existisse, provaria que a Criação não merece o respeito que lhe tributamos, e os místicos deveriam deduzir, da imperfeição do criado, a imperfeição do Criador. Mas graças à misericórdia divina, veio o Espiritismo trazer-nos a explicação dos *milagres*, de forma lógica e racional, conforme fora codificada. Convidamos o leitor estudioso à leitura da obra *A Gênese*, capítulo XIII (todo), a fim de melhor compreender "a chave de uma multidão de fenômenos incompreendidos até então, por falta de conhecimento da lei que os rege – fenômenos negados pelo materialismo, por se prenderem à espiritualidade, e qualificados como milagres ou sortilégios por outras crenças".[17]

Olha que interessante: para demonstrar respeito a Deus, Spinoza dizia que a Bíblia deveria ser reexaminada para que se encontrasse nela a *verdadeira religião*. Não foi à toa que as autoridades judaicas, não simpáticas às suas ideias, consideravam Spinoza um *cabeça-dura*, tornando-se praticamente impossível argumentar com ele (como faltam *cabeças-duras*, como Spinoza, nos dias de hoje...). Foi então que os representantes do judaísmo, em Amsterdã, tiveram uma ideia: resolveram silenciá-lo com ameaças vagas; mas quando viram que a tentativa não logrou êxito, ofereceram-lhe 1.000 florins (moeda holandesa utilizada até 2002), por ano, para que se afastasse e guardasse suas ideias para si mesmo. Todavia, Spinoza não aceitou a *generosa* oferta. Essa atitude serve-nos como exemplo de alguém que almejava dizer (pelos seus ideais) a verdade acima de tudo. E mais: alguém que não se calava diante "dos perigos, das perseguições, das contradições e até dos simples sarcasmos, porque não teme proclamar abertamente ideias que não são as de toda gente".[18]

Pelo seu destemor, em 27 de julho de 1656, depois de uma grandiosa cerimônia de excomunhão, Spinoza (com vinte e quatro anos de idade incompletos) foi expulso da comunidade sefardita de Amsterdã. **Como livre-pensador, o seu grande crime era a dúvida.** Seu pai, que havia desencarnado no ano anterior, deixou-lhe toda a fortuna. Malgrado, houve uma áspera disputa de família em torno do testamento. Depois que sua meia-irmã – Rebekah (?-†) – abriu um processo sustentando que todos os bens eram, por direito, seus, e Spinoza ter contestado, como bom filósofo que era, as alegações da irmã, ganhou, por fim, o processo. Mas, homem de bem que era, disse à irmã que ela poderia ficar com tudo.

Com isso, Spinoza viu-se praticamente quebrado financeiramente. Foi obrigado a acomodar-se com um amigo cristão – Franciscus van den Ende

(1602-1674) –, que tinha uma escola particular em casa. Foi ali que Spinoza começou a ganhar o *pão nosso de cada dia*, visto que lecionava na escolinha particular de seu amigo van den Ende. À noite, Franciscus apresentava a Spinoza os últimos textos de Descartes, que, à época, estavam revolucionando a filosofia. Esses estudos influenciariam, sobremaneira, o pensamento de Spinoza.

Em 1663, Spinoza mudou-se para Voorburg, subúrbio da cidade de Haia, na Holanda, e residiria ali até 1670, pois a partir deste ano se mudaria para Haia, ficando nesta cidade pelo resto de sua existência física. E naquele mesmo ano, a pedido dos seus amigos, e graças à sua ajuda financeira, seu trabalho sobre os *Princípios da Filosofia* (de Descartes), através de uma *versão geométrica*, foi publicado com seu nome, enquanto viveu. Sua intenção era transformar o pensamento de Descartes em uma série de demonstrações geométricas, cuja verdade ou falsidade ficasse evidente para todos. E é também em 1663 que Spinoza começa a trabalhar no que viria a ser seu trabalho mais importante – *Ética*.

Nessa época, a Holanda vivia um período de intensas perturbações, porquanto estava em plena guerra defensiva contra os exércitos de Luís XIV (1638-1715). Ademais, uma luta violenta (social, religiosa e política) opunha os protestantes, partidários da tolerância e da separação da Igreja e do Estado, aos calvinistas ortodoxos, que apoiavam a ideia de que o Estado fosse encarregado de combater as heresias. A agitação popular dos calvinistas ortodoxos era alimentada pelo partido monárquico do príncipe de Orange – Guilherme III (1650-1702) –, que estava a tentar derrubar o poder republicano do Grande Residente – Jean de Witt (1625-1672). Favorável a Witt, e nesse clima de turbulência social, político e religioso, Spinoza redige, em 1665, seu livro *Tratado Teológico-Político*, que, por sua vez, viria a ser publicado, anonimamente, em 1670. Nessa obra, o filósofo holandês reivindica a independência absoluta da filosofia, que se fundamenta na razão e na procura da verdade.

Na sua obra-prima – *Ética* –, publicada postumamente, em 1677, Spinoza aprofunda seus pensamentos, afirmando que tudo o que existe no Universo é parte da Natureza (portanto, de Deus). Descreve sua ideia na seguinte frase: "Deus sive natura" (Deus, isto é, Natureza). **Ele foi o único, na filosofia ocidental, que trouxe uma visão do conceito de Deus, não se propondo a provar Sua existência.** Deus é compreendido por Spinoza **não como causa final**, como quer a tradição cristã (escolástica), mas sim como causa eficiente. Ele defende que somente o conhecimento verdadeiro de Deus oferece ao ser humano um conhecimento verdadeiro de si mesmo e da sua vida afetiva; liberta-o da servidão em que as paixões o mantêm, e lhe permite alcançar a verdadeira liberdade. Ora, também não é essa a proposta do Espiritismo? As cinco partes da Ética dizem respeito às etapas dessa libertação, através do conhecimento: I – Deus; II – A Natureza e a Origem da Mente (Alma); III – A Origem e a Natureza dos Afetos; IV – A Servidão Humana ou a Força dos Afetos; V – A Potência do Intelecto ou a Liberdade Humana. Deste livro (*Ética*), só abordaremos, com detalhes, a Primeira Parte e a Segunda Parte.

Segundo Spinoza, Deus não representa a perfeição para a qual tende a realidade, mas sim o próprio ato de produção da realidade. **Deus é causa de Si**, e Sua autocriação deve coincidir com a criação de toda realidade. Na primeira parte da obra supracitada, cujo título é *Deus*, no item 1 das "Definições", ele diz: "Por causa de si compreendo aquilo cuja essência envolve (implica) a existência, ou seja, aquilo cuja natureza não pode ser concebida senão como existente". E isso, cuja existência é evidente, é a Substância. Para ele, **só há uma Substância**. Perguntar-se-ia: mas o que é essa Substância? No item 3, Spinoza compreende Substância como sendo "aquilo que existe em si mesmo e que por si mesmo é concebido, isto é, aquilo cujo conceito não exige o conceito de outra coisa da qual deva ser formado". E no item 6, ele argumenta que a Substância é Deus. Este, Spinoza compreende como sendo "um ente [ser] absolutamente infinito, isto é, uma Substância que consiste de infinitos atributos, cada um dos quais exprime uma essência eterna e infinita".

Spinoza afirma que a Substância é constituída de infinitos atributos, produzindo em si mesma infinitos modos (formas de ser) de que é formado. Entre os modos da Substância estão todas as coisas, visto que estes modos são infinitos. Portanto, cada ser (individualmente) é um modo (forma de ser) da Substância, bem como parte dela. Para Spinoza existem duas maneiras de ser – a da Substância e a de seus atributos, e das manifestações da Substância. Enquanto os atributos "são" o próprio Deus, os modos (as manifestações) são "em" Deus, e não podem subsistir fora Dele, que os produz em si mesmo: os corpos, no elemento da extensão; as ideias, no elemento do pensamento. Às manifestações da Substância, Spinoza denomina *modos da Substância*. E um modo é o quê? É uma maneira de ser. Os entes ou existentes não são seres. Só a Substância absolutamente infinita tem condições para ser. Nós, portanto, que somos entes, que somos existentes, não somos seres; **somos maneiras de ser dessa Substância infinita**.

Na primeira parte da *Ética*, são os *escólios* – textos consagrados ao comentário polêmico (para a época somente?) – que expõem a refutação dos erros sobre Deus. O *escólio* da *Proposição 15*, por exemplo, diz respeito à questão de saber se a matéria pertence à essência de Deus. Ali, encontraremos Spinoza assim dizendo: "Há aqueles que inventam que Deus, à semelhança do homem, é constituído de corpo e mente, e que está sujeito às paixões. Mas fica bastante evidente o quanto se desviam do verdadeiro conhecimento de Deus. (...) Se o corpo compreendermos como toda quantidade que tenha comprimento, largura e profundidade, e que seja delimitada por alguma figura definida, nada poderia ser mais absurdo do que dizer isso a respeito de Deus, ou seja, de um ente absolutamente infinito. Entretanto, ao mesmo tempo, no esforço por fazer essa demonstração, aduzem outras razões, as quais revelam claramente que excluem por completo a substância corpórea, isto é, extensa, da natureza divina, afirmando **que ela foi criada por Deus**. Por qual potência divina ela poderia, entretanto, ter sido criada é coisa que ignoram por completo, o que mostra claramente não compreendeu o que eles mesmos dizem. (...) Além de Deus, não pode existir nem ser concebida nenhuma substância." Ora, quando Allan Kardec perguntou aos imortais, em *O Livro dos Espíritos*, na questão 21, se a matéria existe desde toda a eternidade, como Deus, ou foi criada por Ele em dado momento, a resposta foi categórica: "Só Deus o sabe". O tema realmente é intrigante, mas, ao mesmo tempo, é belo e libertador para os que pretendem perscrutar os mistérios divinos através de um olhar profundo para dentro de si.

Somos partidários, é claro, de que Deus não tem um corpo com certo comprimento, largura e profundidade, consoante a colocação de Spinoza, pois tal corpo não passa de um *modo da extensão*, e não uma substância, uma realidade independente. Mas Deus é corpóreo no sentido em que a extensão, ou seja, a realidade substancial dos corpos, constitui a sua essência. Esta tese contraria a concepção tradicional segundo a qual Deus é puro espírito, criando a matéria fora de Si. Os adeptos dessa concepção defendem que a matéria, sendo divisível e corruptível, é indigna da majestade divina. Esse argumento prova somente que confundem os *modos materiais*, isto é, os corpos (efetivamente divisíveis e corruptíveis), com a substância material (ou seja, a extensão), cuja essência está integral e identicamente presente em cada corpo, e que não se deixa, portanto, dividir.

Não obstante tenhamos trazido, no parágrafo acima, nosso parecer (nossa verdade) sobre a matéria pertencer a Deus, e os Espíritos tenham dissertado, em *O Livro dos Espíritos*, na questão 27, a ideia da *trindade universal* – Deus, espírito e matéria –, voltamos a convidar o estudioso interessado, que deseje se aprofundar no tema, à leitura de três obras: *A Grande Síntese, Deus e Universo* e *O Sistema,* todas elas do filósofo e pensador espiritualista italiano Pietro Ubaldi, conquanto a primeira obra mencionada tenha sido escrita, através de Ubaldi, por *Sua Voz* que, para alguns, é Jesus; para outros, é Francisco de Assis.

Ainda na primeira parte da *Ética,* na *Proposição* n.º 18, Spinoza diz que "Deus é causa imanente, e não [existente] transitiva, de todas as coisas". Ou seja, Deus não é uma causa que se separa dos efeitos após havê-los produzido, mas é causa imanente de seus modos (de suas manifestações), e não se separa deles (dos modos ou das manifestações), mas sim se exprime neles, e eles O exprimem. Isso, porém, lhe valeu o epíteto de panteísta e, para a Igreja, de ateu. No entanto, vemos em Spinoza **uma postura monista**. Infelizmente, os compêndios de filosofia continuam a reproduzir a falsa afirmação de que o pensamento de Spinoza é panteísta. O que acontece, em verdade, é que um autor copia do outro, e cada novo compilador plagia do seu predecessor, sem conhecer intimamente o que é Panteísmo e/ou a diferença entre Monismo (*tudo em Deus* ou *Deus em tudo*) e Panteísmo (*tudo é Deus* e *Deus é tudo*).

Nem todos são (mas um dia serão) capazes de abranger a profundidade da filosofia de Spinoza, e infelizmente deturpando-a. Para que uma pessoa possa avaliar com justeza um gênio, deve ela mesma possuir algo da natureza desse gênio. Veremos alguns filósofos, no decorrer deste livro, que apreciaram sobremaneira o pensamento do filósofo holandês. Gostaríamos de exarar aqui, somente às custas de nossa avidez por saber, que o Espírito Joanna de Ângelis, na obra *Estudos Espíritas*, edição da FEB, no capítulo "Desenvolvimento", diz que "o neoplatonismo, com Plotino, propôs o renascimento do Panteísmo, fazendo Deus, o Uno Supremo, que revivera em Spinoza, não obstante algumas discussões na forma de Monismo, que supera na época o Dualismo cartesiano". O interessante é que descobrimos, bem mais tarde da publicação do livro supracitado, através do médium Divaldo Pereira Franco, que Spinoza é um dos dois filósofos que sua Guia Espiritual mais admira. – E quem seria o outro? –

perguntar-se-ia. Sem a intenção de deixar o leitor com uma curiosidade natural, responderemos desde já: Immanuel Kant (1724-1804).

No final da primeira parte do livro *Ética*, em "Apêndice", de forma ímpar e admirável, Spinoza diz: "(...) Expliquei a natureza de Deus e suas propriedades: que existe necessariamente; que é único; que existe e age exclusivamente pela necessidade de sua natureza; que é causa livre de todas as coisas; que todas as coisas **existem em Deus** e Dele dependem de tal maneira, que não podem existir nem ser concebidas sem Ele; que, enfim, todas as coisas foram predeterminadas por Deus, não certamente pela liberdade de Sua vontade, ou seja, por Seu absoluto beneplácito, mas por Sua natureza absoluta, ou seja, por Sua infinita potência".

Sem embargo, Spinoza teve uma visão profunda de Deus, como poucos pensadores públicos de que a Humanidade tem notícia. Vejamos o porquê. Para tanto, iremos trazer na íntegra o pensamento do filósofo, teólogo, educador e escritor brasileiro Huberto Rohden (1893-1981), na sua obra *Filosofia Universal*, volume II, quando assim diz, de forma *sui generis*:

As existências falam em pluralidade – a essência só conhece unidade. Atingir a essência das coisas existentes é perceber a unidade através da pluralidade – e isto é conhecer a verdade [Spinoza a conheceu]. Dizemos essência, e não essências, porque, em última análise, há uma só essência, embora revelada em existências múltiplas – assim como o único oceano se revela em ondas muitas, assim como a única luz incolor se revela em cores, assim como um só pensador se revela em numerosos pensamentos.

A essência única tem nomes sem conta nem medida entre os Homens, precisamente por ser essencialmente anônima e inominável, porque não é indivíduo, e só os indivíduos podem ser denominados ou definidos. A essência é universal, absoluta, infinita – e por isso não pode ser definida, porque "definir" quer dizer pôr *fines*, limites; definir o infinito é o mesmo que finitizá-lo; o mesmo que relativizar o absoluto; o mesmo que individualizar o universal – processos esses intrinsecamente absurdos e contraditórios.

Essa essência una, única, absoluta, universal, infinita, não é, todavia, uma substância inerte e passiva, mas uma força viva e ativa; ela é a Vida, a Inteligência, a Consciência, a Razão, o Espírito em grau ilimitado. E, como tal, não pode a infinita essência deixar de ser criadora, eternamente ativa, e jamais passiva. (...)

Ora, sendo a infinita essência (Deus) sempre ativa e jamais passiva, derivam dela efeitos múltiplos e incessantes, através de todos os tempos e espaços. Deus nunca foi Deus sem ser Criador. Um Deus que não fosse Criador seria um Deus inerte, passivo – quer dizer, um não-Deus. Entretanto, nenhum dos efeitos criados dessa infinita causa criadora pode ser infinito, mas é necessariamente finito, porque, do contrário, o efeito criado seria igual à causa criadora – e teríamos dois Infinitos, dois Deuses – hipótese intrinsecamente absurda.

Deus é infinito em sua essência, mas finito em suas existências ou manifestações. Deus, essencialmente infinito, é existencialmente finito. Essencialmente uno, é Ele existencialmente múltiplo. Um no seu ser, muitos no seu agir. Em nenhum dos seus efeitos pode Deus revelar-se total e exaustivamente, o que equivaleria a criar um novo Deus e esgotar todas as suas potencialidades criadoras em um único ato criador.

É sabido e provado cientificamente (Teoria da Relatividade, de 1905) que um relógio preso a um objeto, em rápido movimento, ATRASA. Da mesma forma, uma régua presa a um objeto, em grande velocidade, ENCURTA. O movimento, a velocidade, reduz tempo e espaço. Estes, em verdade, só existem na zona dos finitos. No *infinito* não há tempo nem espaço; há somente o eterno (negação do tempo) e o infinito (negação do espaço). Com essas informações, implícitas no texto de Huberto Rohden, suas frases ganham mais esplendor, pois, além de não conseguirmos, em hipótese alguma, colocar nessa obra suas notáveis reflexões, ele consegue unir Einstein a Spinoza com excelência, precisão, coerência e sabedoria, trazendo-nos como pouquíssimos filósofos do ocidente (depois do advento de Jesus), os pensamentos cosmocêntricos e antropocêntricos em suas verdadeiras concepções. Agora, uma pergunta ao leitor percuciente: onde está, na Ética, o pensamento panteísta que muitos afirmam estar em Spinoza? Ora, ele jamais afirmou ser Deus a resultante de todas as forças e de todas as inteligências do Universo REUNIDAS, segundo o comentário feito por Allan Kardec, sobre o Panteísmo, expresso em *O Livro dos Espíritos*, ao final da questão 16. Spinoza não identificou o finito com o infinito, o individual com o universal, o relativo com o absoluto, o temporal com o eterno, o pequeno efeito com a grande causa. O Panteísmo, além de identificar a essência de qualquer coisa com Deus (o que está correto), identifica também a existência das coisas com Deus (o que é errôneo).

Aqui vai um exemplo digno de menção, para melhor elucidar o parágrafo acima, demonstrando, sim, que **o pensamento de Spinoza é monista e não panteísta**. Vejamos: um gerador elétrico, antes de entrar em movimento, não acusa eletricidade, nem positiva nem negativa. Somente depois de entrar em movimento, acusa esses dois polos. Criou a polaridade, não a eletricidade. Depois da reunião dos dois polos, a eletricidade continua a existir, embora não polarizada, e, por isso, não varia para nós. A eletricidade não polarizada (ou seja, neutra) existe tanto antes como depois da polarização; existe em outra forma. No mundo do finito e do relativo (o nosso), tudo é polarizado, relativo, finito; ao revés, não existiria como fenômeno individual do Universo. Malgrado, nenhum ser infinito veio do nada, nem jamais voltará ao nada. Nova é apenas a sua forma existencial; cada indivíduo tem determinado grau de consciência parcial; mas a consciência universal é da essência, anterior a qualquer existência. Dessa maneira, Deus não é **existencialmente consciente**, porque essa forma de consciência é imperfeita, própria dos fenômenos **no plano do existir, mas inteiramente alheia no mundo do Ser**. Exigir que Deus seja consciente (antropomórfico ou livre) no plano do existir, quando, em verdade, **Ele é o Ser** – a Substância Única, na afirmação de Spinoza –, é fazer do Criador uma criatura, da Causa um efeito, do Infinito um finito, do Universal um indivíduo, do Absoluto um relativo, do Todo uma parte.

Vamos fazer, desde já, uma digressão sobre a diferença entre o Monismo e o Panteísmo, a fim de conhecer o pensamento do gênio judeu. Comecemos. Muitos consideram, infelizmente, Deus como um ser longínquo, transcendente, que habita para além das nuvens e das estrelas deste Universo, com apenas 14 bilhões de anos de existência. A esse Deus longínquo enviam-se, em suas preces, os seus clamores, que, sem saber de que modo, chegam ao conhecimento desse Ser misterioso e sempre distante. Desse ignoto além, muitos dizem, vem auxílio em alguns casos, ao passo que em outros casos está perdido o trabalho da prece. Assim age e pensa o ser humano inexperiente – a maioria, portanto, da Humanidade.

Da ideia de um Deus TRANSCENDENTE à experiência de um Deus IMANENTE vai enorme distância, como também existem profundos abismos que, com tristeza, milhares de criaturas não conseguem realizar a incrível jornada da transcendência à imanência. Relembremos, desde já, o Mestre Jesus, quando disse que "O Reino de Deus está dentro de vós". A despeito disso, ainda temos medo de admitir um Deus que esteja dentro de nós, porque não nos parece bastante divino esse Deus, por acharmo-Lo demais humano.

Outros, ao contrário, julgam cometer uma espécie de suicídio do seu EU individual, caso diluam o seu EU no oceano imenso da divindade, assim como uma pequena gota de água se desfaz e se perde na imensidade do oceano. Essa despersonalização, para estes, consistiria na extinção da consciência individual (isto é, do espírito – questão 23 de *O Livro dos Espíritos*). Melhor dizendo: o ser humano deixaria de existir como tal, como indivíduo, consciente do seu ego, embora continuassem a existir as suas partes integrantes, dissolvidas e dispersas que foram na intérmina vastidão da consciência divina. Eis, aqui, o significado de Panteísmo. O que afirmamos, porém, é que essa diluição em Deus não é uma extinção do EU. A perfeita felicidade do Homem não pode consistir na definitiva destruição daquilo que é precisamente o característico do seu ser – isto é, a sua consciência individual.

Não olvidamos que no fraco intelecto é difícil conceber o EU humano entregar-se sem reserva a Deus, sem perder o seu EU. Não obstante, se no intelecto parece paradoxal e impossível, deve ser possível em uma zona que ultrapassa as especulações analíticas. Façamos uma analogia: quando um homeopata dilui um grama de essência vegetal em dezenas, centenas, ou milhares de litros de água, o que é que fica da primitiva seiva vegetal? Será possível afirmar que em um determinado grama de água tirada desse reservatório ainda exista algo da primitiva essência terapêutica? Provavelmente, diríamos que nada existe; nenhuma molécula, nem um átomo sequer. Contudo, é sabido que essa solução exerce poderosos efeitos, conforme já patenteou Samuel Hahnemann (1755-1843). Ora, quanto mais se diluir a primitiva essência vegetal, tanto mais poderoso é o seu efeito. O que nos faz suspeitar (em verdade, afirmar) que não é propriamente a matéria que produz efeito curativo, mas algo imaterial; ou seja, o elemento dinâmico que na matéria existe. Não dizem os homeopatas que o que cura é a energia?

No Espiritismo, diz-se que o que cura o corpo é unicamente a alma (o espírito). Ora, só pode reconstruir o corpo quem o construiu. Não foi a alma que construiu (modelou) o seu corpo, desde o momento da concepção, duas horas depois do ato sexual? A alma, portanto, é o único fator capaz de reconstruir o seu corpo, quando parcialmente destruído pela moléstia. Seria absurdo negar à alma, essencialmente construtora, o poder reconstrutor. Não olvidamos, porém, que na homeopatia o remédio tem seu papel de desobstruir o caminho para que a alma possa passar a desempenhar sua atividade reconstrutora, porque, não raro, a nossa ignorância obstrui o caminho, impedindo o livre trânsito do espírito, pelo corpo fisiológico, provocando, assim, distúrbios somáticos.

Perguntar-se-ia: mas o que tem a ver essa digressão sobre a ação terapêutica da homeopatia com o assunto em pauta – MONISMO (IMANÊNCIA) *vs.* PANTEÍSMO? Pois é; vamos explicar: a essência de uma seiva vegetal, diluindo-se em um meio absorvente (água) não perde suas propriedades características. Ao contrário, mais ainda acentua, pela diluição, essas propriedades. Igualmente, não produz a diluição do pequeno EU humano no oceano imenso da divindade, ou uma destruição da consciência individual. Em verdade, potencializa a consciência humana pela imersão na consciência divina. Portanto, quanto mais profunda e intensamente a alma se perder em Deus, tanto mais salvará e aumentará a sua consciência individual. Se assim não o fosse, se o ingresso e a submersão na *atmosfera divina* não aumentasse a natural capacidade da alma consciente, como poderia o ser humano resistir a essa tempestade divina, sem sucumbir e ser aniquilado?

Posto isso, a alma não pode diluir-se e, com efeito, afogar-se em Deus, ao ponto de tornar-se inconsciente e, portanto, inexistente como indivíduo humano. É impossível que tal coisa aconteça. No entanto, esta é a ideia da doutrina panteísta, tão combatida pelos Espíritos da Codificação Espírita, bem como por seu Codificador – Allan Kardec. O estado do espírito humano diluído em Deus, longe de ser inconsciente, é, antes, superconsciente, representando um estado consciente na mais alta potência. No atual momento de evolução em que nos encontramos, o estado de consciência intelectual nos parece ser o estado mais perfeito do ser humano. A superconsciência, porém, revelar-se-á, mais tarde, como o mais perfeito grau de consciência humana. E não vai demorar muito! E qual a receita para uma superconsciência? Qual a fórmula para que a misteriosa diluição em Deus atinja o máximo grau de sua intensidade? Ah! Só o AMOR, na sua expressão mais sublime.

A iluminação de Buda, embaixo da árvore Bo, às margens do rio Naranjana, na floresta de Uvarela, é o exemplo do monismo perfeito, da imanência divina, sem, com isso, equivaler-se a uma desintegração da consciência humana. O Nirvana de Buda não é a extinção do indivíduo, mas sim do individualismo. O Homem que atingiu o seu centro espiritual e ali encontrou a Deus (o Reino dos Céus), é o único Homem que pode realmente fazer o bem a seus semelhantes. Da periferia não se pode atuar eficazmente sobre a periferia; só do centro é possível a atuação eficaz sobre a zona periférica. E assim resulta o estranho paradoxo, que o Homem que abandonou seus semelhantes, por amor a Deus, é o único que pode realmente ajudar a seus semelhantes, porque age de dentro para fora, do centro para a periferia.

No Monismo diz-se que Deus é Unidade e os fenômenos são multiplicidade. Não há nessa afirmação Panteísmo, porquanto a essência de Deus está igualmente presente em um átomo ou num astro como numa planta, num inseto, num animal, no homem, no Espírito Superior. Ora, "o indivíduo como o universo são constituídos da mesma essência. (...) O conceito de uma participação, ou melhor, de uma integração do indivíduo no próprio corpo do universo já constava de antiquíssimos textos ditos sagrados e das tradições ocultistas do Oriente."[19] Todavia, a manifestação dessa essência total (Deus) não é igual em todos os seres. É do grau dessa manifestação da presença divina que depende a perfeição de cada indivíduo. No Reino Vegetal, como exemplo, no qual já estagiamos, tínhamos o grau da manifestação da presença divina em menor valor do que quando alcançamos, princípio inteligente do Universo que somos, o Reino Animal.

O Monismo afirma que a essência divina está em todas as existências da natureza, e que todas essas existências individuais radicam na essência universal; afirma que Deus é infinitamente transcendente a cada criatura, uma vez que a Causa Absoluta ultrapassa todos os efeitos relativos, não podendo, portanto, ser identificada com nenhum desses efeitos nem com a soma total deles. O monista, além de afirmar a transcendência absoluta de Deus, afirma também a imanência íntima dessa Causa divina em cada um dos seus efeitos, porque seria intrinsecamente absurdo e impossível separar a causa do efeito.

Existe **diferença** entre Causa (Deus) e efeito (o ser humano), mas não há **separação** entre Deus (Causa) e o ser humano (efeito). Deus não é idêntico a nenhum dos seus efeitos, porque é distinto de todos eles; mas está em todos os seus efeitos, porque nenhum dos efeitos está fora da Causa. Somos distintos de Deus, é certo, porque Deus é transcendente a cada uma das suas criaturas. Mas não somos separados de Deus, porque Deus está imanente em cada uma das suas criaturas. O dualista afirma a transcendência e nega a imanência. O panteísta nega a transcendência e afirma a imanência. O monoteísta absoluto, o monista ou universalista, afirma tanto a transcendência como a imanência, atingindo assim a verdade total. O neoplatônico Plotino (205-270 d.C.) disse em *Enéadas*, livro VI: "É através do Um que todos os seres têm existência".

A fim de não deixarmos no ostracismo algumas magníficas frases de Sua Voz, em *A Grande Síntese*, aqui colocá-las-emos com toda satisfação: "Somente nos limites da vossa consciência atual – lê-se (p. 83) – é que não vos permitem reconhecer-vos, sentir-vos uma roda da imensa engrenagem, uma célula eterna, indestrutível, que concorre com seu labor para o funcionamento do grande organismo. O universo – diz mais adiante (p. 112) – é uma unidade orgânica em evolução. Não vos isoleis – vê-se a frente (p. 123) – no vosso pequenino eu, nesse separatismo que vos limita e aprisiona. Compreendei essa unidade, lançai-vos nessa unidade, fundi-vos nessa unidade e vos tornareis imensos."

Ademais, o próprio universo já é consciência plena e, por isso, não devemos entendê-lo como algo que evolui do inconsciente para o consciente, desde o átomo primitivo até o arcanjo, que também começou por ser átomo. Preferimos supor que o indivíduo é que vai se apoderando lentamente da realidade cósmica à sua disposição, na medida em que se torna consciente dela, ou seja, à medida em que a conhece. Estamos, neste ponto, admitindo, em princípio, a hipótese mais recente de que o planeta e, por extensão, todo o universo sejam seres vivos ou, em outras palavras, representações ou manifestações de uma vontade consciente, como queria Schopenhauer.

Ora, "(...) todas as coisas que se revestem de formas separadas devem ter um fim, pois não existe separatividade no Universo, senão a aparência da separação. O Uno sem par, que em si existe, que é a única Realidade, Aquilo, é compreendido como o Eu de cada um, a Vida Una da qual todas as formas são apenas manifestações transitórias. Até que se compreenda a ausência da separatividade, a alma passa de morte em morte."[20] E o maior de todos os filósofos da Humanidade – o profeta de Nazaré? Observemos seu perfeito monismo, exarado por João, em seu Evangelho, no capítulo 10, versículo 30: "Eu e o Pai somos um; eu estou no Pai e o Pai está em mim [imanência]; mas o Pai é maior do que eu [transcendência]."

Voltemos à magnífica e incomum obra de Spinoza – *Ética*. Enquanto a primeira parte trata de Deus, a segunda parte é consagrada à dedução da alma humana, e dedica-se, no essencial, aos dois únicos atributos que o entendimento humano pode conceber: **o pensamento e a extensão**. "O pensamento é um atributo de Deus, ou seja, Deus é uma coisa pensante."[21] A extensão é um atributo de Deus, ou seja, "Deus é uma coisa extensa".[22] Platão definiu mente, ou alma, como guia do corpo; Aristóteles definia corpo como *órganon* da alma, ou seja, mero instrumento no seu aperfeiçoamento, dando preferência e supremacia para esta e não àquela. Todas as doutrinas cristãs foram influenciadas por este pensamento. Descartes também via a alma como guia do corpo, sua mestra, condutora. Para Spinoza, porém, isso não passa de um pretexto para julgar as paixões e o corpo como coisas que tiram a natureza do seu curso natural, desequilibrando-a. Para ele, **mente e corpo são meramente aspectos diferentes da mesma coisa – Deus ou Natureza –**, percebido apenas com dois dos Seus infinitos atributos. Nossa percepção, de seres humanos, diz o filósofo de Amsterdã, limita-se a apenas dois dos atributos infinitos de Deus – mente e corpo

Ainda na segunda parte da *Ética*, Spinoza distingue três gêneros de conhecimento, ou três formas de conhecer, quais sejam:

I – A imaginação ou as ideias inadequadas: segundo Spinoza, o conhecimento por experiência é um primeiro gênero do conhecimento humano. A palavra *experiência*, aqui, não significa experimentação científica, mas a experiência vaga que acumulamos, passivamente, ao sabor dos nossos encontros com as coisas. Portanto, ligada às experiências empíricas, às percepções sensoriais. Dizer que a experiência é um primeiro gênero de conhecimento significa dizer que o seu conteúdo só pode ser completado e corrigido por outros gêneros de conhecimento. Spinoza defende que, se o ser humano deve evitar o erro, não conseguirá mais do mesmo modo, mas conhecendo de outra forma. Malgrado, por muito insuficiente que seja, a multiplicação de experiências vagas não deixa de ser necessária, pois é ela que fornece aos outros gêneros de conhecimento o material sem o qual não seríamos capazes de formar ideias completas. A experiência vaga é, então, *primeira* em mais de um sentido da palavra; ela é anterior a outras formas de conhecer; é inferior a elas e constitui sua base. A experiência vaga merece ser chamada de *imaginação*, porque nos revela não as coisas em si mesmas, mas as suas imagens em nós, ou seja, a forma como o nosso corpo é afetado por essas coisas. O conhecimento através de ideias gerais é imaginativo, distanciando os seres humanos da realidade e levando-os a julgar a natureza em função do bem e do mal. Distancia, também, as criaturas uma das outras, levando-as a afrontar-se, de forma estéril, a respeito dos juízos, que variam, necessariamente, de ser humano para ser humano.

II – A razão ou o conhecimento das relações: no primeiro gênero de conhecimento, trata-se de *uma ideia geral*; uma regra baseada no hábito. Já no segundo gênero de conhecimento, trata-se de uma *noção comum*, uma lei baseada no conhecimento de uma propriedade comum, que Spinoza chamou de *razão*. Partindo das propriedades comuns a todas as coisas, cada ciência racional deduz delas as propriedades comuns a esta ou àquela categoria de coisas, permitindo concebê-las adequadamente. Com efeito, a razão reúne os homens (e não os une), que têm de concordar entre si sobre o que é comum.

III – A ciência intuitiva ou o conhecimento das essências: diferentemente dos dois primeiros, o terceiro gênero de conhecimento não consiste em um princípio abstrato que se aplica a casos particulares. Trata-se de um conhecimento intuitivo, de uma visão imediata da coisa em si mesma. O conhecimento intuitivo é igualmente dedutivo, como o é da razão, mas percebido de forma diferente. No segundo gênero de conhecimento, a dedução é efetuada a partir de uma propriedade comum, já conhecida, e aplicada a um caso particular. O conhecimento do terceiro gênero, quando existe, é adequado graças a si mesmo. Ao mesmo tempo, visão e dedução identificam-se, no seu percurso, com o movimento segundo o qual o objeto é gerado pela sua causa. É, portanto, forma superior de conhecimento humano, porque o nosso entendimento emprega nele o seu poder autônomo para formar ideias completas. Spinoza define a ciência intuitiva, no segundo escólio da Proposição 40, na segunda parte da *Ética*, da seguinte maneira: "Este gênero de conhecimento procede da ideia adequada da essência formal de certos atributos de Deus para o conhecimento adequado da essência das coisas".

O conhecimento que os seres humanos têm, em sua maioria, é definido por Spinoza como de primeiro gênero, ou imaginativo. Mas, esse conhecimento é INADEQUADO, porque tem acesso ao mundo exterior apenas através de seu corpo, ou seja, o conhecimento dos objetos se mistura com o estado de nosso próprio corpo. O filósofo holandês, então, indica-nos o modo mais ADEQUADO de sair do primeiro gênero do conhecimento; entrar no segundo gênero do conhecimento – o racional – como vimos acima, só é possível com as *noções comuns*. A intenção de Spinoza, com sua indicação, é sair da imperfeição das ideias confusas, para entrar nas ideias que exprimam o máximo possível nossa essência. O objetivo deste filósofo é alcançar o conhecimento ADEQUADO de nosso corpo e dos corpos que nos cercam, e, com efeito, pôr fim à ignorância, à miséria humana, sua servidão, seus medos, suas superstições que negam o prazer e a felicidade.

O caminho para a razão, segundo Spinoza, acontece apenas com as experiências do corpo, pelos encontros que convêm e que nos preenchem de alegria. A união mente e corpo se torna clara quando o corpo não é mais afetado de tristeza. Quanto mais triste estamos, pior nossa capacidade de pensar e, com isso, pior nossa capacidade de agir. Dessa maneira, Spinoza conclui que a mente pode pensar tanto quanto o corpo pode agir; um vale tanto quanto o outro. Mente e corpo sofrem variações simultaneamente. A capacidade de pensar envolve a capacidade de agir; os dois com o fim único de alcançar a liberdade, a felicidade, a virtude e a beatitude. Mente e corpo seguem juntos – duas retas paralelas que se encontram no infinito. Em Spinoza, o nosso eu atinge a sua plenitude quando o pensamento de Deus é o nosso pensamento, quando o nosso ser pensante transfunde e emerge no pensamento divino, quando se confunde com o próprio Deus, nossa essência. É somente nessa realização divina, nesse conhecimento de si e das coisas, que o homem, com sua individualidade conquistada, alcança a quietude da alma.

As longas e árduas noites de reflexão solitária desse notável gênio judeu, juntamente com a parca subsistência que lhe garantia a manutenção física, no labor de fabricação de lentes, começavam a pesar na sua frágil constituição orgânica. É bem provável que seus pulmões tenham sido afetados pela inalação contínua do pó de vidro e, com isso, tenha lhe trazido a devastadora tuberculose pulmonar. Mas, somos sabedores de que a única fatalidade existente é a morte física. Portanto, ninguém desencarna na hora errada, salvo o suicida. Pois bem. A partir do verão de 1676, o corpo de Spinoza foi definhando, e, quando chegou o inverno, ele já se encontrava acamado. O filósofo, historiador e escritor americano Will Durant (1885-1981) diz que ele desencarnou tranquilo, em um domingo, no dia 21 de fevereiro de 1677, aos quarenta e quatro anos de idade. Antes do seu definitivo desenlace, pediu ao empregado da pensão onde vivia que lhe chamasse o seu velho amigo médico – o Dr. Myer (?-†) –, ao qual entregou a chave de uma gaveta da escrivaninha,[23] e, ato contínuo, adormeceu calmamente para ir, em Espírito, às regiões espirituais celestes, acessíveis somente àqueles que cumprem o seu dever moral. Seu corpo encontra-se no jazigo da praça Neukirk in Dam, no centro de Amsterdã.

No ano de 1882 foi inaugurado, em Haia, um monumento em memória do grande filósofo holandês. No dia aprazado da inauguração, o filósofo, teólogo e escritor francês Ernest Renan (1823-1892) proferiu o discurso oficial, terminando-o da seguinte maneira: "Maldição sobre o transeunte que insultar esta suave cabeça pensativa! Será punido como todas as almas vulgares são punidas – pela sua própria vulgaridade e pela incapacidade de conhecer o que é divino. Este homem, do seu bloco de granito, apontará a todos o caminho da bem-aventurança por ele encontrado; e, por todos os tempos, o homem culto que por aqui passar dirá em seu coração: eis o homem que teve a mais profunda visão de Deus!"[24]

Onde estiveres, Baruch Spinoza, nossos votos de paz.

John Locke

John Locke (1632-1704) nasceu em Somerset, na Inglaterra. Seu pai, advogado que também serviu como capitão na guerra civil britânica, tinha bom relacionamento com o governo. Com isso, Locke pôde receber uma educação notável e diferenciada. Aos 20 anos, inscreveu-se na mais prestigiada faculdade de Oxford – a Christ Church. Foi lá que ele se familiarizou com a Metafísica e a Lógica e, enquanto fazia o seu mestrado em Artes, estudava também os trabalhos de Descartes. Em 1667, a convite de um dos maiores estadistas ingleses – Antony Ashley Cooper (1671-1713) –, mudou-se para Londres, para trabalhar como seu médico pessoal.[25]

Em 1674, com Ashley fora do governo, Locke voltou para Oxford para se graduar em Medicina. Da Inglaterra, foi para a França, onde passou grande parte do seu tempo estudando o Protestantismo. Voltou para a Inglaterra, em 1679, e viu-se envolvido em controvérsias, uma vez que o Rei Carlos II (1630-1685) e o Parlamento disputavam o poder, e a revolução era iminente. Como seu amigo Ashley estava envolvido com uma tentativa fracassada de assassinato do Rei Carlos II e do irmão dele (James II), teve que deixar o país. Foi nessa época que escreveu o livro *Dois Tratados Sobre o Governo*.

Refugiou-se na Holanda e concluiu o que seria, talvez, o seu maior trabalho – *Ensaio sobre o Entendimento Humano* –, que havia iniciado na França. Em 1688, quando Guilherme de Orange (1650-1702) invadiu a Inglaterra, forçando James II (1633-1701), agora no poder, já que Carlos II havia desencarnado, a fugir para a França. Locke, enfim, pôde retornar a Londres, onde teve suas duas obras publicadas.

A obra que aqui nos cabe enfatizar é *Ensaio Sobre o Entendimento Humano*. Ela é dividida em quatro livros, onde **Locke refere-se às questões fundamentais sobre a mente, pensamento, linguagem e percepção**. Conquanto seja de real importância o tratado de Locke, ele foi contra a noção estabelecida, tanto por Platão como por Descartes, **de que a pessoa nasce com conhecimento e princípios fundamentais inatos**. Para Locke, as pessoas têm ideias e atitudes morais diferentes; assim sendo, a moral não pode ser um conhecimento inato. Por essa razão, John Locke pregava que as pessoas são como *tabula rasa*, adquirindo conhecimento pela experiência.

Prezado leitor: A teoria das ideias inatas só pode ser compreendida se houver o entendimento de uma lei natural chamada *reencarnação*, que não é apanágio do Espiritismo, mas conhecida desde as mais remotas doutrinas espiritualistas do oriente. "A hereditariedade intelectual não existe. Duas crianças, nascidas do mesmo pai e da mesma mãe, recebendo idêntica educação, são objeto dos mesmos cuidados, habitando o ambiente. Examinemos cada um. São iguais? De modo algum: a igualdade das Almas não existe. Este, possui instintos pacíficos e uma vasta inteligência: será bom, laborioso, sábio, circunspecto, ilustre quiçá entre os pensadores. Aquele, traz consigo instintos perversos: será mandrião, invejoso, gatuno, assassino. Fraca ou fortemente acentuada, tal dessemelhança de caráter, que não depende nem da família, nem da raça, nem da educação, nem do estado corporal, se manifesta em todos os seres. Os ascendentes dos maiores entre os grandes homens não brilharam por um espírito superior, e até, na maior parte do tempo, não compreenderam o seu descendente ilustre. A Alma não se transmite pela geração. Nisso, podeis refletir com os vossos próprios recursos: chegareis à convicção de que a diversidade absoluta das Almas não encontra sua razão de ser fora dos estados anteriores."[26]

Os Espíritos, em *O Livro dos Espíritos*, muito bem elucidaram sobre as ideias inatas, na parte primeira da obra supracitada, no capítulo IV. Quando Allan Kardec questionou os imortais (questão 218), se ao encarnar conservamos vestígio das percepções que tivemos e dos conhecimentos que adquirimos nas existências anteriores, os benfeitores espirituais afirmaram que guardamos vaga lembrança, a qual podemos denominar de *ideias inatas*.[27] E dizem mais: "Os conhecimentos adquiridos em cada existência não mais se perdem. Liberto da matéria, o Espírito sempre os tem presentes. Durante a encarnação, esquece-os em parte, momentaneamente; porém, a intuição que deles conserva lhe auxilia o progresso. Se não fosse assim, teria que recomeçar constantemente. Em cada nova existência, o ponto de partida, para o Espírito, é o em que, na existência precedente, ele ficou."[28]

O esquecimento das existências anteriores é, em princípio, (...) uma das consequências da reencarnação; entretanto, não é absoluto esse esquecimento. Em muitas pessoas o passado renova-se em forma de impressões, senão de lembranças definidas. Essas impressões, às vezes, influenciam os nossos atos; são as que não vêm da educação, nem do meio, nem da hereditariedade. Nesse número podem classificar-se as simpatias e as antipatias repentinas, as intuições rápidas, as ideias inatas.[29]

Observemos o que nos traz o Espírito Joanna de Ângelis, na *Introdução* da obra *Conflitos Existenciais*, e que vimos de bom grado exarar:

Durante muito tempo acreditou-se que o ser humano vem ao mundo qual se fora uma folha de papel em branco, uma *tabula rasa*, e que a imitação com relação ao que via, ao que experimentava, a iniciar pelos pais que lhe vertiam os conhecimentos e aprendizagens, facultava o arquivamento das impressões que deveria repetir depois.

Experiências significativas, no entanto, demonstraram que a tese era destituída de legitimidade, porquanto os cegos de nascimento, que não podiam acompanhar as expressões da face de outrem, sorriam e apresentavam as mesmas características da tristeza que jamais haviam visto. De igual maneira, os povos primitivos que vivem na Terra, visitados por cientistas cuidadosos, demonstravam os mesmos sentimentos do ser civilizado, embora jamais houvessem contactado com ele, assinalando no semblante o ríctus da dor e a largueza da alegria.

(...) Com o advento das novas conquistas psicológicas em torno do ser humano, pôde-se constatar que há uma herança atávica assinalando todos os indivíduos com idênticas expressões faciais e emocionais, sem que tenha havido qualquer contato entre eles.

Do ponto de vista espírita, essa herança procede das reencarnações anteriores, que imprimiram no Espírito as suas necessidades, mas também as suas realizações, facultando-lhe o avanço progressivo cada vez que uma etapa do processo de crescimento é vencida.

Embora destoe do Espiritismo, nas ideias inatas, Locke não deixou de contribuir na filosofia ocidental. Em verdade, o Empirismo – crença de que todo conhecimento deriva das experiências – teria um papel importante no movimento iluminista. Embora tivesse uma teoria equivocada, de que a mente, no nascimento, é uma "tabula rasa", e que somente com a experiência o indivíduo começa a formar o conhecimento, John Locke foi o empirista mais influente do século XVII, abrindo as portas para a *Era da Razão*, que seria inaugurada no século XVIII, conforme veremos na Parte IV, cujo título é *À Luz da Razão*.

Notas

1. Apud Will Durant. (*A Filosofia de Francis Bacon*, p. 40.)
2. Francis Bacon. (*O Progresso do Conhecimento*, VII, 3.)
3. Francis Bacon. (*Novum Organum*, I, 49.)
4. Este livro, um clássico da literatura religiosa (católica), foi escrito em 1260, e rivalizou em popularidade com a Bíblia, servindo de fonte para pinturas e desenhos. Legenda Áurea conta a história de 153 santos, como Santo Antônio, São Francisco, São João Batista e São Sebastião.
5. Francis Bacon. (*Ensaios*, capítulo 16 – Do Ateísmo.)
6. Físico, matemático, filósofo e astrônomo italiano, nascido em Pisa. Galileu Galilei, iniciando os estudos em Medicina, abandonou-os para seguir as matemáticas e foi nomeado professor no Studio de Pisa, aos 25 anos de idade. Atraiu animosidade dos pensadores aristotélicos (da Igreja mesmo...) e teve que aceitar a oferta de uma cátedra no Studio de Pádua em 1592, onde viveu e ensinou serenamente. Em 1610, transferiu-se para Florença, na Itália, a convite do grão-duque Cosme II, tendo sido nomeado "primário matemático dello Studio de Pisa e filosofo della Corte Medicea". Foi a partir daí que a Igreja Católica começou a hostilizá-lo pelo fato de sustentar o Sistema de Copérnico. Em 1616, foi levado ao tribunal do Santo Ofício, onde o Cardeal Bellarmino o intimou a abandonar aquele sistema, declarando-o contrário aos textos das Sagradas Escrituras.

   Mais tarde, depois de ter publicado o livro *Ensaio Sobre os Dois Sistemas*, foi submetido a processo regular em 1632, cujo julgamento durou de fevereiro a junho do ano seguinte (1633), terminando com a sentença que o condenava ao cárcere, proibia seus livros e o obrigava, durante três anos, a recitar semanalmente os salmos da penitência. Morreu cego, no ano de 1642, na sua vila em Arcetri, na Itália. Mas seu sepultamento foi em Florença, na Igreja de Santa Cruz.

   Galileu foi o fundador do método experimental. Deixou uma grande contribuição no campo científico: I – o enunciado da lei do isocronismo do pêndulo (ou seja, tempo igual); II – a teoria da queda dos corpos (1602); III – enunciou o princípio da inércia (tendência de o objeto em movimento continuar a se mover em linha reta até encontrar obstáculo que o desvie); IV – a invenção do telescópio (1609, luneta com o seu nome, e com ela descobrindo as vibrações, os balanceios lunares, que, por sua vez, mostram os movimentos oscilatórios, deslocamentos, reais ou aparentes, dos eixos da Lua em sua posição média), do termoscópio e da balança hidrostática; reconheceu o movimento da Terra em torno do Sol, estudou os satélites de Júpiter, os anéis de Saturno, as fases de Vênus e as manchas solares; V – descobriu o compasso proporcional e o termômetro.

Só não morreu na Inquisição, porque negara diante das autoridades escolásticas. Todavia, em voz baixa, disse: "mesmo eu negando, a Terra continua a girar". Mais tarde, retorna das Altas Esferas para contribuir na Terceira Revelação – o Espiritismo –, quando o astrônomo Camille Flammarion traz considerações de Galileu e as coloca na 5.ª obra da Codificação Kardequiana – *A Gênese* –, no capítulo "Uranografia Geral".

7. Áureo. (*Universo e Vida*, p. 28.)

8. Amélia Rodrigues. (*Pelos Caminhos de Jesus*, cap. II.)

9. Joanna de Ângelis. (*Autodescobrimento*, p. 26.)

10. Allan Kardec. (*O Livro dos Espíritos*, questão 199.)

11. Manoel Philomeno de Miranda. (*Grilhões Partidos*, p. 20.)

12. Corpo Astral, conhecido pelos orientalistas, é o que se chama, no Espiritismo, de *perispírito*. No Vedanta, o perispírito era conhecido como *Manu*. No Hermetismo egípcio, surgiu na qualidade de *Kha*. No Budismo, o perispírito era conhecido como *Kama-rupa*. Na Cabala hebraica, era denominado *Rouach*. Pitágoras nominava o perispírito como "carne sutil da alma". Aristóteles, considerava-o *Corpo Sutil e Etéreo*. Paulo de Tarso chamava-o de *Corpo Celeste*. O neoplatônico Orígenes, de Alexandria, denominava-o de *Aura*. Os teosofistas denominam *Corpo kâmico*, *Corpo Astral* ou *Corpo do desejo*. O psicobiofísico brasileiro Hernani Guimarães de Andrade chama "Ectossoma". Os psicobiofísicos russos chamam de "Corpo Bioplásmico", resultado do MOB (Modelo Organizador Biológico).

13. Apud Camille Flammarion. (*Deus na Natureza*, primeira parte.)

14. Emmanuel. (*Emmanuel*, cap. XVII.)

15. O papa, nessa época, era Inocêncio VIII. O inquisidor-geral era o impiedoso Tomás de Torquemada. Não deixaremos no ostracismo a memória de Joana de Castela (1479-1555) – filha mais velha dos reis católicos da Espanha – Fernando II de Aragão e Isabel I de Castela. Ela foi sucessora de seus pais no trono espanhol. Ficou conhecida, na história, como Joana, a rainha louca. Isso se deu porque amou intensamente seu marido – Filipe de Habsburgo, o Belo (1478-1506), que, ao desencarnar, ela o vira em espírito. No entanto, não o sepultara, porque acreditava estar ele vivo. Ainda havia o desconhecimento, na Humanidade, na forma estudada e sistematizada, da imortalidade da alma. Ademais, todos a temiam, porque ela vivia em torno de livros e filósofos, o que a faziam sobressair-se entre os deuses e políticos. O Espírito que assumira a personalidade de Joana, a rainha louca, voltaria mais tarde no corpo do mais notável e seguro médium do século XX – Francisco Cândido Xavier (1910-2002).

16. Allan Kardec. (*O Livro dos Espíritos*, questão 1.)

17. Idem. (*A Gênese*, cap. XIII, item 40.)

18. Ibidem. (*O Evangelho Segundo o Espiritismo*, cap. XXIV, item 15.)

19. Hermínio Miranda. (*Alquimia da Mente*, p. 166.)

20. Annie Besant. (*A Vida Espiritual*, p. 57)

21. Baruch Spinoza. (*Ética*, segunda parte, Proposição 1.)

22. Idem. (Idem, Idem, Proposição 2.)

23. Nessa escrivaninha estava o manuscrito, cujo título era: *Ética Demonstrada à Maneira dos Geômetras*. A obra foi publicada, conforme já dissemos, postumamente, em 1677.

24. Esse discurso está vulgarmente conhecido nos meios de massificação de cultura, como a internet. Portanto, qualquer leigo no assunto pode alcançá-lo sem o menor esforço.

25. Ashley defendia a monarquia constitucional, uma sucessão protestante, a liberdade civil, a tolerância na religião, o governo do Parlamento e a expansão econômica da Inglaterra.

26. Camille Flammarion. (*Narrações do Infinito*, 4.ª Narração, item I.)

27. Sugerimos também, ao leitor mais interessado nas *ideias inatas*, que leiam as seguintes literaturas: *A Gênese*, de Allan Kardec, capítulo I, item 38; *O Espiritismo e a sua Expressão mais Simples*, de Allan Kardec, capítulo II, item 21; *O Evangelho Segundo o Espiritismo*, capítulo III, item 13; *O Grande Enigma*, de León Denis, quarta parte, questão 26; *O Consolador*, do Espírito Emmanuel, questões 166 e 205; *A Grande Síntese*, capítulos 4, 26, 65 e 74.

28. Allan Kardec. (*O Livro dos Espíritos*, Q. 218, alínea "a".)

29. León Denis. (*O Problema do Ser, do Destino e da Dor*, p. 163.)

PARTE IV

À luz
da razão

Os enciclopedistas

No século XVIII, a *Enciclopédia – Dicionário Raciocinado das Artes, das Ciências e dos Ofícios*, lançado em 33 volumes, sob a direção do filósofo, matemático e físico francês d'Alembert (1717-1783), e redigida pelo escritor e filósofo francês Denis Diderot (1713-1784) – transcreve todo o conhecimento que a Humanidade havia produzido até sua época. Os pais da *Enciclopédia*, que abalou o mundo, dedicaram-na a Francis Bacon. No projeto, Diderot dizia: "Se chegamos ao sucesso, devemos boa parte dele ao chanceler Bacon, que propôs o plano de dicionário universal das ciências e das artes, em uma época que, por assim dizer, não existiam nem artes nem ciências. Aquele gênio extraordinário, numa época em que era impossível escrever uma história, daquilo que se sabia, escreveu [Francis Bacon] sobre aquilo que era necessário aprender."[1] E d'Alembert, em um êxtase de entusiasmo, chamou Bacon de "o maior, o mais universal e o mais eloquente dos filósofos".[2] Quando o Iluminismo irrompeu na Revolução Francesa, a Convenção[3] mandou publicar as obras de Bacon a expensas do Estado. Dessa forma, podemos situar Francis Bacon na vanguarda da Idade da Razão. Ele não foi um idólatra da razão, como alguns dos seus sucessores; duvidava de todas as cogitações não verificadas por experiência efetiva, e de todas as conclusões maculadas pelo desejo.

Diderot nasceu em Langres, na França, e como muitos outros garotos da sua idade, estudou com os jesuítas para, ao chegar à maioridade, afastar-se da religião do Estado e mudar-se para Paris. De lá, não mais sairia até seu desencarne. Ele foi o primeiro a imaginar uma enciclopédia. Não porque ele fosse erudito (conquanto fosse!), mas pelo fato de perceber que o povo francês estava maduro para sair do obscurantismo intelectual. No início da ideia, o editor – Le Breton – mostrou-se estupefato, porquanto sabia que uma enciclopédia custaria uma fortuna. Ademais, a população, em sua grande massa, era analfabeta e, com isso, haveria poucos compradores.

É a partir daí que entra Jean-Baptiste Le Rond (1717-1783), conhecido como d'Alembert. Este nome deu-se, porque enjeitado pela mãe e encontrado pela mulher de um vidraceiro, nas escadas de uma igreja de Saint Jean-Le Rond, certa noite invernosa, um padre tomou conta dele, colocando-o em uma escola, além de não deixar que lhe faltasse nada para viver. Tornou-se, além de filósofo, um grande cientista. Admirava matemática. Quando d'Alembert decidiu compartilhar, em 1751, a ideia de Diderot, o editor Le Breton sentiu-se mais seguro e acabou se convencendo da ideia. O que realmente importava é que pela primeira vez uma obra não seria escrita para bajular os poderosos – a nobreza e o clero –, mas sim para ir ao encontro das necessidades dos leitores. A árdua tarefa, de 1752, volume por volume, só terminou vinte anos mais tarde, em 1772.

Salientamos, contudo, que a filosofia e a civilização geral da Europa, com a *Enciclopédia*, tinham atingido tamanho grau de saturação de homens eruditos, intelectuais, que, para estes, a redenção da humanidade e a esperança de dias melhores estavam na soma de conhecimentos de fatos; portanto, conhecimentos quantitativos. Os intelectuais, principalmente franceses e alemães, confundiam sabedoria com erudição, e proclamavam em altas vozes que o remédio universal, e salvador, eram os grossos compêndios ou tratados de ciência analítica. Os jovens, no início do século XVIII, foram os que mais sofreram com esse artificialismo pseudoeducacional, já que eram obrigados a gastar os melhores anos de suas juventudes em recintos escolares, a fim de acumularem penosamente a maior quantidade possível de conhecimentos científicos.

Será que a educação está na soma de conhecimentos cerebrais, que envolve somente fatos, sem nexo qualitativo? Não. "O mundo dos fatos – disse Einstein – não nos conduz a nenhum caminho ao mundo dos valores. O homem erudito é um descobridor de fatos que já existem. Mas o homem sábio – concluiu o gênio judeu do século XX – é um criador de valores que não existem e que ele faz existir." Muitos acreditavam, no início do século XVIII, depois da inauguração da *Enciclopédia*, que o *slogan*, mais tarde popularizado pela filosofia positivista de Augusto Comte (1798-1857), e outros eruditos, de que "abrir uma porta de escola, era fechar uma prisão". Esse pensamento, mais ingênuo que errôneo, não é coerente com o significado de *educação*. Ora, os maiores crimes cometidos, até então, foram por homens eruditos. Portanto, os grandes malfeitores da humanidade não foram analfabetos; foram os que não educaram a consciência. A escola, é bem verdade, trabalha a ciência, mas não intensifica a consciência.

É preciso não confundir instrução com educação. Toda educação é instrução; porém, nem toda instrução é educação. A educação não fornece a instrução, mas mostra como é ela obtida. A instrução relaciona-se com o intelecto; a educação relaciona-se com o caráter. As instruções exprimem fatos; a educação exprime valores da alma. As instruções representam informações existentes e conhecidas; a educação representa as informações existentes e não conhecidas senão por aqueles que almejam buscá-las dentro dos recônditos de si, despertando-as, já que jazem dormentes e ignoradas em seu âmago. Com o advento da *Enciclopédia*, o que vigia, principalmente nas sociedades francesa e alemã, era pseudoeducação. Esta, mascara a ignorância; a educação, porém, conduz à sabedoria. A pseudoeducação ou o eruditismo, age de fora para dentro; a educação ou a sabedoria, atua de dentro para fora.

Não olvidamos que a *Enciclopédia* inaugurou, pelo menos oficialmente para a maioria dos historiadores, um movimento de mudança radical do pensamento, que iria revolucionar completamente o modo como que as pessoas veriam a filosofia, a política e a sociedade como um todo. A expectativa dos maiores pensadores do século XVIII de que a Igreja se apartasse do Estado trouxe luzes ao século supracitado, sendo conhecido esse movimento como *Iluminismo*.

O Século das Luzes

O alvorecer do Iluminismo deu-se no Período Renascentista, mais especificamente com Espíritos de escol reencarnados entre nós, tais quais: René Descartes, Francis Bacon, Galileu Galilei,[4] Isaac Newton, dentre outros não menos importantes. No entanto, o apogeu do Iluminismo foi atingido no século XVIII.

John Locke, que desencarnou no início do século XVIII (1704), é considerado por muitos como sendo o Pai do Iluminismo. Embora sua existência física tenha sido noventa e oito por cento (98%) vivida no século XVII – e colocamo-lo na Parte anterior, seguindo uma ordem cronológica – o filósofo britânico defendeu amplamente a *razão*, tendo o ser humano, no nascimento, a mente em branco, como uma *tabua rasa*, que será preenchida e terá seu caráter formado de acordo com sua experiência de vida material. Portanto, o Empirismo de Locke teve papel fundamental para o Século das Luzes. Igualmente, o Ceticismo foi alicerce para o Iluminismo em diversos avanços filosóficos, porquanto a essência do movimento era o questionamento das verdades estabelecidas. Sendo assim, os filósofos usaram o Ceticismo como uma ferramenta para alavancar as novas ciências.

Os iluministas – que conheceremos nas páginas seguintes – preconizavam que o pensamento racional deveria sobrepor-se às crenças religiosas e ao misticismo, que, segundo eles, bloqueavam a evolução do ser humano. Cabe ressaltar que os iluministas buscavam a verdade baseada na "razão", com princípios científicos, conquanto **não negassem, pelo menos nas palavras, a existência de Deus**. Não eram, portanto, materialistas ou ateus.

O movimento iluminista, que aconteceu principalmente na França, na Alemanha e na Inglaterra, também influenciou outros movimentos sociais, quais sejam: a Independência das Colônias Inglesas na América do Norte e a Inconfidência Mineira,[5] porque esses grandes homens tinham a certeza de que todos eram iguais, e defendiam a liberdade de expressão e de possuírem a religião que melhor lhes aprouvesse. Não negamos, porém, que exceto Jean-Jacques Rousseau (1712-1778), os arautos da *Enciclopédia* defendiam, equivocadamente, uma liberdade sem Deus e sem religião.

– Como assim? – perguntar-se-ia.

Ora, vimos na Parte III que contra a imposição violenta e cega da arbitrariedade exercida, em nome de Deus, para sufocar a liberdade do pensamento, alguns homens de expressão – Descartes e Spinoza – movimentaram os instrumentos que possuíam, num esforço hercúleo para não se deixar soterrar pela avalanche da corrupção religiosa. Daí, a razão (raciocínio) ter representado poderosa alavanca para chacoalhar a mente humana de sua posição de inércia. Dos desmandos da fé passou-se ao polo oposto. Para fugir ao desequilíbrio num polo, houve necessidade de projetar-se ao outro. Desde então, o panorama da cultura humana surgiu como a montanha fendida, seguindo pelo desfiladeiro, com receio de ousar a escalada.

E os enciclopedistas (salvo Rousseau), ao abrir caminho para o outro lado da montanha pela ação fulminante do pensamento racional, julgaram-se mais fortes, por dispensarem a fé que até então fora utilizada como meio de corrupção e prepotência. Com receio das distorções que os processos ditos *espirituais* poderiam suscitar, eles preferiram se manter no nível anterior. Encantados com o grande feito de terem conseguido romper a montanha, abrindo passagem, e desse modo exorcizando os fantasmas da superstição, cantaram louvores à supremacia absoluta do intelecto e negaram qualquer outra possibilidade, a não ser a da continuidade da cisão entre espírito e matéria. Hodiernamente, o quadro não se encontra distante dessa triste realidade.

Entretanto, não imagine o leitor que o materialismo científico seja o maior inimigo da fé. A corrupção religiosa tem praticado maiores atentados contra a Espiritualidade do que a bisonha negação da ciência. Em momentos decisivos de Sua passagem pela Terra, Jesus invectivou aqueles que eram mais culpados por afirmarem conhecer o Reino de Deus e agirem em contraposição a ele; que conheciam a Verdade, mas não se movimentavam para beneficiar seus irmãos com tais conhecimentos. O proceder desregrado de alguém que se coloca como representante da fé diante de seus irmãos causa maiores danos às almas imaturas do que a simples negação da vida espiritual.

Montesquieu

Charles-Louis de Secondar (1689-1755) nasceu na comuna francesa de La Brède, ao sul de Bordeaux. Filho de família nobre, tornar-se-ia o Barão de Montesquieu. Teve formação iluminista com os padres oratorianos, ao ponto de cedo já se mostrar um crítico severo e irônico da Monarquia absoluta, já em decadência, bem como do clero. Em sua obra *Cartas Persas*, publicada em 1721, não obstante escrita na juventude, satiriza o rei, o papa e a sociedade francesa do seu tempo.

Em 1748, publica sua obra mais importante – *O Espírito das Leis* –, onde desenvolveu uma alentada teoria de governo que alimenta as ideias fecundas do *constitucionalismo,* que, como sabemos, procura distribuir a autoridade por meios legais, de modo a evitar o arbítrio e a violência. Tais ideias se encaminham para a melhor definição da separação de poderes, ainda hoje uma das pedras angulares do exercício do poder democrático que, a seu turno, vige no Brasil.

Refletindo sobre o poder real, Montesquieu concluiu que "só o poder freia o poder". Obviamente, ele não estava falando do *poder do amor*, mas sim da necessidade de cada poder – Executivo, Legislativo e Judiciário – manter-se autônomo e constituído por pessoas diferentes. Temos que confessar que a proposta da divisão de poderes não se encontra em Montesquieu, como costumeiramente se atribui a ele. Embora seu pensamento tenha sido apropriado pelo liberalismo burguês, as convicções do Barão de La Brède referem-se aos interesses de sua classe, e, com isso, aproximam-se dos ideais de uma aristocracia liberal. Em suma, ele critica toda forma de despotismo, mas prefere a Monarquia moderada, e não aprecia a ideia de o povo assumir o poder.

Colocaremos, aqui, um texto da obra *O Espírito das Leis*, onde Montesquieu fala dos três poderes: "Quando na mesma pessoa ou no mesmo corpo de magistratura o Poder Legislativo está reunido ao Poder Executivo, não existe liberdade, pois pode-se temer que o mesmo monarca ou o mesmo senado apenas estabeleçam leis tirânicas para executá-las tiranicamente. Não haverá também liberdade se o poder de julgar não estiver separado do Poder Legislativo e do Executivo. Se estivesse ligado ao Poder Legislativo, o poder sobre a vida e a liberdade dos cidadãos seria arbitrário, pois o juiz seria legislador. Se estivesse ligado ao Poder Executivo, o juiz poderia ter a força de um opressor. Tudo estaria perdido se o mesmo homem ou o mesmo corpo dos principais, ou dos nobres, ou do povo, exercesse esses três poderes: o de fazer leis, o de executar as resoluções públicas e o de julgar os crimes ou as divergências dos indivíduos."[7]

Em verdade, com a exceção de Jean-Jacques Rousseau, cuja análise faremos mais a frente, ainda nesta Parte, o pensamento liberal do século XVIII permaneceu censitário e, portanto, elitista.

Voltaire

François-Marie d'Arouet (1694-1778) – mais tarde ficaria conhecido como Voltaire – nasceu em Paris, e é conhecido como um dos filósofos mais importantes do Iluminismo e um dos maiores **críticos do Antigo Regime da Igreja Católica**. Aprendeu grego, latim, espanhol e italiano desde cedo. Aos sete anos tornou-se órfão de mãe, e ficou mais próximo de seu avô – Chateauneuf –, um livre-pensador que, por sua vez, teve grande influência na educação do neto, pois ensinou o jovem sobre literatura, deísmo e a renúncia às superstições.

Em 1717, aos 20 anos de idade, ficou encarcerado na abominável prisão da Bastilha, durante 11 meses, por ter escrito poemas difamatórios sobre o rei Luís XV. Foi lá que escreveu sua primeira peça de teatro – *Édipo*. Em 1718, mudou seu nome para Voltaire, esquecendo, para sempre, seu passado. Entre 1726 e 1729 esteve exilado na Inglaterra, onde foi apresentado às ideias de John Locke e de sir Issac Newton, ficando fortemente influenciado pelo ceticismo empírico que estava sendo disseminado à época naquele país. Dessa maneira, declarava que a Metafísica deveria ser afastada da ciência, e, de fato, foi um dos porta-vozes que mais apoiaram esse pensamento.

Posto isso, não fica difícil entender que Voltaire foi contrário à obra de Descartes, cujo trabalho ele detestava. Para Voltaire, Descartes não passava de *romancista da filosofia*. Ele zombava das noções otimistas da religião e do humanismo. Usou a inteligência e a sátira para solapar pontos de vista filosóficos dos quais discordava. Como exemplo, atacou os ensinamentos do Catolicismo no que se refere aos códigos morais de abstinência sexual, renúncia do corpo e celibato do clero, sem, com isso, ser ateu. Ele se opunha era à religião organizada e ao Catolicismo, **tornando-se um crente convicto da liberdade de religião, de pensamento e de expressão**. O seu maior mérito foi descobrir na tolerância a chave para viver melhor, porquanto não se deve deixar levar pelas emoções, como também pensar duas vezes antes de agir.

Contrário à Democracia como forma de governo, **cria na Monarquia esclarecida, na qual o governante faria as reformas necessárias, sempre influen-**

ciado pelas ideias iluministas. Em 1760, mudou-se para o seu sítio em Ferney, perto de Genebra, na Suíça, onde se fixou definitivamente, recomeçando a publicar uma grande quantidade de obras, bem como colaborou na redação da *Enciclopédia*.

Voltaire afirmou que se Deus não existisse seria preciso inventá-lo. Em sua obra *Tratado Sobre a Tolerância*, de 1763, expressou-se muito bem como um verdadeiro deísta, **embora não o fosse intimamente**, quando diz: "Não é ao homem que me dirijo, é a ti, Deus de todos os seres, de todos os mundos e de todos os tempos. (...) Tu não deste um coração para odiar e mãos para matarem: faz com que nos ajudemos a suportar mutuamente o fardo de uma vida penosa e passageira; que as pequenas diferenças entre as vestes que cobrem nossos pobres corpos, entre os nossos costumes ridículos, entre todas as nossas leis imperfeitas, entre todas as nossas opiniões insensatas, que distinguem os átomos chamados homens não sejam sinal de ódio e perseguição: que todos aqueles que acendam círios em pleno meio-dia para te louvar, suportem os que se contentam com a luz do teu sol; os que te cobrem com um pano branco, para dizerem é necessário amar-te, não detestem o que dizem a mesma coisa sob um manto de lã negra."

Malgrado o Espírito Emmanuel, na obra *A Caminho da Luz*, tenha informado que Voltaire, dentre outros, foi um dos vultos veneráveis reencarnados na França, para combater os erros da sociedade e da política (e concordamos!), vamos vê-lo **arrependido em muitas de suas ações**, depois que desencarnou. Para provar isso, pedimos licença ao leitor para reproduzir o diálogo que Voltaire teve com o insigne Codificador do Espiritismo – Allan Kardec –, exarado na *Revista Espírita* de 18 de março de 1859:

Kardec – Em que situação estais como Espírito?

Voltaire – Errante, mas arrependido.

Kardec – Quais são as vossas ocupações como Espírito?

Voltaire – Eu rasgo o véu do erro que, em minha vida, acreditava ser a luz da verdade.

Kardec – Que pensais de vossos escritos em geral?

Voltaire – Meu espírito estava dominado pelo orgulho; depois, eu tinha uma missão de arrojo a dar a um povo na infância; minhas obras são dela as consequências.

Kardec – Quando vivo, que pensáveis de vosso futuro depois da morte?

Voltaire – Eu não acreditava senão na matéria, vós bem o sabeis, e ela morre.

Kardec – Éreis ateu no verdadeiro sentido da palavra?

Voltaire – Eu era orgulhoso; eu negava a divindade por orgulho, é do que sofro e do que me arrependo.

E assim disserta, na *Revista Espírita* de 8 de abril de 1859: "Meus caros amigos, quando estava entre vossos pais, tinha opiniões, e para sustentá-las e fazê-las prevalecer entre meus contemporâneos, frequentemente, simulei uma convicção que não tinha em realidade. Foi assim que, querendo enfraquecer os defeitos, os vícios nos quais caíra a religião, sustentei uma tese que hoje estou condenado a refutar. Ataquei muitas coisas puras e santas, que minha mão profana deveria respeitar. Assim, ataquei o próprio Cristo, esse modelo de virtudes sobre-humanas, depois eu disse: sim, pobres homens, talvez rivalizemos um pouco o nosso modelo, mas não teremos jamais o devotamento e a santidade que mostrou; ele sempre estará acima de nós, porque foi melhor antes de nós. Estávamos ainda mergulhados no vício da corrupção e Ele já estava sentado à direita de Deus. Aqui, diante de vós o retrato do que a minha pena escreveu contra o Cristo, porque eu o amo, sim eu o amo. Sentia não tê-lo feito ainda."

Caro leitor. Sugerimos, ainda, a leitura da bela confissão que Voltaire fez, em Espírito, e Allan Kardec a colocou na *Revista Espírita* de setembro de 1859. Não a reproduziremos aqui, porque o espaço é insuficiente para tanto. A despeito disso, vale a pena lê-la, pois é uma lição de arrependimento, de humildade e de despertar para a verdadeira realidade da Vida Maior. De nossa parte, como não há mais nada digno de menção, sobre o filósofo iluminista francês, sigamos em frente.

David Hume

Nesta obra, especialmente na Parte anterior, já encontramos empiristas, tais como Tomas Hobbes e John Locke. Contudo, a partir de agora iremos conhecer **o maior dos empiristas** – David Hume (1711-1776). É notório o trabalho desse filósofo escocês, que, dos 23 aos 27 anos, enquanto morava em La Flèche, na França, escreveu seu trabalho mais impactante, o livro *Tratado da Natureza Humana*. Entre 1739 e 1740, o tratado foi publicado em Londres e dividido em três volumes, que aborda uma ampla gama de temas filosóficos. O primeiro livro – *Do Entendimento* –, Hume argumenta que o Empirismo, ou seja, a noção de que todo conhecimento deriva da experiência, é válido; e que as ideias não são essencialmente diferentes da experiência, porque quando complexas são resultado das ideias mais simples; e estas são formadas a partir das impressões geradas pelos sentidos. Com esses argumentos, ele enfrenta a noção da existência de Deus, da criação divina e da alma.

No segundo livro – *Das Paixões* –, Hume aborda paixões como *amor, ódio, pesar, alegria*, entre outros, classificando-as da mesma forma como faz com as ideias e as impressões. Primeiro, ele faz uma diferença entre as impressões originais, que são recebidas dos sentidos, e as impressões secundárias, que derivam das impressões originais. Estas, segundo Hume, são internas e geradas por fontes físicas, tais quais dores e prazeres. Ele argumenta que o prazer e a dor são o que motiva as pessoas a criarem paixões. Para ele, as paixões iniciam as ações, e a razão deve agir como uma *escrava* da paixão. Ou seja, a razão pode influenciar as ações de um indivíduo de duas maneiras: ela direciona o foco das paixões para os objetos e revela as conexões entre os eventos, que, por fim, vão criar paixões.

No terceiro livro – *Da Moral* –, Hume aborda a noção de moralidade, primeiro distinguindo virtude de vício. Ele afirma que essas distinções morais são impressões e não ideias. Isto é, enquanto a impressão da virtude é prazerosa, a impressão do vício é dolorosa. O filósofo escocês diz que as ações de um indivíduo são consideradas morais ou imorais, com base somente no efeito causado sobre os outros, e não em como afetam o próprio indivíduo. Assim sendo, as impressões morais só podem ser avaliadas pelo ponto de vista social.

Hume tornou-se uma das mentes mais importantes da filosofia ocidental, pois seu trabalho abordou um número incrível de temas filosóficos, que incluem religião, metafísica, identidade pessoal, moralidade e conceitos de relação de causa e efeito. Só neste último tema, Hume conseguiu chegar à conclusão de que a doutrina das vidas sucessivas (reencarnação) "é a única que apresenta vistas razoáveis acerca da imortalidade da alma",[6] combatendo assim, na filosofia, o fantasma materialista que havia se apresentado aos olhos de Tomas Hobbes.

Jean-Jacques Rousseau

Jean-Jacques Rousseau nasceu em 1712, na cidade de Genebra, na Suíça, e não conheceu sua mãe, pois ela morreu de infecção puerperal nove dias depois do parto. Foi criado pelo pai, um relojoeiro. Por volta de 1742, aos 30 anos de idade, vivendo em Paris e trabalhando como professor e anotador de música, fez amizade com Diderot. A partir de então, Rousseau também se tornou conhecido como um pensador-chave do Iluminismo.

E o primeiro reconhecimento público ocorreu em 1750, com o *Discurso Sobre as Ciências e as Artes*. A Academia de Dijon, na França, realizou um concurso de ensaios sobre a questão: a restauração das ciências e das artes tende, ou não, a purificar os costumes morais? E Rousseau, que recebeu o prêmio, argumentou que **a moral e a bondade estavam corrompidas pelo avanço da civilização**. Essa ideia se tornaria recorrente ao longo da existência do filósofo suíço.

Em um de seus trabalhos político-filosóficos – *Discurso Sobre a Origem e os Fundamentos da Desigualdade Entre os Homens* –, publicado em 1755, Jean-Jacques Rousseau explica os elementos essenciais de sua filosofia. Primeiro, ele apresenta os diferentes tipos de desigualdade existentes entre as pessoas. Com base nisso, ele tenta determinar quais delas são *naturais* e quais não são. De acordo com Rousseau, **as únicas desigualdades naturais são as diferenças de força física**, pois são derivadas do estado natural. Na sociedade moderna, o homem é corrompido e as desigualdades resultantes das leis e da propriedade não são naturais e não devem ser toleradas.

Ainda na obra *Discurso Sobre a Origem e os Fundamentos da Desigualdade Entre os Homens*, Rousseau diz que quando o Homem renuncia à liberdade, abre mão da própria qualidade que o define como humano. Ele não está apenas impedido de agir, diz ele, mas privado do instrumento essencial para a realização do espírito. Para recobrar a liberdade perdida, Rousseau defende um rumo à **pura natureza do próprio ser**, contaminado pelas misérias da civilização. "A natureza é boa; a civilização é má", resume, em última análise, a filosofia desse homem enigmático e assaz simpático.

Malgrado, perguntar-se-ia: o que vem a ser essa *pura natureza humana*, que Rousseau diz ser o caminho para trazer de volta, à criatura humana, sua liberdade perdida? Por incrível que possa parecer, ele mesmo não sabia o significado verdadeiro de *natureza humana*, pois a identificava como algo meramente emocional (intuitivo?), instintivo ou totalmente indisciplinado. Portanto, para o filósofo combatente da liberdade, **esta não se dá por meio dos sentidos e do intelecto.** De personalidade volúvel, inconstante, conquanto sem maldade, foi um homem eminentemente emocional, sem racionalidade.

Ó Liberdade! Onde estás, que só se consegue vê-la e senti-la através da fraternidade! E a fraternidade entre os Homens só pode ser conquistada pelo autoconhecimento! Todavia, como nos conhecermos sem termos como instrumento fundamental a *razão*? Pois bem. Desde antanho, no ocidente, fala-se em autoconhecimento. Quando Allan Kardec perguntou, em *O Livro dos Espíritos*, questão 919, qual seria a melhor maneira e a mais eficaz de se melhorar nesta vida, resistindo à atração do mal, os imortais responderam: "Um sábio da antiguidade vo-lo disse: Conhece-te a ti mesmo".

Os Espíritos responsáveis pela Revelação Espírita estavam se referindo a Sócrates, que, em uma visão superior da vida humana e na sua filosofia incomum, descobriu o segredo da felicidade, que nem a morte pode roubar. Conheceu-se a si mesmo, o seu verdadeiro Eu divino, eterno, imortal. Não se limitou a expor, pelas praças e ruas de Atenas, na Grécia, posturas meramente teóricas. Ele as vivia com imperturbável serenidade e convicção. Dialogava com seres invisíveis, sabia da sobrevivência do ser, conhecia os mecanismos das vidas sucessivas, entendia Deus como entidade óbvia por si mesma, consciente, inteligente, bem como o universo como pensamento sustentado desse Ser supremo, que se punha muito acima e além da simpática e colorida multidão de deuses imaginados pelos gregos.

O autoconhecimento só é adquirido mediante as deduções do mundo interior de cada ser humano, que, por sua vez, são resultantes do seu contato com o mundo exterior. A razão é o instrumento indispensável do autoconhecimento, porque somente ela é capaz de amenizar a força indomável das paixões (emoções), que ainda vibram latentes no atual tipo de homem terrícola. Logo, **liberdade não é estado de movimentação para o corpo, mas condição de alma no corpo.**

Voltemos a Rousseau. Em 1761, é publicada a obra *A Nova Heloísa*. Nesse romance – baseado em cartas escritas durante treze anos (de 1732 a 1745) –, o filósofo suíço inaugurou um novo estilo de leitura, que foi considerado uma revolução na literatura. Na obra supracitada, ele chega a tecer grande homenagem ao matrimônio indissolúvel e à beleza da vida em família bem organizada; estranho, é que o próprio Rousseau não amava sua mulher – Teresa Vasseur (1721-1801) –, não tinha fidelidade conjugal, e mais: enjeitou seus filhos em um orfanato.

Em 1762, sua popularidade começou a decair com a publicação de duas obras – *Do Contrato Social* e *Emílio, ou da Educação*. Os livros foram recebidos com grande controvérsia e clamor, o que incluiu a queima de seus textos, tanto em Paris como em Genebra, fazendo com que a monarquia francesa ordenasse sua prisão. Na obra *Contrato Social*, Rousseau expõe seu ideal político, afirmando que **os governantes deveriam dirigir o Estado de acordo com a vontade do povo. Propunha, dessa maneira, um governo no qual o povo participasse politicamente, e a vontade da maioria determinasse as decisões políticas**. Há, porém, um importante detalhe: a Democracia que Rousseau defende é de caráter limitado. Ele não acha possível basear o regime na ideia da igualdade COMPLETA dos cidadãos. Segundo ele, MULHERES e ESTRANGEIROS não devem ter voz ativa no destino do povo. Ou seja, só deve haver Democracia, com liberdade limitada. O ideal político do filósofo de Genebra aproxima-se da aristocracia eletiva da Inglaterra do século XVIII.

Prezado leitor: Somente quando a Humanidade tiver atingido o seu estado crístico, serão superadas as formas atuais de governo, em todo o planeta. Infelizmente, hoje só se conhece a *monocracia* e a *democracia*. Nesta, o povo é governado pelo povo, através de um indivíduo – o presidente –, eleito pelo povo. Se 100% do povo elegesse o presidente, e este governasse de acordo com a vontade do povo, teríamos a Democracia Ideal. Mas isso não acontecerá enquanto imperar, no planeta Terra, o *ego avassalador*. Ora, não é possível que 100% do povo concorde com a eleição de uma única pessoa como presidente, já que o ego é dispersivo e contrário a outros egos. Em outras palavras, somos individualidades com zonas de compreensões diferentes. Resultado? A parte do povo que votou em um candidato que não foi eleito é governada por um homem (ou mulher) que não pertence a essa parte do povo.

A Democracia Ideal, que fará parte da Terra regenerada, em um futuro não longínquo, a qual é superior por sua própria natureza, só é possível no caso de todos, ou muitos Homens, guiarem-se pela consciência cósmica, e não mais pelo ego (da personalidade). Na Democracia Ideal, a consciência de todos não se contradiz. Expliquemos: tomando cada consciência como uma linha, todas as consciências são paralelas na sua essência, nada obstante sejam diferentes na sua existência. Sabendo que a geometria diz que duas linhas paralelas jamais se encontram, na Democracia Ideal não há possibilidades de conflitos, porque cada cidadão seria como uma linha independente das outras, mas não contrária. Assim sendo, persistiria a diversidade do ego (da personalidade), contudo orientado pelo Eu (pela individualidade) unificador.

A unidade constitui o fundamento da nossa fraternidade, pois *fraternidade* é a palavra que inclui toda a nossa ética. Toda verdadeira conduta tem sua raiz na Lei de Amor. Enquanto houver necessidade de uma lei externa, aquela lei será a medida de nossa imperfeição. Apenas quando não for necessária lei alguma, quando a natureza expressando-se espontaneamente for uma com a Lei Divina, a Humanidade estará aperfeiçoada espontaneamente, e a liberdade e a lei tornar-se-ão unas.

Posto isso, na Democracia Ideal não haverá leis escritas, pois cada cidadão traz dentro da sua consciência a constituição cósmica do Universo, que o orienta com infalível precisão. Na Democracia Ideal, a sociedade humana tornar-se-á justa naturalmente, estruturada pela ética condutora, pela moral dignificante, pela compreensão desobstruidora, pela fraternidade progressiva e pela solidariedade consoladora. Não são esses os preceitos crísticos que o Espiritismo patenteia quando traz o Evangelho de Jesus redivivo?

O jornalista e escritor Luciano dos Anjos (1933-2014), espírita por convicção, em sua obra *O Atalho*, p. 55, diz que "Rousseau constituiu exceção honrosa entre os que buscaram abalar o obscurantismo escolástico da Idade Média com suas terríveis armas da negação absoluta ou mesmo relativa", seja pelo materialismo seja pelo ceticismo. Conquanto os temas mais comuns, ao longo dos textos filosóficos mais importantes de Jean-Jacques Rousseau, relacionem-se às ideias de liberdade, moralidade e o estado natural, e seu trabalho tenha lançado as bases da Revolução Francesa e da norte-americana, vale a consideração de que, entre os iluministas, continua Luciano dos Anjos, "**com seu cristianismo sincero**, ele [Rousseau] jamais partilharia das atrocidades que resultaram na explosão do 14 de julho" de 1789.

O esclarecimento revelador deste último parágrafo (contrário a muitos escritores respeitosos, que dizem ter sido Rousseau o maior inspirador da Revolução Francesa, no clamor pela liberdade que possuía), não poderia vir de alguém mais credenciado que Luciano dos Anjos. Ora, é o mesmo Espírito que em 12 de julho de 1789 subiu em uma cadeira do Café Foy, localizado na Galerie Montpensier do Palais Royal, em Paris, quando estava reencarnado na personalidade de Camille Desmoulins (1760-1794) – também jornalista entusiasta das ideias liberais –, e acendeu o pavio que incitou a multidão, em Paris, a tomar o poder dois dias depois, resultando na tomada da Bastilha – cidadela que durante dois séculos serviu de defesa contra os ingleses, passando depois à prisão do Estado Francês.[8]

Luciano dos Anjos foi um espírita honrado, de lucidez e inteligência incomuns; foi um notável escriba que, mesmo trazendo luz em seus textos, muitos ainda (infelizmente) não o entenderam. O médium e orador espírita Divaldo Pereira Franco, que tem nosso máximo respeito, e não precisa de louvaminhas, sempre quando o assunto diz respeito a Luciano dos Anjos, aduz: "Ele foi o profeta incompreendido".

Quanto à sua obra – *Emílio, ou Da Educação* – ninguém melhor do que ele mesmo – Jean-Jacques Rousseau – para dar o testemunho da literatura supracitada, como também confessar, em poucas palavras, algumas de suas ações enquanto encarnado. Uma parte da mensagem que colocaremos a seguir, assinada pelo próprio Rousseau (em Espírito), foi retirada da obra espírita *Correio entre Dois Mundos*, páginas 186/187/188, 2.ª edição da Federação Espírita Brasileira, cuja psicografia é do respeitável médium Hernani T. Sant'Anna:

Digo-lhes, meus amigos, que mesmo quando o agricultor possa merecer reparos, se plantar alguma boa semente, ela germinará e produzirá bons frutos.

De mim, pode-se dizer que errei muito, como homem, e até acusar-me de haver pecado, quase sempre por excesso, nos meus impulsos desbordados, nas explosões dos meus sentimentos sem freio, dos meus entusiasmos sem medida e das minhas atitudes quase sempre nada ortodoxas. Fui, porém, sincero e contínuo a encarar e dizer tudo como tudo me parece.

Certo, tive de retificar muitos dos meus conceitos e de reciclar sem-número de convicções que dantes me pareciam claras e firmes. Algo, porém, jamais me trouxe senão alegrias imensas, os excessos que são visíveis em tudo quanto empreendi.

Refiro-me ao meu amor pelas crianças e ao meu trabalho pelas novas gerações.

Não me importa que se lance até hoje em rosto coisas e fatos de meu humano proceder, que nada têm a ver com as motivações maiores e com as realidades mais profundas de minha alma e de minha tarefa.

Emílio gerou um mundo, despertou o interesse de grandes almas, inspirou Espíritos de escol e desatou a revolução promissora e feliz que abriu no mundo a era da Escola Nova.

Com essa autoridade, com esse título de quem de fato amou e quis servir, apresento-me agora, diante de vós, nesta Augusta Casa [Federação Espírita Brasileira], para, na posição de companheiro em serviço, dizer-vos que tudo o que vindes fazendo repercute nos Céus e vai multiplicar bênçãos fecundas no Grande Amanhã da Terra.

Claro que falo do vosso trabalho educacional, a prol da infância – essa gleba espiritual de característicos divinos, que não pode nem deve jamais perder a prioridade absoluta em vossas cogitações e em vossos esforços construtivos.

Vejo agora que, mesmo quando errei, acabei acertando no essencial, sob a ação do pensamento celeste, porque mesmo os maus e os pervertidos renascem na face do planeta inconscientes da sua maldade e da sua perversão, em condições de serem reeducados e recambiados ao bem.

Ainda que todos os sacrifícios e todos os programas de redenção humana falhassem na obra cristã de salvação dos seres humanos, restaria a oportunidade de tudo reconstruir a partir das crianças – as sementes divinas na Humanidade renascente...

Ainda em 1762, Rousseau, depois das perseguições sofridas, saiu da França e foi morar na cidade suíça de Neuchâtel, onde renunciou à cidadania de Genebra e também começou a trabalhar em sua famosa biografia – *Confissões*. Nessa obra, desabafa, diante de si e do mundo, todas as suas misérias internas, quiçá por um impulso do subconsciente de encontrar a sua libertação psíquica. Segundo Rousseau, e nós concordamos com ele, a consciência e a emoção são fatores fundamentais da religião e da moral. Para ele, a inteligência não pode atingir a Deus, pois somente pelo coração e pelo sentimento espiritual é que o ser humano pode ter noção de Deus e do mundo divino. Não existem privilégios espirituais, porquanto toda criatura humana, sem exceção, pode entrar em contato com Deus, desde que venha a criar em si o necessário ambiente para essa experiência divina. Segundo Rousseau, a religião não é nem católica nem protestante, mas sim **puramente natural e humana**.

Quanto às suas ideias sobre a educação, são no mínimo diferentes (para não dizer: únicas) de seus antecessores, do século XVIII, bem como de seus sucessores, até o advento do Espiritismo. Para que tenhamos uma noção, Rousseau influenciou poderosamente o pedagogo e educador suíço Johann Heinrich Pestalozzi (1746-1827). Este, influenciou muito a educação, acreditando que ela podia elevar o homem e aperfeiçoar a sociedade. Dentre suas frases famosas, aqui destacamos duas: "O amor é o eterno fundamento da educação" e "Formai primeiro o espírito para, depois, instruí-lo". Qualquer espécie de formalismo, tradicionalismo e artificialismo educacionais era rejeitado por Pestalozzi, que, por sua vez, teve Rousseau como inspiração. Para este, a educação individual e natural é o ideal a ser alcançado. E mais: educar não é encher de conhecimentos a cabeça do educando, em detrimento de seu corpo ou de sua alma. O ser humano perfeitamente educado é aquele cujo ser total – espírito, mente e corpo – é desenvolvido paralela e harmoniosamente, com perfeito equilíbrio de todos os seus componentes.

Em 1765, Rousseau foi morar na Inglaterra a convite do filósofo David Hume. Em 2 de julho de 1778, enquanto atravessava um campo de milho, provavelmente na comuna francesa de Ermenonville, pegou uma insolação, caindo inerte no chão, e morreu subitamente. Dentre vários escritores famosos, Victor Hugo (1802-1855) sentiu o poder das ideias de Rousseau. Malgrado seus erros e suas fraquezas de caráter, Jean-Jacques Rousseau pode ser considerado um poderoso fator cultural no drama da Humanidade em marcha. A prova disso encontra-se na contribuição que o filósofo de Genebra trouxe à Terceira Revelação, quando dissertou, espontaneamente, sobre a importância do Espiritismo no porvir. Allan Kardec exarou a mensagem do filósofo francês, a quem possa interessar, em *O Livro dos Médiuns*, capítulo XXXI, item III.

Falaremos, a seguir, de um gênio da Humanidade que, a seu turno, também amava Rousseau – Immanuel Kant.

Immanuel Kant

Immanuel Kant (1724-1804) nasceu durante o Iluminismo, em Königsberg, na isolada província alemã da Prússia Oriental. Atualmente, é a cidade de Kaliningrado, na Rússia. À época, Königsberg tinha apenas 50 mil habitantes. Era o quarto filho da família, constituída de cinco irmãs e um irmão mais novo. Kant foi educado em um rigoroso ambiente pietista, e dos oito aos dezesseis anos de idade frequentou a escola local, onde sua inteligência excepcional e sua imensa sede pelo conhecimento eram incompatíveis com a educação religiosa que recebia. E foi nesse período, em 1737, aos treze anos de idade, que Kant tornou-se órfão de mãe. Um ano depois, com quatorze anos de idade, confessado por ele mesmo, teve as primeiras experiências da sexualidade.[9]

Em 1740, aos 16 anos, inscreveu-se na Universidade de Königsberg, para estudar Teologia. Logo se cansou dela, e começou a mostrar enorme interesse pela Matemática e pela Física. Leu Newton (1643-1727), que abriu seu olhos para as implicações filosóficas das novas descobertas da ciência e para os grandes progressos, então alcançados, da Astronomia à Zoologia. Salientamos que malgrado as grandes conquistas de Isaac Newton tenham sido em Física e Matemática, no século XVII esses assuntos eram considerados parte da filosofia – uma espécie de filosofia natural.[10]

Em 1746, portanto com vinte e dois anos de idade, seu pai desencarnou. Kant ficou sem recursos financeiros, e foi forçado a abandonar a universidade sem obter diploma. Desde então, começou a trabalhar como professor particular para famílias ricas nas áreas rurais vizinhas, ficando nessa atividade durante os nove anos seguintes.

Em 1755, depois de ter ganhado dinheiro suficiente para sobreviver, além de ter recebido ajuda de um anônimo benfeitor pietista, Kant pagou sua faculdade, e, com trinta e um anos de idade, finalmente pôde se graduar pela Universidade de Königsberg, Agora, ele estava em condições de exercer um cargo na universidade, como professor-auxiliar. Nesse posto, ele ficaria pelos próximos quinze anos. Durante esse período, Kant ensinou Matemática e Física, além de ter publicado tratados sobre uma série de assuntos científicos, quais sejam: vulcões, natureza dos ventos, causas de terremotos, incêndios, o envelhecimento da Terra, Antropologia e até mesmo sobre os planetas que, em sua previsão, seriam todos habitados um dia, sendo que os mais distantes do Sol desenvolveriam as espécies de maior inteligência.

Observe, caro leitor, que doutrina singular é o Espiritismo! Somente a intuição – mãe da inspiração –, tão bem estudada por Allan Kardec, em *O Livro dos Médiuns*, pode explicar o quanto Kant foi intuído ao dizer que os planetas mais distantes da nossa estrela desenvolveriam seres de maior inteligência. A prova disso é que mais tarde, na sessão de 23 de dezembro de 1859, transcrita na *Revista Espírita* de março de 1860, Kardec recebeu a comunicação de um Espírito que se identificou como Hettani – um dos que presidem a formação das flores e as diversidades de seus perfumes –, dizendo que é nos planetas superiores que os Espíritos são felizes. E mais: que em "Júpiter [diz ele], nossas flores soltam sons melodiosos e nós fazemos moradas aéreas, das quais só os ninhos de colibris podem vos dar uma fraca ideia. Eu vos farei a primeira vez a descrição de algumas dessas flores, magníficas, não, mas sublimes e dignas dos Espíritos elevados aos quais servem de moradas."

Ademais, na *Revista Espírita* de outubro de 1860, o Espírito Georges, pela médium Costel, afirma, entre tantas outras riquezas de detalhes, que "Júpiter é, sem dúvida, o planeta mais desenvolvido do Sistema Solar, somente habitado por Espíritos da Segunda Ordem". Portanto, Kant estava certo quando captou as informações (revelações), via intuição, sobre a habitação deles os mundos do Sistema Solar e da relação direta entre a distância e a nossa estrela-mãe. É sabido, entretanto, que mesmo não sendo Júpiter o planeta mais distante do Sol, está ele mais longe da nossa estrela que os planetas Mercúrio, Vênus, Terra e Marte. Outrossim, Saturno, Urano e Netuno, que são mais distantes do Sol do que Júpiter, também são habitados por Espíritos mais evoluídos do que os da Terra, segundo o Espírito Georges.

Entrementes, acontece um episódio estranho na vida de Kant: ele escreveu um livro cujo título era *Os Sonhos de um Visionário Explicados pelos Sonhos da Metafísica*. O visionário da obra dizia respeito ao polímata e espiritualista sueco Emanuel Swedenborg (1688-1772). O filósofo de Estocolmo ficou famoso pelas descrições de suas longas viagens, através do *Céu* e do *Inferno*. Em 1756, Swedenborg havia publicado sua obra-prima, em oito volumes – *Arcana Coeles-*

tia. Em dez anos, apenas quatro exemplares foram vendidos; um deles foi comprado por Kant. Como o Espiritismo ainda não havia sido desvelado na Terra, esses volumes, que exerceram enorme influência sobre Kant, só podiam ser entendidos como *ocultismo metafísico*.

Para a Doutrina Espírita, entretanto, Swedenborg assume papel importantíssimo no estudo dos fenômenos mediúnicos. Por exemplo: é célebre a carta de Kant enviada à senhora De Knobich. Nela, Kant declara que a senhora Harteville, viúva do embaixador alemão em Estocolmo, obteve por intermédio do Barão de Swedenborg uma comunicação de seu marido, já falecido, que dizia respeito a um documento precioso que não fora possível encontrar, apesar de repetidas buscas; estava guardado em uma gaveta secreta, cuja existência foi revelada pelo marido desencarnado, e que somente ele sabia do paradeiro.

O famoso incêndio de Estocolmo, visto e descrito por Swedenborg, na hora exata do acontecimento (às 18h), estando na cidade de Gotemburgo (portanto, a 480 quilômetros de distância da capital sueca), é também uma prova do vigor de sua faculdade de *dupla vista*, tão bem explicada em *A Gênese*, capítulo XIV, item II. Ah! Se Kant tivesse nascido depois da Codificação Espírita! Saberia compreender perfeitamente os fenômenos e que, em verdade, Swedenborg não passava de instrumento dos Espíritos.

No que diz respeito à doutrina de Swedenborg, narrada em *Arcana Coelestia*, Allan Kardec, na *Revista Espírita* de novembro de 1859, diz ter ela deixado muito a desejar, não obstante o filósofo de Estocolmo tenha sido um dos homens mais eminentes do século XVIII. Aliás, o próprio Swedenborg (já na condição de Espírito desencarnado) deu o veredicto do que escrevera enquanto encarnado. Reproduziremos a seguir, e na íntegra, sua mensagem recebida no dia 16 de setembro de 1859, e que o mestre lionês colocou-a na *Revista Espírita* de novembro do mesmo ano:

Meus bons amigos e crentes fiéis, desejei vir para vos encorajar no caminho que seguis com tanta coragem relativamente à questão Espírita. Vosso zelo é apreciado do nosso mundo dos Espíritos: prossegui, mas não vos dissimuleis que obstáculos vos entravarão ainda algum tempo; os detratores não vos faltarão, mais do que não me faltaram. Eu preguei o Espiritismo há um século, e tive inimigos de todos os gêneros; tive também adeptos fervorosos; isso sustentou a minha coragem. Minha moral Espírita, e minha doutrina não deixam de ter grandes erros, que hoje reconheço. Assim, as penas não são eternas; eu o vejo: Deus é muito justo e muito bom para punir eternamente a criatura que não tem bastante força para resistir às suas paixões. É o que digo igualmente do mundo dos Anjos, que se prega nos templos, não era senão uma ilusão de meus sentidos: eu acreditei vê-lo; estava de boa-fé e o disse; mas eu me enganei. Vós estais, vós, num melhor caminho, porque estais mais esclarecidos do que se estava em minha época. Continuai, mas sede prudentes para que os vossos inimigos não tenham armas muito fortes. Vedes o terreno que ganhais cada dia, coragem, pois! Porque o futuro vos está assegurado. O que vos dá a força, é que falais em nome da razão. Tendes perguntas a me dirigir? Eu vos responderei.

Pois bem. Allan Kardec tinha, sim, perguntas a fazer para Swedenborg, e as fez. Mas, não as colocaremos aqui, por razões óbvias de espaço (exíguo) e objetivo deste livro. A despeito disso, deixaremos o leitor à vontade para se debruçar nas questões que o insigne Codificador do Espiritismo fez ao filósofo sueco, e que estão também na *Revista Espírita* de novembro de 1859, logo após a mensagem recebida.

Antes de voltarmos à existência de Kant, propriamente dita, traremos o esboço do quadro filosófico-científico na primeira metade do século XVIII. Ei-lo: a ciência e a filosofia estavam ressentidas do grande abalo causado por duas correntes ideológicas opostas, a saber: a escola empírica, que culminara no ceticismo universal de David Hume e, por outro lado, o romanticismo filosófico de Jean-Jacques Rousseau. Seria possível conciliar essas duas ideologias, a princípio diametralmente opostas?

Kant se interessou, profundamente, pela leitura de Hume. Ficou impressionado com a insistência do filósofo escocês na experiência, como base de todo o conhecimento. Como já vimos nesta Parte, Hume fora um rigoroso empirista. Segundo ele, tudo que experimentamos é uma sequência de percepções, significando que noções de causa e efeito, e até mesmo a mão controladora de Deus em todas as coisas são meras suposições ou crenças, porque nenhuma delas é, de fato, experimentada. Mas o apelo emocional de Jean-Jacques Rousseau também tocou, sobejamente, Kant. Por ter sido o primeiro dos românticos, Rousseau foi o menos acadêmico de todos os filósofos iluministas, crendo mais, como já vimos alhures, **na expressão pessoal, através da emoção, do que no pensamento racional**. Havia algo no filósofo suíço que tocou a personalidade de Kant, em suas emoções tão reprimidas. Como, então, o espírito individualizado, constituído de raciocínio, pôde entrar em contato com o objeto cognoscível? Será por meio dos sentidos e do intelecto, conforme preconizou Hume, ou por meio do coração e dos sentimentos, segundo Rousseau? Kant conseguiu mesclar a inteligência e o coração, esclarecendo às gerações futuras as bases sólidas para uma certeza, tanto científica como espiritual. Esta foi, sem embargo, sua missão peculiar, que, por sua vez, realizou com denodo.

Em 1770, com quarenta e seis anos de idade, Kant foi nomeado professor, agora catedrático, de Lógica e Metafísica, na Universidade de Königsberg. Ficaria ensinando, nesta Universidade, até sua aposentadoria, em 1796. Um dia (finalmente para a Humanidade), quando estudava a obra de Hume – *Investigação Sobre o Entendimento Humano* –, captou a intuição de como podia construir um sistema e responder ao ceticismo destrutivo de Hume, que, por sua vez, ameaçara destruir a Metafísica para sempre. Daquele ano, até 1882, passaria em sua filosofia, com uma disciplina (ou rotina?) de causar inveja. Suas constâncias de hábitos ficaram famosas. Acordava, tomava café, escrevia, dava aula, jantava, caminhava; tudo isso era feito, sempre, em horário estabelecido pelo próprio Kant. Quando ele saía, com seu casaco cinzento, bengala na mão, e surgia à porta de sua casa, e caminhava em direção à pequena avenida repleta de tílias, os vizinhos sabiam que o relógio marcava, exatamente, três e meia da tarde.[11] "Metódico e disciplinado – diz o Espírito Áureo na obra *Universo e Vida*, no capítulo X – [Kant] só suspendia seus passeios diários sob as tílias, para ler Rousseau." E foi pela obra *Émile*, do filósofo de Genebra, que Kant se deixou absorver de tal maneira, ao ponto de perder seu(s) *passeio(s) filosófico(s)*, ainda hoje denominado.[12]

Em 1781 (finalmente), iniciou-se a grande era da metafísica alemã, em toda sua arrogância e prolixidade. Com cinquenta e sete anos de idade, Kant publicou a *Crítica da Razão Pura*, de oitocentas páginas, com um estilo de escrita notoriamente prolixo e difícil; uma terminologia típica, muitas vezes de difícil compreensão. O que Kant chama de *razão pura* é o intelecto analítico, que serve de matéria-prima fornecida pelos sentidos, para arquitetar o mundo científico. Ora, os empiristas afirmavam que **todo conhecimento deve corresponder à experiência**; Kant, de forma brilhante, inverteu a afirmação, declarando **que toda experiência deve corresponder ao conhecimento**. Neste ponto, especificamente, discordou de Hume. Por *razão pura*, Kant pretende designar uma razão *a priori*; ou seja, **alguma coisa que se pode saber anteriormente à expe-**

riência. Por *razão pura*, baseada nos dados empíricos dos sentidos, o ser humano adquire noção do mundo externo, fenomenal, concreto, individual, finito, relativo. Isto é *ciência,* sinônimo de conhecimento.

Entrementes, Kant continuava sua vida de rotina severa, com uma vida social bem diminuta. **O pensamento era sua vida.** Não fosse Kant um Espírito menos revolucionário; não fosse ele um titã demolidor de mundos; tivera ele uma natureza pacatamente burguesa, certamente teria constituído, em Königsberg ou em qualquer outro lugar, o seu larzinho tranquilo e levado uma vida *humanamente feliz*, nos braços da dedicada amada e, talvez, recebendo os meigos carinhos de seus filhos. Mas não; para um Espírito como Kant, pensar era uma forma de se nutrir. Em verdade, o intento de Kant era mais se conhecer do que conhecer qualquer outra pessoa.

Em 1788, Kant publicou sua *Crítica da Razão Prática*, na qual desenvolve a sua **teoria da moral**. O que ele entende como *razão prática* é a faculdade intuitiva, já abordada nos parágrafos anteriores. Graças ao Espiritismo, conseguimos entender que a maioria do gênero humano AINDA não atingiu esse estágio de evolução da chamada *razão prática* (intuição), que, diferentemente da *razão pura* (analítica e sucessiva), apreende o seu objeto de forma sintética e simultânea, como que num lampejo súbito ou numa visão instantânea, fora do tempo e espaço. Pela *razão prática* entra o ser humano em contato com o mundo interno, numenal, abstrato, universal, infinito, absoluto. Isto é sapiência ou "sabedoria" – sinônimo de consciência.

A *Crítica da Razão Prática* é dedicada à parte ética do sistema de Kant, **fazendo compreender o mundo dos costumes e orientar o ser humano em suas ações**. Para tanto, procurou os *alicerces* da moralidade, muito mais do que seu conteúdo. Kant, então, concluiu que a vontade humana é verdadeiramente moral, quando regida por **imperativo categórico**, voltado para a realização da ação, tendo em vista o DEVER. Mas o que seria esse **imperativo categórico cujo objetivo é o cumprimento do dever**? Antes de responder, objetivamente, esse questionamento, salientamos que malgrado a vida do filósofo de Königsberg tenha sido solitária, monótona e descolorida, ele foi intimamente feliz. Kant tinha plena convicção de que tudo depende da obediência incondicional ao **imperativo categórico do dever**, pois nada que lhe viesse de fora o podia fazer infeliz, visto que a única fonte e o centro da felicidade estavam dentro dele. Ousamos dizer que Kant foi o Zenon da Filosofia contemporânea.

O agir moralmente, para Kant, **funda-se exclusivamente na razão. A lei moral que a razão descobre é universal, porque não se trata de descoberta subjetiva, mas do ser humano como criatura racional.** O imperativo categórico de Kant, onde está sua filosofia moral, é a voz de Deus DENTRO do Homem; ou seja, a voz do Eu espiritual. Para Kant, a única coisa que compete ao ser humano é manter sua vida (material) invariavelmente norteada por esta norma universal, eterna, absoluta, infalível – o imperativo categórico. Assim fazendo, o Homem torna-se bom e, com efeito, feliz. E se houver alguma dúvida sobre a licitude ou ilicitude ética de um ato, pede Kant que o homem se pergunte a si mesmo: se isto que estou para fazer se tornasse, por isso mesmo, lei universal, seria bom ou mau para a Humanidade? Se a consciência responde que seria mau para a Humanidade, também é certo que seria mau para o indivíduo, e, com isso, deveria ser evitado.

O filósofo solitário afirmou, e sua frase se tornou célebre em sua ética: "Aja somente de acordo com um princípio que desejaria que fosse ao mesmo tempo uma lei universal". Esse princípio levou Kant a acreditar que deveríamos agir de acordo com nosso DEVER (MORAL), e não conforme nossas emoções. Para Immanuel Kant, é isso uma obrigação que a criatura humana tem, independentemente da sua vontade ou desejo, em nome do DEVER (MORAL), da consciência, do Eu universal, do Deus dentro do Homem.

Assim sendo, Kant declarou que o valor moral de uma ação não deveria ser julgado segundo suas consequências, mas apenas considerando em que medida fora praticada, em nome do dever. Por essa razão, o filósofo prussiano rejeita as concepções morais que predominam, até então, na filosofia grega (salvo Sócrates) e no Cristianismo (institucionalizado), já que estes norteiam a ação moral a partir de condicionantes, tais quais: felicidade ou interesse. Exemplo: não faz sentido, para Kant, agir bem com o objetivo de ser feliz ou evitar a dor, ou ainda para alcançar o céu (católico) ou não merecer a punição divina (o inferno). Na ética de Kant, portanto, não existe BUSCA da felicidade, porque a felicidade é o caminho. Onde encontrá-la? Na obediência ao imperativo categórico, ao Deus interno, em nome do DEVER (MORAL).

Em 1790, aos cinquenta e oito anos de idade, Kant publicou a terceira e última parte de sua obra-prima – a *Crítica do Juízo*. Como havia feito sua teoria da percepção – *Crítica da Razão Pura* – e sua teoria ética – *Crítica da Razão Prática* –, procurou estabelecer uma base metafísica para sua teoria do juízo estético, na obra *Crítica do Juízo*. Nela, Kant argumenta que a existência da arte pressupõe o artista, e que é através da beleza do mundo que reconhecemos um Criador benigno. Disse ele que reconhecemos a obra de Deus nas estrelas do céu, assim como em nossa inclinação interior para fazer o bem.

Não obstante o pensamento de Kant tenha sido importante para fornecer as categorias da moral iluminista racional, acentuando o caráter pessoal da liberdade, ele afirmou em a *Crítica da Razão Pura* que "o conhecimento não podia ultrapassar os limites da sensibilidade".[13] Ora, se ele negou (ou omitiu?) a prova de Deus e da existência de uma alma livre do corpo, em sua primeira obra, Kant também afirmou, em a *Crítica da Razão Prática*, a existência de um *ser necessário*, como pressuposto de toda realidade. Atestou, com isso, uma certeza espontânea e intuitiva da imortalidade. Portanto, os que desejarem conhecer o filósofo de Königsberg, com sua filosofia que só pode ser entendida sobre a base geral da racionalidade cósmica, reconhecerão a força do imperativo categórico como prova da imortalidade. O Espiritismo, porém, apresenta aspectos, em seus fundamentos, que vão além dos limites do criticismo de Kant, como também das teorias racionalistas do século XVIII, porque pôde, sem hesitar, inaugurar o conhecimento do Espírito livre da matéria. E, somente por isso, **constitui-se, sozinha, uma doutrina capaz de solucionar todos os problemas da Metafísica**.

Em 8 de outubro de 1803, Kant teve um derrame brando depois de comer, com exagero, seu queijo inglês favorito. Após quatro meses de debilidade crescente, desencarnou em 12 de fevereiro de 1804. Felizmente, ainda estava encarnado na Terra outro grande pensador iluminista que, a seu turno, traria grande contribuição para a filosofia ocidental. Conhecê-lo-emos a seguir.

Georg Wilhelm Friedrich Hegel

Conforme prometemos no Prefácio desta obra, falaremos um pouco mais sobre Georg Wilhelm Friedrich Hegel (1770-1831). Ele nasceu em Stuttgart, na Alemanha, e, como Kant, também nasceu durante o Iluminismo. Foi uma criança frágil e sofreu várias doenças graves antes de atingir a maioridade. Aos seis anos, foi acometido de varíola e quase desencarnou. Aos onze anos de idade, sobreviveu à febre que se abateu sobre toda a família, inclusive levando a óbito sua mãe. E, ainda na adolescência, a malária o prendeu à cama por vários meses.

Órfão de mãe, o desejo de seu pai era que Hegel se tornasse clérigo. Inscreveu-se, em 1788, aos dezoito anos de idade, no seminário da Universidade de Tübingen, dedicando-se ao estudo de Teologia. Durante a faculdade, fez amizade com Friedrich Hölderlin (1770-1843), helenista apaixonado, que se tornaria um dos mais destacados poetas líricos da língua alemã. Outra amizade constituída na universidade foi com Friedrich Schelling (1775-1854), cuja intensa filosofia romântica da natureza foi precursora da reação do século XIX contra as amarras superficiais do racionalismo. Quando eclodiu a Revolução Francesa, Hegel e Schelling levantaram-se de madrugada para plantar uma *Árvore da Liberdade* na praça do mercado.

Depois que se formou, em 1793, Hegel não tinha intenção de ingressar na Igreja. O que desejava era continuar seus estudos extravagantes, exclusivamente extracurriculares, e, para se sustentar, ministrou aula como professor particular. Isso o levou a ir morar em Berna, na Suíça, onde leu consideravelmente na biblioteca da cidade, levando uma vida assaz solitária. Encontrava alívio quando buscava a natureza dos Alpes suíços. Nesse período, de fato, Hegel sofreu vários abalos depressivos, não por se sentir sozinho, o que é até salutar para todos os filósofos que buscam as verdades eternas neste mundo de calcetas que habitamos. Seus rompantes de nostalgias (abalos depressivos) estavam diretamente ligados à busca do sentido existencial de sua vida material. Comportamento perfeitamente natural aos filósofos que, como Hegel, questionaria: O que o mundo pode esperar de mim? Qual papel tenho no lôbrego proscênio da Humanidade?

Ademais, para a maioria dos encarnados no planeta Terra, a solidão é um dos caminhos e métodos mais valiosos para conduzir o ser humano à interiorização, à vivência dos postulados do amor e da caridade, sintonizando melhor com os ideais do Bem. Basta, portanto, fazermos bom proveito desses momentos em solidão (sozinhos), cujo silêncio é apenas exterior, e a voz de Deus torna-se perceptível na acústica da alma. Assim procedendo, compreenderemos que a solidão é espantosa e sublime, e somente os seres humanos fúteis e/ou iludidos na matéria lhe guardam medo, pois se encontram sozinhos diante dos grandes mistérios da vida, que, por sua vez, e infelizmente, trazem-lhes vertigem.

O leitor consegue entender que as horas de solidão nos são preciosas? Que, na solidão, nossa alma se enriquece e se acumula de fluidos vitais, enchendo-a de força e coragem para o prosseguimento até o final da jornada terrena? Que é nos instantes de solidão, absorvidos em bons pensamentos, quando entramos em contato com os numerosos amigos espirituais que nos esperam do *outro lado* da vida material? Ora, a maior e a mais profunda das solidões é aquela que experimentamos no bulício de uma sociedade cujos sentimentos são opostos aos nossos, e cujo ideal é o reverso daquele a que nossa alma aspira.

Sob uma visão à luz da psicologia profunda, estar em solidão (sozinho) não significa sentir-se solitário. Só se sente solitário quem não é solidário com Deus (com as leis divinas). "O Homem solitário é alguém que se receia encontrar, que evita descobrir-se, conhecer-se, assim ocultando a sua identidade na aparência de infeliz, de incompreendido e abandonado."[14] Não era esse o estado psicológico de Hegel por ocasião de sua residência em Berna, na Suíça, porquanto ali mesmo Hegel encontrou inspiração para oferecer-nos uma deliciosa composição integral das passagens evangélicas, em sua obra *Vida de Jesus* (1795), abstendo-se de comentários, redigindo-a com seu rebuscado vocabulário germânico, e vestindo-a com elegância e correção apreciáveis. Portanto, já com vinte e cinco anos de idade, demonstrou ser um filósofo espiritualista, sem, com isso, afirmar em alguma de suas obras a imortalidade da alma e, muito menos, a reencarnação.

Em 1796, seu amigo Hölderlin lhe conseguiu um emprego, como professor, em Frankfurt, na Alemanha, local onde o poeta então morava; e para lá Hegel se mudou. Todavia, quando lá chegou, descobriu que Hölderlin estava apaixonado pela esposa de um banqueiro – Jacó Gontard (?-†), cujo nome era Susete (?-†). Mais uma vez, Hegel viu-se sozinho. Para ocupar seu tempo, e não ficar em melancolia, passou a estudar ainda mais. E quem se dedica a estudos como os de Hegel recebe, além da inspiração dos benfeitores espirituais, intuições captadas diretamente dos planos siderais. E foi o que aconteceu: durante os anos solitários em Frankfurt, teve uma visão mística profunda (não confundir com misticismo), que lhe deu uma **percepção da unidade divina do Cosmo, onde toda divisão finita era vista como ilusória, tudo era interdependente e a realidade última era o Todo.**

Nesse período, há de se considerar, Hegel estava lendo Spinoza, cuja filosofia o influenciou sobremaneira. Basta considerar que para Hegel, Deus – o Absoluto – não produz energia e vida, mas sim Ele é a Energia e a Vida, em diferentes estágios. Deus não transcende a capacidade da razão humana, pois podemos, pela razão, compreender a Deus, porque Ele é imanente no ser humano, como já escrevemos na Parte III deste livro. Embora não possamos compreender a natureza íntima de Deus, vamos compreendendo-O melhor à proporção que nos elevamos acima da matéria, e entrevemo-Lo pelo pensamento (razão), conforme explicação dos Espíritos, em *O Livro dos Espíritos*, na questão 12 mais precisamente.

A Razão Cósmica, Deus e o Absoluto são o mesmo. **A Razão, em si mesma, é uma realidade objetiva, que se apresenta no ser humano como faculdade subjetiva.** As *categorias* ou *juízos* de Kant – quantidade, qualidade, relação e modalidade –, desprovidos de conteúdo, pois são apenas modos de *perceber* e *pensar*, para Hegel são as próprias leis do ser humano. Melhor dizendo: *pensar e ser*, para o filósofo de Stuttgart, são essencialmente idênticos, e apenas gradualmente diversos. Portanto, as categorias de Kant não são moldes vazios que recebem o seu conteúdo de fora, mas são formas substanciais que criam e produzem o seu conteúdo de dentro de si mesmas.

E essa espontânea evolução, de dentro para fora, dos processos racionais, da potência para o ato, do raciocínio para a vivência prática, é o que Hegel chama *método dialético*.[15] A dialética (de *diá* = através, e *lego* = pensar) é lógica imanente nas coisas e o uso dela para o ser racional. A **lógica e a metafísica de Hegel** diz que o Universo (o "espírito do mundo") é **essencialmente racional**; e, naturalmente, cada ser humano percebe essa racionalidade cósmica segundo sua capacidade subjetiva. Isto é, segundo seu estado evolutivo moral e, com efeito, espiritual, já que estará mais próximo do Absoluto (Deus). Hegel, depois de sua **visão profunda da Realidade**, decidiu abandonar distrações como poesia, a manutenção de um diário sob a forma de enciclopédia, passando a se dedicar inteiramente à filosofia. Daí em diante, passaria o resto de sua existência física articulando sua **visão mística do Cosmo**, conferindo--lhe uma base intelectual e racional.

Em 1799, o pai de Hegel desencarnou, deixando uma pequena herança para ele, o que lhe fez possuir apenas o suficiente para viver. Teve a ideia de escrever para seu amigo Schelling, perguntando se poderia lhe recomendar uma cidade alemã onde pudesse viver modestamente. Na época, Schelling era estrela pre-coce do corpo docente da Universidade de Jena, e, com esse cargo conseguiu convencer Hegel a se juntar a ele. Em 1801, Hegel chegou a Jena, e tornou-se livre-docente na Universidade da cidade alemã, cuja remuneração depende da quantidade de alunos que frequentam as aulas. Cabe salientar que no final do século XVIII a Universidade de Jena era a mais atraente e brilhante da Alema-nha, pois a cidade era um epicentro artístico e intelectual.

Apesar do espantoso aumento de alunos em suas aulas – chegando a onze docentes –, Hegel começou a ficar sem dinheiro, mas optou a se recusar pelo mais fácil. Era um homem íntegro, e nem por um momento sentiu-se tentado a tornar suas exposições compreensíveis, e até mesmo interessantes, para agra-dar os alunos, e, com isso, arrebanhar mais. Começava, então, a formular seu grande sistema, e parece tê-lo desenvolvido à medida que prosseguia aplican-do-o a seus alunos. Napoleão (1769-1821) ampliava, pouco a pouco, seu domí-nio sobre a Europa, e o conflito com a Prússia era inevitável. Em 1806, as tro-pas francesas, marchando sobre Jena, venceram a batalha. Após esta, a Univer-sidade de Jena foi obrigada a fechar, e Hegel viu-se mais uma vez sem dinheiro.

No ano seguinte, em 1807, por fim, Hegel chegou ao ápice de sua maturi-dade psicológica, publicando um de seus livros mais famosos e mais comple-xos – *Fenomenologia do Espírito* –, onde descreve **o processo lógico mediante o qual a mente humana emergiu da consciência, através dos estágios da auto-consciência, da razão e do espírito, até o Conhecimento Absoluto**. Baseando--se nessa ideia, que já explicamos nos parágrafos anteriores, foi que Hegel criou seu grande e abrangente sistema – o método dialético. Este – como já vimos no Prefácio desta obra, e não custa relembrar – começa com uma *tese*. Exemplo: *existência*. Segundo Hegel, esta é vista como inadequada e incompleta, porque, para Hegel, quando contemplamos a noção de *existência*, ela provoca o surgi-mento do seu oposto, sua *antítese* – *não existência*. Esta, por sua vez, também é vista como inadequada e, então, os dois opostos – *tese* e *antítese* – juntam-se para formar uma *síntese*, que, no caso, chamaremos de *tornar-se*. Esta síntese conserva o que há de racional, tanto na tese quanto na antítese, e pode, a seu turno, transformar-se em outra tese. Isso faz com que o processo possa ser repetido, em uma série de tríades, crescendo a domínios cada vez mais racionais. E, à medida que se torna mais racional, torna-se mais espiritual. E quanto mais se torna espiritual, mais fica consciente de si mesmo e de seu próprio significado. Esse processo converge para o Conhecimento Absoluto, que é o espírito conhecendo-se como espírito.

Com outras palavras, a lógica, para Hegel, é o estudo do pensamento, e a mente é a realidade última, alheia das formas particulares das quais se reveste no mundo natural. Ou seja, é a mente que dá forma ao mundo. Dessa maneira, um estudo de como a mente funciona (geradora de pensamentos) revelará como o mundo funciona. Neste idealismo, o filósofo prussiano conclui **que não há realidade objetiva independente do pensamento**. Por isso, na *Fenomenologia do Espírito* o filósofo de Stuttgart sustenta **que o pensamento é a realidade objetiva e vice-versa**. Isto é, **quando a lógica se dirige para ao pensamento, ela também se dirige à Realidade**. Assim, a dialética de Hegel – com seu método de tese, antítese e síntese – possui tanto forma como conteúdo. Ela funciona como a mente funciona e, com efeito, a verdade como ela é.

Mesmo com a publicação de sua grandiosa obra, Hegel ainda estava falido. Ele começou a procurar emprego, e, não muito tempo depois, ainda em 1807, vai para Bamberg, na Alemanha, trabalhar como editor do jornal da cidade. No ano seguinte, em 1808, tornou-se diretor de um colégio em Nuremberg. Nesse cargo, em que Hegel permaneceria até 1816, proporcionou-lhe tempo livre suficiente para prosseguir sua obra filosófica, e mais: para se apaixonar. A jovem, de apenas dezoito anos, chamava-se Marie von Tucher (1791-1855), descendente de uma respeitável família de Nuremberg. Em 1811, casaram-se e tiveram dois filhos – Karl (1813-1901) e Immanuel (1814-1891). Será que Hegel gostava, realmente, de Kant? Deixaremos o leitor chegar às suas próprias conclusões.

E foi também nesse período de oito anos, morando em Nuremberg, que Hegel escreveu sua segunda obra – *Ciência da Lógica*. Essa obra, por incrível que possa parecer, não toca nos dois assuntos mencionados em seu título. Quando falava de ciência, Hegel queria dizer Metafísica; e quando dizia lógica, pretendia se referir a seu *método dialético*. Portanto, isso era para ele a **ciência de**

sua lógica, já que tudo era subordinado ao seu *método dialético*. Mas por incrível que possa parecer, foi a *Ciência da Lógica* que tornou o filósofo de Stuttgart famoso. A Universidade de Heidelberg, depois que Hegel publicou a primeira parte do livro, ofereceu-lhe cargo de professor; e em 1816, para lá ele se mudou. Na obra mencionada, linhas acima, Hegel adotou o enfoque histórico da filosofia que, como o leitor já leu, em nosso Prefácio, também fizemos por meio de um resumo do conteúdo da obra *Ciência da Lógica*, quando abordamos a História como uma realização divina.

Dois anos se passaram, e em 1818 Hegel aceitou a oferta de um emprego na capital da Prússia – Berlim –, onde se tornou professor de Filosofia, já que o cargo estava vago devido à morte do também filósofo e idealista alemão – Johann Gottlieb Fichte (1762-1814). Em Berlin, Hegel ficaria durante os treze anos seguintes. Suas aulas eram preenchidas por centenas de alunos. Falando de forma eloquente, que chegava a levar seu discurso acima das quase sempre conflitantes teses e antíteses, podemos afirmar, sem embargo, que **Hegel falava mediunizado, já que nesse estado facunda, sempre precedido por uma irrupção de tosse, também acabava com outro acesso de tosse. E mais: era visto, depois das inspiradas aulas, inteiramente absorto e esquecido da presença dos próprios alunos.** A influência filosófica de Hegel fora tamanha, que se estendeu pelas universidades alemãs sob a forma de *hegelianismo*. Hegel tornou-se o filósofo oficial do estado prussiano.

Em 1821, publicou *A Filosofia do Direito*, dissertando sobre a política e os direitos da sociedade. O indivíduo, máximo em quantidade, mínimo em qualidade, na escala ascendente de valores é o menos importante. Acima do ser humano está a sociedade civil (o Estado). Por cima do indivíduo e do Estado está Deus, com o qual o indivíduo está em contato, por intermédio do Estado – emissário da Divindade perante os componentes da sociedade estatal. Em suma, o Estado é o superior imediato do indivíduo; Deus é o superior absoluto do Estado e do indivíduo. O Estado é, portanto, o representante visível do Deus invisível, na sociedade civil. Deus deve governar o Estado, assim como o Estado deve dominar o indivíduo. O filósofo prussiano, com isso, estabeleceu uma hierarquia de valores em linha ascendente.

Democracia, para Hegel, é massa sem elite, quantidade sem qualidade, multiplicidade sem princípio de unidade. E o que confere unidade, coesão e dinâmica a um povo não são os indivíduos, mas é o Estado que, por sua vez, reduz a pluralidade quantitativa do povo a uma unidade qualitativa. E somente da unidade se pode esperar ordem e progresso. Até aí Hegel está perfeitamente correto. Com o que não concordamos é o modo pelo qual ele defende para que isso aconteça. Para Hegel, é necessário que haja, da parte do Estado, *autoridade absoluta*, e, da parte do povo, *obediência incondicional*, pois o fim supremo, na Terra, é o Estado. O cidadão não passa de um meio, de uma engrenagem na grande máquina estatal, cuja função é servir como parte integrante do Estado. Assemelha-se, o indivíduo em relação ao Estado, à célula do corpo orgânico cuja existência e função é condicionada e valorizada pela função orgânica que ela exerce no corpo somático.

Reconhecer direitos iguais a todos os indivíduos, tão desiguais, conforme apregoa a Democracia, é ignorância, diz o filósofo de Stuttgart. Aparentemente, a afirmação de Hegel está correta se não levarmos em conta a reencarnação, que explica a divergência moral e espiritual entre os indivíduos, bem como a desigualdade das riquezas em cada Estado nacional do nosso orbe planetário. Já escrevemos alhures que a forma de governo ideal tem sua raiz na Lei de Amor. Enquanto houver necessidade de uma lei externa, mesmo proveniente de um Estado governado pelo Absoluto (Deus), conforme preconizou Hegel, somente o Amor será a medida de nossa imperfeição. Somente quando a natureza for uma com a Lei Divina, sem lei alguma senão a do Amor, a humanidade estará aperfeiçoada naturalmente. E, com isso, repetimos: não haverá leis escritas, pois cada cidadão traz dentro da sua consciência a constituição cósmica do Universo, que o orienta com infalível precisão. A sociedade humana tornar-se-á justa espontaneamente, estruturada pela ética condutora, pela moral dignificante, pela fraternidade universal, causada pela solidariedade entre os indivíduos.

Não olvidamos que Hegel acreditava que a sociedade civil deveria se apoiar nos valores da família e nas agremiações. Mas a família, e não o indivíduo, é a base do Estado. O casamento, por exemplo, é um ato moral só quando realizado para formar uma base para o Estado. Quando realizado por simples sentimento ou instinto biológico é imoral, uma espécie de união legalmente tolerada. O escopo do Estado, segundo Hegel, não é promover interesses individuais. Ao revês, pode até suspender todos os direitos individuais, porque o Estado tem finalidade em si mesmo, já que é independente, acima de cada indivíduo, e mais: acima da soma de todos os indivíduos. O Estado, na concepção do filósofo prussiano, não é a soma total dos cidadãos, conforme a ideologia da

Democracia. O Estado é uma entidade à parte, superior à totalidade do povo. Em suma, Hegel diz que o governo é o Estado; e como o governo é praticamente o chefe do Executivo, o monarca, o ditador, então pode-se considerar que o rei, o imperador ou o ditador, é o Estado.

Em 1830, Hegel foi nomeado reitor da Universidade de Berlim e, um ano mais tarde, condecorado pelo rei Frederico Guilherme III. As extravagâncias do *espírito do mundo* começavam, todavia, a preocupar Hegel. Nesse mesmo ano, outra revolução aconteceu em Paris e, quando a notícia chegou a Berlim, houve um levante popular. Hegel chegou a adoecer diante da ideia de um governo da plebe. Não era o mesmo Hegel que, aos dezenove anos, plantou uma *Árvore da Liberdade* na praça do mercado, por ocasião da Revolução Francesa. Um governo popular na Alemanha, para Hegel, era um claro impedimento ao ritmo harmônico do *espírito do mundo*. No entanto, como espíritas, sabemos que a Anti-História – através de revoluções, atentados, etc. – serve apenas para podermos nos maravilhar diante da perfeição absoluta que se expressa na beleza organicista e sinérgica da Criação de Deus.

Em 1831, a epidemia de cólera, que devastava a Alemanha, chegou a Berlim. Embora tenha saído da cidade durante o verão, indo morar em uma casa na zona rural próxima, voltou à capital prussiana em novembro, para dar aulas. Nos dois primeiros dias de aula, falou com tal entusiasmo e vigor, que surpreendeu seus ouvintes. Segundo seu biógrafo – Johann Karl Friedrich Rosenkranz (1805-1879) – essa eloquência, incomum, diz respeito aos sintomas iniciais do cólera. Ora! Repetimos: Hegel falava mediunizado, mesmo que não o soubesse. No terceiro dia, o filósofo de Stuttgart sucumbiu à doença e, no dia seguinte – 14 de novembro de 1831 –, desencarnou dormindo, pacificamente, inconsciente até mesmo de que sua existência material corria perigo. Seu corpo foi enterrado ao lado de Fichte, e seu túmulo, a quem possa interessar, encontra-se no cemitério de Dorotheenstadt, ao norte do centro de Berlim.

Notas

1. Will Durant. (apud *Os Heróis da História*, p. 591.)
2. Idem. (Idem.)
3. Convenção Nacional – Conselho eleito pelo povo, responsável por preparar uma nova Constituição. Tinha os Jacobinos (partido representado pela pequena e média burgue-

sia) como seus maiores membros; era liderado por Maximilien François Marie Isidore de Robespierre (1758-1794), Georges-Jacques Danton (1759-1794) e Jean-Paul Marat (1743-1793). Por outro lado, tinha os Gerondinos (partido representado pela alta burguesia).

4. Conferir nota explicativa n.º 6, na Parte III.

5. Movimento ocorrido no Brasil que teve seu momento crucial com a morte, enforcado e depois esquartejado, de Tiradentes – o mártir da Inconfidência Mineira. Sugerimos, a quem possa interessar, a obra *Inconfidência dos Inconfidentes*, cujo Espírito Tomás Antônio Gonzaga narra, pela psicografia da médium paulista Marilusa Moreira Vasconcellos. A obra traz, em riqueza de detalhes, os fatos acontecidos nesse período da anti-história da Humanidade, mas que demonstra Espíritos que, sem embargo, fizeram História – uma realização de Deus.

6. León Denis. (*O Problema do Ser, do Destino e da Dor*, p. 201.)

7. Montesquieu. (*O Espírito das Leis*, Coleção: Os Pensadores, p. 155, 156 e 157.)

8. A inquestionável confirmação da reencarnação do jornalista Luciano dos Anjos, no século XVIII, na personalidade de Camille Desmoulins, está evidenciada em uma incisiva pesquisa científica, através do fenômeno de regressão de memória, realizada na década de 60, por Hermínio Miranda (1920-2013) e o próprio Luciano dos Anjos, que, por sua vez, resultou no livro *Eu Sou Camille Desmoulins*. Essa pesquisa foi elogiada pelo professor psiquiatra da Divisão de Estudos da Personalidade da Universidade de Virgínia – Ian Stevenson (1918-2007). Outrossim, o emérito psicobiofísico Hernani Guimarães Andrade (1913-2003), o mais reconhecido cientista brasileiro na pesquisa sobre o estudo da personalidade, disse que a obra supracitada representa o caso mais bem documentado da lei da reencarnação.

9. O pietismo é um movimento oriundo do luteranismo que surgiu no final do século XVII, combinando o luteranismo do tempo da Reforma Protestante, enfatizando a conversão pessoal, a santificação, a experiência religiosa, diminuição na ênfase aos credos e confissões, a necessidade de renunciar ao mundo, a fraternidade universal dos crentes e uma abertura à expressão religiosa das emoções.

10. Isaac Newton, a quem possa interessar, fez um magnífico trabalho sobre Teologia esotérica, onde abordou vários livros da Bíblia. Dentre estes, destacam-se os livros proféticos. Esse tem sido um grande enigma para os seus biógrafos, que ficaram pasmos quando as ideias religiosas do mais famoso cientista da História, ao lado de Einstein, revelaram-se. Indicamos ao leitor o livro *As Profecias do Apocalipse e o Livro de Daniel*, do próprio *sir* Isaac Newton, que, além do seu tremendo valor histórico, a obra resgata o Newton que não é conhecido pela maioria da Humanidade, o homem comum, que buscou no inusitado e no oculto suas respostas para algo que ele não conseguiu encontrar somente em cálculos diferenciais e nas leis da Física – a Espiritualidade e a ligação com o Absoluto. Newton – como Einstein que se tornou espiritualista, a partir de 1905,

com a descoberta da Teoria da Relatividade – fez da religião um estudo voluntário e, em todas as suas pesquisas e ações, mostrou o mesmo e inflexível apego à Verdade e à Virtude.

11. As tílias são árvores ornamentais, típicas de regiões de clima temperado, com estações do ano bem demarcadas.

12. As emoções reprimidas de Kant, que muitos historiadores e psicólogos dizem ter ele as sentido, durante sua existência física, acarretando-lhe falta de habilidade em estabelecer relações estreitas de amizade, trazendo-lhe infelicidade profunda, sugerimos ao leitor interessado ler a *série psicológica*, do Espírito Joana de Ângelis, pela psicografia do médium Divaldo Pereira Franco, e fazer, depois desse brilhante estudo, uma análise da personalidade do filósofo prussiano. Provavelmente, seu comportamento introspectivo seja visto por um viés bem diferente da maioria, já que estamos diante de um Espírito cuja filosofia se enriqueceu, com a honra de sua presença na Humanidade terrestre.

13. Immanuel Kant. (*Critica da Razão Pura*, p. 215.)

14. Joanna de Ângelis. (*O Homem Integral*, cap. 5.)

15. O *método dialético* de Hegel, já esboçado no Prefácio do livro, será visto agora em mais detalhes, conforme prometemos.

PARTE V

O fantasma materialista

Arthur Schopenhauer

Conquanto Arthur Schopenhauer (1788-1860) tenha nascido no final do século XVIII, preferimos colocá-lo nesta Parte, em virtude de em seu pensamento, que, embora de modo geral aborde ampla variedade de assuntos, existir sempre o tema do pessimismo e a presença da dor inerente à condição humana. Não foi ele um materialista, na concepção fidedigna da palavra; ao contrário, combateu o materialismo explicitamente, dizendo que nem mesmo a mais simples combinação química jamais pode admitir uma explicação mecânica; e muito menos as propriedades de luz, calor e eletricidade. Estas, para Schopenhauer, sempre exigirão uma explicação dinâmica. Ademais, como se pode explicar a mente como matéria se conhecemos a matéria através da mente? No entanto, também não podemos dizer que Schopenhauer tenha sido espiritualista.

Como ser humano, a maioria dos escritores o descreve como uma figura antipática, mas elogiando seus escritos como sendo extremamente cativantes. Dos grandes filósofos, foi ele o mais refinado estilista, desde Platão. Schopenhauer não escondeu que considerava o mundo e a vida que nele vivemos uma piada de mau gosto. Esse pessimismo aparente tinha um aspecto revigorante na época, depois de séculos com o domínio da Igreja e a última fase do racionalismo. Cabe ressaltar que Schopenhauer era pessimista somente na medida em que declarava ser o mundo indiferente ao nosso destino.

Arthur Schopenhauer nasceu em Dantzig (atual Gdansk), na Polônia. Mudou-se para Hamburgo, aos cinco anos de idade, porque Dantzig perdera sua liberdade quando anexada à Polônia, em 1793. Aos dez anos de idade, foi enviado à França para aprender francês, morando no Havre com a família de um comerciante amigo de seu pai. Com quinze anos de idade, seu pai, também comerciante, fez-lhe uma proposta: ele poderia se preparar para ingressar na universidade ou viajar pela Europa com a família e, então, ao retornar, iniciar o aprendizado para se tornar comerciante. Arthur escolheu viajar com os pais e, durante essa jornada, que durou dois anos, testemunhou diretamente o sofrimento terrível dos pobres no continente europeu.

Presenciou, dentre várias outras situações constrangedoras, em sua viagem a Toulon, na França, seis mil escravos acorrentados na condição mais suja e revoltante imaginável. A cada viagem com a família, pelas cidades europeias, ficava demasiadamente evidente, para Schopenhauer, a miséria provocada pelas recentes Guerras Napoleônicas. A sujeira das vilas, a pobreza dos fazendeiros, deixou-o chocado, pois a passagem dos exércitos napoleônicos, e de seus inimigos, haviam deixado cicatrizes de destruição na fisionomia de todos os países. Essa experiência influenciaria, fortemente, conforme já aludimos no parágrafo acima, a visão de mundo pessimista que Schopenhauer teria mais tarde, como filósofo.

Quando voltou de sua viagem pela Europa, Arthur começou a se preparar para a carreira de comerciante, conforme havia combinado com seu pai, trabalhando como aprendiz em um estabelecimento comercial, na cidade de Hamburgo, na Alemanha. No entanto, aos dezessete anos de idade, mais precisamente no dia 20 de abril de 1805, seu pai desencarnou. A maioria dos que escrevem sobre a vida do filósofo polonês diz que seu pai suicidou-se, depois de subir no telhado do armazém, nos fundos da mansão da família, atirando-se no *Fleet*. A causa desse suicídio permanece desconhecida. As condições financeiras dos Schopenhauer eram sólidas, proporcionando à família uma renda vitalícia substancial.

Dois anos depois desse nefasto feito de seu pai, Schopenhauer deixou Hamburgo, para seguir a carreira acadêmica, que, sem embargo, já tinha inclinação. Para tanto, foi estudar na cidade de Gotha, também na Alemanha, a fim de se preparar adequadamente para a universidade. Mas logo foi expulso, por ter escrito um poema, nem engraçado nem grosseiro, sobre um professor alcoolizado. Resultado? Foi morar com sua mãe, Johanna Schopenhauer, que havia se mudado para Weimar, na Alemanha, engajou-se nos círculos sociais e intelectuais. Era escritora e anfitriã de um salão frequentado por vários pensadores literários, influentes da época, mas que Arthur não simpatizava com o local. A despeito disso, foi lá que Johanna apresentou seu filho a Johann Wolfgang von Goethe (1749-1832), que, sem hesitar, disse à mãe que o filho se tornaria um homem muito famoso. Dessa amizade, Schopenhauer iria basear sua teoria das cores na personalidade do poeta alemão.

Em 1809, aos vinte e um anos de idade, cursando a Universidade de Göttingen, Schopenhauer estudou medicina até o terceiro semestre, quando finalmente decidiu mudar para filosofia, onde descobriu Platão e começou a ler Kant, que, por sua vez, tornar-se-ia seu filósofo favorito. Entretanto, sentiu-se amargamente decepcionado, quando tentou estudar a obra mais moderna de Hegel. Logo que percebeu se destacar entre os filósofos de Göttingen, em 1811 mudou-se para Berlim, a fim de estudar com Johan Gottlieb Fichte – o filósofo mais importante da época, embora Hegel já tivesse publicado *A Fenomenologia do Espírito*, e ninguém fingira tê-la compreendido. Schopenhauer desiludiu-se rapidamente com o obscurantismo de Fichte. O filósofo polonês queria algo tão claro como a ciência, e que igualmente pudesse convencê-lo.

Em 1812, em virtude da investida da Grande Armada de Napoleão, Schopenhauer refugiou-se na pequena cidade de Rudolstadt, para escrever sua tese de doutorado, que intitulou *Sobre a Raiz Quádrupla do Princípio da Razão Suficiente*, resumida em uma exploração kantiana dos quatro tipos de causa e efeito, a saber: I) Lógica: como a determinação da conclusão pelas premissas; II) Física: como a determinação do efeito pela causa; III) Matemática: como a determinação da estrutura pelas leis da matemática e da mecânica; IV) Moral: como a determinação da conduta pelo caráter. Em maio de 1814, Arthur deixou Weimar para sempre. Jamais veria sua mãe novamente, conquanto ela continuasse a lhe escrever esporadicamente durante seu período de fama literária.

Em 1814, Schopenhauer mudou-se para Dresden, também na Alemanha, onde escreveu, em 1816, sua famosa teoria das cores, cujo título da obra é *Sobre a Visão e as Cores*, bem como as mil páginas de *O Mundo Como Vontade e Representação*. Em 1818, quando Arthur completou trinta anos de idade, sua mãe, que já tinha um tenso relacionamento com o filho, só em comunicação com ele através de esporádicas cartas, pediu-lhe que nunca mais lhe dirigisse a palavra. Atitude esta assaz estranha, e no mínimo invulgar, por maior que seja o motivo. Madame Schopenhauer era uma mulher muito requisitada, mas negava propostas de casamento, preferindo manter-se uma viúva solteira, entregando-se ao *amor livre*. Arthur não comungava com o comportamento de sua mãe, divertindo-se dessa forma. Ela, da mesma forma, não esperava ter um filho que a desaprovasse, reprimindo seu modo de ser. O ponto máximo dessa desavença entre mãe e filho, foi quando Johanna se relacionou com um funcionário da corte, cujo nome era Müller.

O Espiritismo traz com propriedade a explicação dessas desavenças entre familiares consanguíneos. "Os laços do sangue não criam forçosamente os liames [vínculos] entre os Espíritos. O corpo procede do corpo, mas o Espírito não procede do Espírito, porquanto o Espírito já existia antes da formação do corpo. (...) Os que encarnam numa família, sobretudo como parentes próximos, são, as mais das vezes, Espíritos simpáticos, ligados por anteriores relações, que se expressam por uma afeição recíproca na vida terrena. Mas, também pode acontecer sejam completamente estranhos uns aos outros esses Espíritos, afastados entre si por antipatias igualmente anteriores, que se traduzem na Terra por um mútuo antagonismo, que aí lhes serve de provação. Não são os da consanguinidade os verdadeiros laços de família e sim os da simpatia e da comunhão de ideias, os quais prendem os Espíritos antes, durante e depois de suas encarnações."[1] Não precisamos tentar adivinhar que os laços de Schopenhauer e sua mãe estão muito bem inseridos no contexto de Espíritos antipáticos, reencarnados no mesmo lar, para serem provados no exercício da lei de amor que, no caso em pauta, falharam nessa missão.

Em 1819, finalmente, *O Mundo como Vontade e Representação* foi publicado. Essa obra, de mil páginas, aborda uma visão geral sobre seu mais significativo sistema filosófico, cujo tema principal é a **motivação individual**. Para Schopenhauer, a essência do ser humano não é a **razão que se revela no pensar**, como afirmaram Descartes, Spinoza e Hegel, mas sim a **vontade**, o **querer** e não o **pensar**. Este, para Schopenhauer, era apenas um fenômeno derivado e concomitantemente do **querer**. Portanto, **querer é a substância; pensar é o acidente**. Melhor dizendo: **não é o pensar que determina o nosso querer; mas é o querer que determina o nosso pensar.**

Schopenhauer diz que, se antes de pensar conscientemente (raciocinar), o indivíduo não quisesse inconscientemente esse objeto, não o pensaria. Em suma, o pensamento reveste as cores dos nossos desejos. E o filósofo polonês toma a palavra *vontade* no seu sentido mais amplo de instinto, de desejo, por mais **inconsciente** que seja. Posto isso, a vontade não manifestada no intelecto, é inconsciente. Assim sendo, nos reinos inferiores da natureza, o intelecto é pouco desenvolvido; predomina, portanto, a vontade inconsciente. Esta é uma verdade já exposta no Espiritismo, quando se estuda, na evolução darwiniana, o reino mineral, vegetal e principalmente o animal. Na questão 593, de *O Livro dos Espíritos*, os imortais afirmam: "Na maioria dos animais domina o instinto. Mas, não vês que muitos obram denotando acentuada vontade? É que têm inteligência, porém limitada." O mestre lionês acrescenta algo interessante, à resposta dos Espíritos, dizendo que alguns animais, além de possuírem o instinto, "praticam atos combinados, que denunciam vontade [sem intelecto, sem raciocínio, e, portanto, inconsciente] de operar em determinado sentido e de acordo com as circunstâncias. Há, pois, neles uma espécie de inteligência, mas cujo exercício quase que se circunscreve à utilização dos meios de satisfazerem às suas necessidades físicas e de proverem a conservação própria."

Schopenhauer também proclamou como princípio básico da vida e da filosofia a *vontade de viver*. E considerou esse desejo vital a raiz de todos os males da existência, porque jamais satisfeita, a vontade quer sempre agarrar mais do que pode alcançar. Para cada desejo que é satisfeito, restam dez que não o são. O desejo é infinito e a realização limitada. É como dada uma ajuda a um mendigo, que o mantém vivo hoje para que sua desventura seja prolongada até o dia seguinte. Para Schopenhauer, enquanto nossa consciência estiver dominada por nossa vontade, isto é, enquanto nos entregarmos à multidão de nossos desejos, com suas esperanças e receios, nunca poderemos ser felizes. A paixão satisfeita leva mais frequentemente à infelicidade do que à felicidade, porquanto suas exigências entram de tal modo em conflito com o bem-estar pessoal do interessado, que o enfraquecem. O desejo realizado produz um novo desejo, e assim por diante, incessantemente. Isso se dá pelo fato de a vontade ter que viver de si mesma, pois não existe nada além dela, e ela está sempre faminta.

Schopenhauer diz que a única esperança do ser humano é se libertar do poder dessa vontade (de desejar) e da carga de individualidade e egoísmo atada a ela. Perguntar-se-ia: como realizar essa libertação? Ora, os estudiosos da mente, os espiritualistas, e por que não os espíritas, afirmam que quando uma causa externa ou uma disposição interior nos tira subitamente da interminável corrente do desejo e liberta o saber da escravidão da vontade, a atenção não fica mais voltada para os motivos do querer, e a mente passa a compreender as coisas independentemente de sua relação com a vontade; e assim as contempla sem interesse pessoal, de maneira puramente objetiva. Dessa forma, a paz que sempre procuramos, mas que sempre nos escapa na antiga trilha dos desejos, vem para nós espontaneamente, e em nós repousa.

O seu principal livro – *O Mundo como Vontade e Representação* –, porém, quase não atraiu atenção, pois o mundo estava pobre (materialmente) e exausto demais, para ler o que se dizia sobre sua pobreza e exaustão. Foi então que, no ano de 1820, depois de ficar impaciente com a demora de seu reconhecimento mundial, Schopenhauer decidiu tomar decisões mais imperiosas, e se tornou palestrante (docente) na Universidade de Berlim, onde Hegel dava aulas. Depois que Schopenhauer percebeu que o filósofo alemão era um pensador que se cobria com o manto de obscuridade, anunciou que daria aulas no mesmo horário que ele. No entanto, ficou pasmo quando ninguém apareceu em sua sala de aula. Foi nesse período que o filósofo polonês começou a sair com uma atriz de dezenove anos de idade – Caroline Medon (1802-1882). Dois anos depois (1821) de *O Mundo como Vontade e como Representação* ter sido publicado, Schopenhauer ainda não era famoso. E para acentuar a mágoa que o filósofo polonês tinha por isso, Hegel continuava a lotar suas aulas na Universidade de Berlim, enquanto as salas de aulas vizinhas, inclusive a de Arthur, permaneciam vazias. Em 1823, Caroline Medon deu à luz um filho de Schopenhauer – Carl Ludwig Medon (1823-1905). Malgrado, Schopenhauer não se casou, conquanto o romance tenha se arrastado durante anos, entre idas e vindas.

A cólera, em 1831, devastou Berlim. Schopenhauer fugiu para Frankfurt, e em 1833, aos quarenta e cinco anos de idade, já tinha endereço fixo em dois aposentos de uma pensão na maior cidade da Alemanha, onde ficaria até o dia do seu desencarne, em uma vida de disciplina, tal qual seu herói – Kant. Os vinte e oito anos que viveu em Frankfurt são a imagem que o filósofo polonês transmitiu à posteridade, isto é: um velho tolo e azedo; tinha fobia de perseguição, e só dormia com duas pistolas carregadas à cabeceira da cama; era um homem que vestia roupas fora de moda, embora com cortes exatos; era alguém que detestava o barulho e amava o silêncio exterior, porque, para ele, barulho e gênio eram duas coisas incompatíveis; por essa razão, utilizava-se, além de rigorosas três horas matinais para leitura, a madrugada para seus estudos.

Em 1835, dezesseis anos após a publicação de sua mais notória obra – *O Mundo como Vontade e Representação* –, Schopenhauer foi informado de que a maior parte da primeira edição havia sido vendida como papel velho. Em 1836, publicou seu segundo trabalho filosófico – *Da Vontade na Natureza*. O prefácio dessa obra contém um discurso vibrante contra Hegel, mas não passa de uma elaboração de temas de sua grande obra anterior. A prova disso está na incorporação de *Da Vontade na Natureza* à edição aumentada de *O Mundo como Vontade e Representação*, surgido em 1844. A inveja da fama alheia roeu a alma desse filósofo introvertido.

Em 1853, finalmente, Schopenhauer torna-se o que sempre desejou: ser famoso e reconhecido. Os escritos aguerridos e pessimistas do filósofo polonês iriam exercer influência profunda nas personalidades de Richard Wagner (1813-1883), Sigmund Freud (1856-1939), Leon Tolstoi (1828-1910), Friedrich Nietzsche (1844-1900) e Albert Einstein (1879-1955), apenas para citar alguns. Caro leitor, vemos em Arthur Schopenhauer um Espírito que conseguia enxergar por detrás do mundo das aparências, o que há dentro de nós mesmos. Seus ensaios demonstram isso. "Com Schopenhauer, imagino que uma das mais fortes motivações para uma obra artística ou científica consiste na vontade de evasão do cotidiano com seu cruel rigor e monotonia desesperadora, na necessidade de escapar das cadeias dos desejos pessoais eternamente instáveis. Causas que impelem os seres sensíveis a se libertarem da existência pessoal, para procurar o universo da contemplação e da compreensão objetivas. Essa motivação assemelha-se à nostalgia que atrai o morador das cidades para longe de seu ambiente ruidoso e complicado, para as pacíficas paisagens das altas montanhas, onde o olhar vagueia por uma atmosfera calma e pura e se perde em perspectivas repousantes, que parecem ter sido criadas para a eternidade."[2]

A despeito de Einstein tomar o filósofo de Dantzig como exemplo de introspecção, para achar a inspiração nas obras mais belas da vida, Arthur Schopenhauer, infelizmente, "sugeriu o suicídio, no seu terrível pessimismo, em *Dores do Mundo*",[3] obra publicada em 1850, em que o filósofo polonês aborda temas como: o amor, a morte, a arte, a moral, a religião, a política e a relação entre o Homem e a sociedade. Sem conhecimento da realidade espiritual, Schopenhauer afirmou que "o caráter ou vontade é herdado do pai; o intelecto da mãe".[4] Mas os paradigmas científicos do Espiritismo, a partir de 1857, iriam se revestir do vigor indispensável ao enfrentamento com o materialismo de Schopenhauer, revitalizando a ética centrada na Boa Nova, conforme Jesus e os Seus primeiros discípulos.

Conforme aludimos, a presença da dor, inerente à condição humana, é assunto em todas as obras de Schopenhauer. Ele afirmava que somente a dor é positiva. Disse: "Se a nossa existência não tem por fim imediato a dor, pode dizer-se que não tem razão alguma de ser no mundo. (...) Não conheço nada mais absurdo que a maior parte dos sistemas metafísicos, que explicam o mal como uma coisa negativa; só ele, pelo contrário, é positivo, visto que se faz sentir... O bem, a felicidade, a satisfação são negativos, porque não fazem senão suprimir um desejo e terminar um desgosto."[5]

Se a Doutrina Espírita já tivesse sido codificada à época em que o filósofo polonês escreveu isso (1850), poderíamos suspeitar que ele havia lido o capítulo V de *O Evangelho Segundo o Espiritismo*, mais precisamente o item 3, em que Allan Kardec alude que "dificilmente se compreende a conveniência de sofrer para ser feliz". Da mesma forma, sem hesitar acreditaríamos que Arthur compreendeu a instrução do Espírito Delfine de Girardin (1804-1855), no mesmo capítulo da obra supracitada, porém no item 24, quando ela diz que a "infelicidade e a alegria, é o prazer, é o tumulto, é a vã agitação, é a satisfação louca da vaidade, que fazem calar a consciência, que comprimem a ação do pensamento, que atordoam o Homem com relação ao seu futuro. A infelicidade é o ópio do esquecimento que ardentemente procurais conseguir." Mas, sabedores de que a Revelação Espírita surgiu em 1857, não pôde o filósofo polonês usufruir das verdades trazidas em *O Livro dos Espíritos*, e muito menos em *O Evangelho Segundo o Espiritismo*, que, a seu turno, veio à público no ano de 1864.

Schopenhauer sustenta a ideia de que o modo mais convincente de os homens se dirigirem uns aos outros, seria: *companheiro de sofrimentos, companheiro de misérias*. Afirma ser a maneira mais original e fundada de se cumprimentar alguém, porque "lança sobre o próximo a luz mais verdadeira, e lembra a necessidade da tolerância, da paciência, da indulgência, do amor do próximo, sem o que ninguém pode passar, e de que, portanto, todos são devedores".[6] Embora o filósofo de Dantzig tenha alcançado muitas verdades, em sua abordagem holística sobre o mundo não conseguiu encontrar a causa das misérias humanas – morais e materiais – que assolam os habitantes do planeta Terra. E a razão para as desigualdades das riquezas, para as dores do ser humano, só pode ser encontrada na pluralidade das existências, assunto este jamais trazido à tona por Schopenhauer, conquanto tenha sido apresentado à filosofia oriental (ao Budismo e ao Hinduísmo) através do historiador orientalista alemão Friedrich Majer (1772-1818).

Somente a reencarnação explica o porquê de sermos verdadeiros mundos em miniatura, contendo abismos de impurezas e vulcões de paixões. Nos recônditos de nossa alma, existem radiosidades e trevas, antros de sombras e céus venezianos. É bem verdade que a causa de muitas de nossas aflições pode ser encontrada na existência atual. Mas não é menos verdade que muitas aflições da vida material só podem ter causas nas existências anteriores. O que dizer das enfermidades de nascença? E as mortes prematuras? Não é a reencarnação a única filosofia capaz de explicar essa grande prova, na maioria das vezes, para os pais? E as deformidades e idiotias? Bendigamos a reencarnação – doutrina capaz de explicar a causa de todos os sofrimentos morais e físicos que, sem ela, não poderiam ser justificados.

Ver a dor como positiva é compreender que o destino não é malvado, mas sempre justo, mesmo se as provas são pesadas. Ninguém jamais sofre em vão. A lei do próprio destino obedece a equilíbrios profundos, dentro da economia da Vida, e é inútil rebelar-se. Não olvidamos, contudo, que há dores que parecem matar; mas jamais se apresentam sem esperança. Jamais somos onerados acima de nossas forças. Não é menos verdade que aquele que aumenta seu saber, sofre mais. Todavia, também é verdade que o crescimento do saber aumenta tanto as alegrias como as tristezas, e que as delícias mais sutis, tanto quanto as dores mais penetrantes, estão reservadas para a alma desenvolvida, moral e espiritualmente. Aqueles que buscam sua libertação psíquica, devem querer experimentar a vida penetrante e profundamente, mesmo à custa da dor.

Em 1854, Richard Wagner lhe enviou uma cópia do *Der Ring des Nibelungen* (*O Anel do Nibelungo*) – um ciclo de quatro óperas épicas –, expressando favorável apreciação à filosofia de Schopenhauer. Com isso, Arthur, já na senectude, tornou-se *quase otimista*. Tocava flauta após jantar e agradecia ao irmão-tempo por tê-lo libertado dos ardores da juventude. Em 1858, podia-se ver gente do mundo inteiro ir a Frankfurt somente para vê-lo. Dois anos depois, mais precisamente no dia 21 de setembro de 1860, aos setenta e dois anos de idade, Arthur Schopenhauer desencarnou, sentado sozinho à mesa do café.

Karl Marx

Karl Heinrich Marx (1818-1883), o segundo de nove filhos, nasceu em Tréveris, à época no Reino da Prússia. Seus pais – Herschel Marx (1777-1838) e Henriette Pressburg (1788-1863) –, embora judeus, converteram-se ao luteranismo devido a uma lei de 1815 que impedia os judeus de terem todos os direitos de cidadania. Um exemplo, foi das restrições impostas à presença de membros de etnia judaica no serviço público.

Em 1830, ano em que eclodiram revoluções em diversos países da Europa, Marx iniciou seus estudos no Liceu Friedrich Wilhelm, em Tréveris. Em 1835, ingressou na Universidade de Bonn. Em 1836, chegava a Berlim para estudar, sendo apresentado à obra de Hegel, já que este, na Universidade de Berlim, fora professor e reitor. Logo, integrou-se no Clube dos Doutores, que era liderado pelo filósofo e historiador alemão Bruno Bauer (1809-1882). Ali, perdeu seu interesse pelo Direito e se voltou para a Filosofia, tendo participado ativamente de um grupo de estudantes radicais – Jovens Hegelianos –, que criticava as normas políticas e religiosas da época.

Em 1841, Marx conquistou o doutorado pela Universidade de Jena, onde escreveu sua dissertação sobre filosofia natural na Grécia antiga, com uma tese sobre *Diferenças da Filosofia da Natureza em Demócrito e Epicuro*. Por ter posições ideológicas radicais, o filósofo prussiano foi recusado a ser professor. Dessa forma, começou a trabalhar como jornalista, e, em 1842, tornou-se editor do jornal liberal, da província de Colônia, chamado *Rheinische Zeitung* (Gazeta Renana), que, por sua vez, foi fechado em apenas um ano de funcionamento, depois de publicar uma série de ataques ao governo prussiano. Conheceu Friedrich Engels (1820-1895) neste mesmo ano, durante visita deste à redação do jornal.

Tendo perdido o seu emprego de redator-chefe, Marx mudou-se para Paris. Casou-se no dia 19 de junho de 1843, com Jenny von Westphalen (1814-1881), filha de um barão da Prússia, com a qual mantinha noivado desde o início dos seus estudos universitários. Em 1844, colaboraria com Engels na redação de uma crítica ao seu antigo colega, Bruno Bauer. Resultado? Foi expulso da França, por estar escrevendo, novamente, em um jornal radical, indo então morar em Bruxelas, capital da Bélgica.

Em 1846, conectando-se com socialistas distribuídos pela Europa, Marx criou o Comitê de Correspondência Comunista. Suas ideias inspiraram os socialistas ingleses a formar a Liga Comunista, e, em 1847, por solicitação do Comitê Central, que estava reunido em Londres, na Inglaterra, Marx e Engels escreveram o *Manifesto Comunista*. Este documento foi publicado em 31 de março de 1848, e, com efeito, o filósofo prussiano foi expulso da Bélgica, em 1849. Seguiu, então, para Londres, onde participou do desenvolvimento da Sociedade Educacional dos Trabalhadores Alemães, e criou a nova sede da Liga Comunista.

Em 1867, publicou o primeiro volume de seu tratado econômico, *O Capital*, que é considerada a sua maior obra. Marx passou o restante de sua existência trabalhando nos manuscritos dos próximos dois volumes da obra supracitada. Desencarnou, porém, antes de completá-los, e os livros foram publicados postumamente. "Karl Marx, sedento de liberdade, expôs de maneira puramente materialista a solução dos problemas econômicos do mundo em *O Capital* e criou o socialismo científico, que abriu as portas ao moderno comunismo ateu."[7]

Conquanto Marx tenha sido fortemente influenciado pelo trabalho filosófico de Hegel, sintetizou sua filosofia do materialismo histórico, que não era, de forma alguma, o que Hegel tinha em mente para o *espírito do mundo* – ou seja: as contradições de um período específico levam a um novo tempo em que se busca amenizar as contradições anteriores, porque o mundo como Espírito encontra-se num processo histórico contínuo de racionalidade e perfeição cada vez maiores. O leitor já deve ter visto, no Prefácio desta obra, que a História é uma realização de Deus, e regula toda harmonia não somente do mundo, mas do Universo.

O economista, cientista social e revolucionário socialista alemão Karl Heinrich Marx idealizou uma sociedade com uma distribuição de renda justa e equilibrada. Para tanto, argumentava que a chave do bem-estar e da autoconsciência é o trabalho. Marx defendia que quando uma pessoa trabalha na transformação objetiva da matéria em algo para seu sustento e que tem valor, ela vê a expressão de si mesma exteriorizada como se tivesse atendido aos requisitos da existência. Ele afirmava que o trabalho não é apenas um ato de criação pessoal, mas também a demonstração da identidade e da sobrevivência de alguém. Eis aí a síntese do comunismo.

Karl Marx viu o capitalismo como o principal responsável pela desorientação humana. Por ser um sistema assentado na propriedade privada, afirmava o filósofo prussiano que o trabalhador perde o sentido de valor e a identidade, que são essenciais para ele. O trabalhador, agora distante do produto, torna-se alienado de seu trabalho, de si mesmo e de seus colegas. Segundo Karl Marx, no capitalismo não existe mais um sentido de satisfação pessoal, e, com isso, o trabalho passa a ser visto simplesmente como uma maneira de sobreviver. Em suma, como o trabalhador é distanciado do processo e já que o trabalho é um componente de sua identidade, ele é distanciado de si mesmo e da Humanidade como um todo.

Defendeu a ideia de que a classe trabalhadora deveria se unir com o propósito de derrubar os capitalistas e aniquilar de vez a característica abusiva desse sistema que, segundo ele, era o maior responsável pelas crises que se viam cada vez mais intensificadas pelas grandes diferenças sociais. Ou seja, o excedente originado pelos trabalhadores acaba sempre nas mãos dos capitalistas, classe que fica cada vez mais rica à custa do empobrecimento do proletariado.

Deixou muitos seguidores de seus ideais. Vladimir Ilyich Ulyanov (1870-1924), mais conhecido pelo pseudônimo Lênin, foi um deles, que, na União Soviética, utilizou as ideias marxistas para sustentar o comunismo, influenciando sobejamente na Revolução Russa, ocorrida no ano de 1917, no mês de março a outubro, quando foi derrubada a autocracia (a monarquia absolutista ou absolutismo) do Czar Nicolau II da Rússia – o último Czar a governar –, e procurou estabelecer em seu lugar uma república de cunho liberal.

Pedimos licença ao leitor para colocar uma mensagem do Espírito Emmanuel, sobre a implantação do comunismo no Brasil, através da psicografia do médium Francisco Cândido Xavier, no dia 1.º de julho de 1935, e colocada no Jornal *O Globo*. Depois, a comunicação mediúnica foi exarada na obra *Palavras do Infinito*, no capítulo 41. A nosso ver, estendemos a consideração de Emmanuel ao restante dos países do mundo, porque faltam, ainda, em todos os cantos do nosso orbe planetário, Homens e qualidades para uma verdadeira transformação social.

Ei-la:

Quem poderia garantir a exequibilidade do regime comunista no Brasil? Não me expenderei em muitas considerações, porquanto o meu ponto de vista já foi externado, quando fui inquirido a respeito da implantação de um regime extremista no país. A Rússia atual representa a experiência realizada à custa de muito sangue, os primórdios dos novos sistemas políticos e sociais, que hão de futuramente vigorar no planeta. Porém, mesmo lá, o que se observa por enquanto, ao lado dos excessos demagógicos, é a inversão dos papéis dentro das classes sociais.

Os oprimidos de ontem são os senhores de hoje. A fraternidade ainda significa um mito, porquanto o terreno social está cheio das mesmas diferenças de sempre. Faz-se antes de tudo preciso considerar a diversidade de ambientes. As massas populares brasileiras não fazem, por demais, questão de regalias políticas; como um derivado das circunstâncias do meio, fazem questão do trabalho, do salário, do conforto que lhes é devido. Comunismo significa equilíbrio dos sacrifícios do povo, holocausto do Homem à coletividade, interesse geral, eliminação de personalidade. Os brasileiros estão preparados para isso? A afirmativa poderia, ao que parece, ser contestada.

Aconselhamos portanto a aproximação do governo e das classes reclamando-se a atenção dos dirigentes do país para as necessidades prementes das massas proletárias. Faz-se mister renovar os códigos da legislação agrária, intensificando a assistência sob todas as modalidades a quantos carecem do seu auxílio. As massas trabalhadoras do Brasil reclamam leis que assegurem o conforto que lhes tem sido negado pelos elementos da política administrativa. Que o supérfluo das suntuosidades do Estado seja empregado com o necessário. Intensifique-se a higiene e a escola. A educação necessita ser difundida sob todos os seus aspectos.

Socialismo, no Brasil atual, significaria anarquia, porquanto faltam as consciências dos homens providenciais formados no cadinho das experiências penosas. Semelhante estado de coisas, com a propaganda de teorias importadas, como de meios essencialmente diversos da nação brasileira, só poderia anarquizar o país, fazendo-o escravo de potências imperialistas.

Cuidem portanto os governantes de melhorar a situação do proletariado com medidas de assistência mais que devidas. Trabalhai portanto todos vós que anelais um novo estado de evolução no mundo. O progresso se fará, não o duvideis.

E o Brasil, pelo caráter pacifista de todos os seus filhos, será chamado a colaborar ativamente no edifício do socialismo cristão que representa a renovação de todos os sistemas econômico-sociais à base da compreensão do evangelho de Jesus. Até lá, quantas lutas assistiremos, quantas conflagrações serão necessárias? Só Deus o sabe. Laboremos contudo com desprendimento e desinteresse e não vacilemos na fé que devemos possuir em nossos elevados destinos.

Defendemos, portanto, a ideia de que as duas ideologias – de Marx e de Kardec – caminham em sentidos opostos quando o assunto é transformação. Marx sustenta uma revolução pela força, único meio capaz de livrar a classe oprimida da burguesia dominante. Já Kardec propõe uma transformação moral individual, sob um aspecto cristão, de maneira que a sociedade se modificará na medida em que os indivíduos se transformarem. "O lado mais fraco da doutrina socialista é a ignorância absoluta do Homem, de seu princípio essencial, das leis que presidem seu destino. E quando se ignora o Homem individual, como se poderia governar o Homem social?"[8]

Marx estava preocupado com o elemento revolucionário da história, e não com a origem das coisas. Negava valor à afirmação dos filósofos idealistas de que as transformações provinham, antes de tudo, do espírito ou da razão absoluta, por entender que elas tinham origem nas condições materiais da existência. Parecia mais preocupado em localizar a realidade ou a verdade social, mas a falha de sua interpretação do Homem (criatura humana) está exatamente na exclusão do elemento moral e espiritual. Ademais, caro leitor, aperfeiçoado o ser humano, pouco importa depois o rótulo do movimento, sistema político, religioso ou social que ele integre, porquanto a mensagem mais avançada e terna da Terra – a Fraternidade – fará parte de seu próprio ser. E, então, a conquista libertadora do espírito humano alcançará o *socialismo cristão* – expressão esta do eminente Espírito Emmanuel, na psicografia de Francisco Cândido Xavier.

Atualmente (e infelizmente), a palavra *socialismo* assusta algumas pessoas desavisadas, porquanto, em geral, a tomam como sinônimo de *anarquia* ou coisa que se lhe assemelhe. Não olvidamos, porém, que certas pessoas têm procurado implantar, através da violência, doutrinas extremistas e perigosas, as quais indevidamente denominam de *socialismo*. Essa palavra "é uma bela expressão de cultura humana, enquanto não resvala para os polos do extremismo" – diz Emmanuel, em *O Consolador*, questão 57 –, pois tais doutrinas não têm nenhuma relação com o *socialismo cristão*. Este jamais se implantará à força; ele só logrará êxito quando se tornar efeito de um grande surto de progresso intelectual e de aperfeiçoamento moral da Humanidade. Por outra via, é impossível esperá-lo. A felicidade, na Terra como no Céu, há de ser a consequência lógica e positiva de apenas uma causa: a educação de nossos hábitos nocivos à Lei de Progresso, que, por sua vez, tornará o ser humano um indivíduo de coração puro.

A despeito de nossa despretensiosa análise sobre o pensamento de Karl Marx, não podemos invalidar todo um acervo de estudos de interpretação econômica da história que ele processou com dedicação e boa fé. Basta aos espíritas (e demais espiritualistas) suprir essa falha de interpretação, incluindo a visão cristã dos fenômenos. O combate ao marxismo, aliás, tem sido feito de maneira sectária, em geral tendo em vista apenas a preocupação de defesa dos dogmas de certos grupos religiosos ou de interesses de grupos econômicos ameaçados. Não obstante, até hoje as ideias marxistas também continuam a influenciar muitos historiadores e cientistas sociais, que, independente de aceitarem ou não as teorias de Marx, concordam com o pensamento de que para se compreender uma sociedade deve-se entender primeiramente sua forma de produção.

Não é esse, obviamente, o caminho mais objetivo e eficaz para uma sociedade justa, de natural igualdade, conforme escrevemos nos parágrafos anteriores, pois Marx considerava **o espiritualismo uma irrealidade** e o responsabilizava pelo apoio aos regimes reacionários e conservadores. Ignorou a essência revolucionária do Cristianismo (primitivo) e deixou de considerar que os erros estavam na sua distorção e não na sua essência original. As ideias de Marx, portanto, são ateístas, anticristãs e materialistas, uma vez que não conseguem lobrigar que as desigualdades sociais estão diretamente ligadas às desigualdades das aptidões. Por isso, o materialismo dialético de Karl Marx, que abriu caminho para o Bolchevismo ateu, não pôde (e não pode) resistir ao processo de evolução ético-moral que, sem tardança, avançava (e avança) no rumo de Deus e da alma imortal.[9]

Bem afirmou León Denis, em sua obra *O Grande Enigma*, no capítulo XVI:

A sorte da Ciência materialista e a do socialismo atual são correlatas; eles se inspiram nos mesmos métodos e mesmas fórmulas. É preciso convir, a democracia socialista dos dias atuais encontra-se em desacordo com o princípio mesmo da revolução. Esta era essencialmente individualista; queria dar a cada um a livre iniciativa de seus atos pessoais. O regime atual age diferentemente, ele tende a nivelar todas as individualidades fortes e a passar, logicamente, da legalidade de direito à legalidade de fato; ele vai ao coletivismo, isto é, à negação da pessoa humana e a sua absorção no todo social. Não é o "Estadismo" que nos desembaraçaria das mediocridades; ao contrário, ele seria, por natureza, o seu protetor. Também não é pela regulamentação do trabalho pela coletividade que se dará ao proletariado a felicidade que os utopistas do dia fazem espelhar aos seus olhos.

Os homens são iguais, dir-se-á. No seu sentido histórico restrito, a fórmula pode parecer exata; mas não se poderia tratar aqui de uma igualdade real, absoluta. Se os homens são iguais em direitos, eles serão sempre desiguais em inteligência, em faculdades, em moralidade. Afirmar o contrário, seria negar a lei de evolução, que, naturalmente, não age com a mesma eficácia sobre todos os indivíduos. (...) O mal é grande e não é com sistemas empíricos que o curaremos. Não será nem no socialismo sob sua forma atual, nem no coletivismo que encontraremos os remédios. (...) O socialismo atual não vê na existência presente senão o que ele chama de "a concorrência vital", isto é, a luta pela vida. Essa teoria é perigosa porque consagra o materialismo, excita os apetites, desencadeia as cobiças, legitima todos os atentados e conduz à anarquia. Ela visa apenas o bem-estar material, isto é, a vida do corpo, e não leva absolutamente em conta o destino imortal do espírito.

Não poderíamos deixar no ostracismo a consideração que Sua Voz, em *A Grande Síntese*, no capítulo 93, afirma ser um absurdo nossas utopias de nivelamentos econômicos, pois:

A distribuição dos bens na terra não é, como acreditais, efeito das leis, instituições, sistemas, mas é consequência de um fato primordial indestrutível: o tipo individual e a linha de seu destino. Os equilíbrios da vida são feitos de desigualdades que, em vista das naturezas diversas, correspondem à justiça, mesmo que as posições sejam diferentes. É absurdo um nivelamento de unidades substancialmente desiguais. Ainda que imposto à força, a natureza dos indivíduos o destruiria, em pouco tempo. Só existe um comunismo substancial: o que une todos os fenômenos, vincula todas as ações, vos irmana a todos e vos arrasta dentro da mesma lei, sem possibilidade de isolamento, na mesma correnteza. Comunidade substancial de deveres, de trabalho, de responsabilidades, apesar das inevitáveis diferenças de nível, que exprimem as diferenças de tipos e de valores. Liames férreos que vos encadeiam a todos, igualmente, ainda que por vontade vossa sejam de rivalidades e de ódio, em lugar de serem de bondade e de amor.

Os princípios da vida são mais sábios que vossos sistemas mecânicos de nivelamento social; conseguem o equilíbrio por meio da desigualdade, porque não tendem à equiparação num tipo único, mas à diferenciação, para depois reorganizar os que se especializaram em organismos coletivos. A diferença de posições sociais é simplesmente divisão de trabalho para capacidades diferentes. Esta é tanto mais acentuada – portanto, as posições são mais divergentes – quanto mais complexo e evoluído for o organismo social. Numa coletividade adiantada, cada indivíduo e cada classe permanece tranquilamente em seu lugar, sem coações, tal como as células e os órgãos num corpo animal. Essas irrequietudes são características das sociedades inferiores em formação.

(...) O erro fundamental consiste em acreditar que todos os homens são iguais como valor e destino, em não se ter compreendido o mistério de sua personalidade e a finalidade da vida; permanecer no exterior, acreditando que só possa ter justiça na igualdade de superfície, ao passo que a vida alcança uma justiça mais complexa e profunda na desigualdade. O princípio da equiparação poderá ser um programa de enriquecimento, por meio da exploração executada pelas classes menos favorecidas e até mesmo, sabendo-se adaptar e moderar, um programa sadio de ascensão econômica. Mas, como princípio, é sempre um absurdo, pois não corresponde à realidade biológica. A igualdade, que não seja meramente exterior e forçada, é absurda num universo livre, em que não existem duas formas idênticas. Quando a evolução criou valores absolutamente diferentes e quando são diferentes os caminhos percorridos e os esforços executados, constitui justiça que as posições sociais exprimam exatamente o valor e a natureza do ser.

Posto isso, o Espiritismo, sendo teísta, cristão, espiritualista, demonstra que "a desigualdade das condições sociais é obra do Homem e não de Deus".[10] Tendo como um de seus princípios fundamentais a reencarnação, Kardec diz que o Espiritismo "é fator, por excelência, da fraternidade humana, por mostrar que as provas da vida atual são a consequência lógica e racional dos atos praticados nas existências anteriores, por fazer de cada Homem o artífice voluntário da sua própria felicidade. (...) Com bom direito, podemos considerar o Espiritismo como um dos mais fortes precursores da aristocracia do futuro, isto é, da aristocracia intelecto-moral."[11]

Mais uma vez trazemos o Espírito Emmanuel, agora em *A Caminho da Luz*, quando no capítulo XXIV afirma que o Espiritismo:

Enquadrando o socialismo nos postulados cristãos, não se ilude com as reformas exteriores, para concluir que a única renovação apreciável é a do homem íntimo, célula viva do organismo social de todos os tempos, pugnando pela intensificação dos movimentos educativos da criatura, à luz eterna do Evangelho do Cristo.

Ensinando a lei das compensações no caminho da redenção e das provas do indivíduo e da coletividade, estabelece o regime da responsabilidade, em que cada espírito deve enriquecer a catalogação dos seus próprios valores. Não se engana com as utopias da igualdade absoluta, em vista dos conhecimentos da lei do esforço e do trabalho individual, e não se transforma em instrumento de opressão dos magnatas da economia e do poder, por consciente dos imperativos da solidariedade humana. Despreocupado de todas as revoluções, porque somente a evolução é o seu campo de atividade e de experiência, distante de todas as guerras pela compreensão dos laços fraternos que reúnem a comunidade universal, ensina a fraternidade legítima dos homens e das pátrias, das famílias e dos grupos, alargando as concepções da justiça econômica e corrigindo o espírito exaltado das ideologias extremistas.

Prezado leitor. "Enquanto Karl Marx apresentava seu *Manifesto Comunista*, em Londres, no dia 31 de março de 1848, naquela mesma noite, em Hydesville, no Estado de Nova Iorque, nos Estados Unidos da América, os Espíritos conseguiram comunicar-se com a família Fox através de ruídos, realizando uma façanha dantes ainda não conseguida com o mesmo êxito, que foi o intercâmbio mediante perguntas e respostas lúcidas. Graças à irrupção da mediunidade ostensiva responsável pela ocorrência dos fenômenos exuberantes, na mesma ocasião em que surgiu a dialética marxista, igualmente trabalhada por Engels, os pródromos de uma outra, de natureza espiritual, se desenharam nos painéis da cultura, a fim de que o ser humano, que se encontrava submergindo no materialismo cruel, tivesse possibilidade de encontrar um roteiro de segurança para a própria iluminação e felicidade. Ocorreu esse evento quando Allan Kardec, o magnífico Codificador do Espiritismo, observando aqueles fenômenos perturbadores para a cultura da época, encontrou a sua lógica, resistindo às mais variadas hipóteses que se levantaram para negá-lo ou diminuir-lhe a vitalidade, apresentando o resultado das suas cuidadosas observações e reflexões através de *O Livro dos Espíritos*. Com essa obra granítica nasceu a dialética espírita, portadora de conteúdos para resistir aos camartelos do marxismo e de outras expressões do materialismo."[12]

Tudo estava pronto! Jesus havia nos prometido um *Consolador*[13], porque não falou à Humanidade da época, mas para as gerações futuras. Ele não quis que todas as suas palavras fossem compreendidas pelos Homens de então, porque isso seria revolucionar costumes e aumentar o derramamento de sangue, quando na verdade seu desejo era reformar pelo Amor. Mas não nos deixaria órfãos.[14] O Espiritismo, com sua lógica, decorrente da sua filosofia, atendendo a todas as necessidades e interrogações do pensamento, sem deixar de elucidar os dramas existenciais, a origem do ser, do sofrimento e do seu destino, veio "matar o materialismo"! Hosanas, portanto, ao Espiritismo – a ciência integral, a filosofia humana, a religião universal –, porque é um libertador de almas na hora da alucinação humana do século apocalíptico.

Friedrich Nietzsche

Friedrich Nietzsche (1844-1900) nasceu na cidade de Röcken, na Saxônia, Reino da Prússia (Reino Alemão). Seu pai – Ludwig Nietzsche (1813-1849) –, um pastor luterano, era grande admirador do rei prussiano Friedrich Guilherme IV (1795-1861), ao ponto de colocar o nome de seu primeiro filho como Friedrich. Ludwig desencarnou quando Nietzsche tinha apenas quatro anos de idade. O filósofo ficou, juntamente com sua irmã – Elisabeth Förster-Nietzsche (1846-1935) –, sob a tutela de sua mãe – Franziska Oehler (1826-1897).

Em 1857, ano em que chegava à Terra *O Livro dos Espíritos*, na cidade de Paris, Nietzsche, com treze anos de idade, foi estudar em um internato, na cidade de Pforta (também na Prússia), considerado um estabelecimento de muito prestígio, onde recebeu boa educação. Destacando-se nesse instituto, ganhou o apelido de *pastorzinho* – corolário de uma criação beata e mimada de seus pais. Malgrado, aos dezoito anos de idade (1862), sentindo-se deslocado do mundo em que vivia, começou a colocar em dúvida sua fé.

Em 1863, com dezenove anos de idade, no intuito de se tornar pastor, foi estudar Teologia e Filologia[15] na Universidade de Bonn. No entanto, seu comportamento, ao chegar à universidade, tornou-se assaz sociável, ao ponto de sair para beber com outros colegas e, ébrio, chegar a brigar, adquirindo uma cicatriz (um ligeiro corte no nariz), escondendo-a através da armação de seu óculos. Nessa fase de sua vida, para Nietzsche "Deus está morto". Essa frase, hoje atribuída ao filósofo de Röcken, bem como ao seu modo de pensar, também fora feita por Hegel, aproximadamente vinte anos antes do nascimento de Nietzsche.

Em outubro de 1865, no mesmo mês de seu aniversário (já que nasceu no dia 15 de outubro), com seus vinte e um anos de idade completos, Nietzsche decidiu transferir-se para a Universidade de Leipzig, onde se dedicaria somente à Filologia, deixando de lado a teologia. Durante os dois anos que passou em Leipzig, foi infectado pela sífilis, depois de visitas feitas a bordéis. Também foi em Leipzig, depois de entrar em um sebo, que Nietzsche se deparou com um exemplar de *O Mundo Como Vontade e Representação*, de Schopenhauer. Depois de devorar a obra do filósofo pessimista, tornou-se um schopenhaueriano.

Em 1867, Nietzsche foi convocado para um ano de serviço no exército prussiano e enviado para a cavalaria. Conquanto tivesse enorme determinação, seu físico era frágil, e, com isso, sofreu sério acidente enquanto cavalgava; entretanto, continuou sobre o cavalo como se nada tivesse acontecido. Ao voltar para o quartel, teve de ser hospitalizado por um mês. Foi promovido a cabo, por bravura, e mandado de volta para casa. De volta à Universidade de Leipzig, foi reconhecido por seu professor como o melhor aluno que tivera em quarenta anos. A despeito disso, Nietzsche começava a perder o encanto pela filologia. Não sabia o que fazer. O destino, porém, sabia o que fazer com Nietzsche. Certo dia, foi apresentado ao compositor Richard Wagner (1813-1883),[16] e a forte amizade surgida entre os dois homens teria notável influência na vida de Nietzsche.

Wagner nascera no mesmo ano do pai de Nietzsche e, segundo registros da época, guardava com ele impressionante semelhança. Aliando a necessidade, mesmo inconsciente, da figura paterna, ao reconhecimento, jamais visto, de um artista famoso cujas ideias fossem aparentemente tão semelhantes às suas, Nietzsche sentiu um profundo amor pelo compositor e músico místico e exuberante. Igualmente, Wagner, lisonjeado pelas atenções do jovem filósofo, retribuiu a cortesia com o máximo de seu notável charme. Somente quando se ouve a música de Wagner, seja *Lohengrin* ou *Parsifal*, pode-se obter a profunda persuasão e a sedução fatal de seu caráter. *Tannhauser*, por exemplo, é uma melodia ruidosa, que não serve para acalmar uma dor de cabeça.

Em 1868, com vinte e quatro anos de idade, Nietzsche recebeu o convite para uma posição no corpo docente do departamento de Filologia da Universidade de Basel, na Suíça. Apesar de sua dúvida quanto a essa área acadêmica, não podia recusar a generosa oferta recebida. Dessa forma, tomou posse em abril de 1869, mas imediatamente começou a dar aulas extras na área de Filosofia. Não demorou muito para que Nietzsche se tornasse o jovem astro da Universidade da Basileia. Foi lá que conheceu o historiador da arte e da cultura Jacob Burckhardt (1818-1897), sendo o primeiro a elaborar o conceito histórico de Renascimento. Era o único Espírito do mesmo calibre de Nietzsche no corpo docente da universidade supracitada. Em Basileia, Nietzsche estava apenas a trinta quilômetros da cidade de Tribschen, também na Suíça, onde Richard Wagner estabelecera residência com sua esposa – Cosima (1837-1930)

–, tornando-se, nos fins de semana, visita regular na suntuosa Villa de Wagner (bancada pela pensão que o rei Ludwig II lhe dava mensalmente), às margens do lago Lucerna.

Em julho de 1870, eclodiu a guerra franco-prussiana – conflito armado envolvendo a França contra um conjunto de estados germânicos, liderados pela Prússia. Nietzsche, cheio de vigor patriótico, apresentou-se como enfermeiro voluntário. Quando colocado em um vagão de gado, para conduzir seis feridos em uma viagem a Karlsruhe, que durou mais de dois dias, chegou destruído na cidade alemã. Foi levado ao hospital, porque adquiriu disenteria e difteria. Apesar dessa infeliz experiência, em dois meses Nietzsche retornou à Universidade de Basel para lecionar Filologia, sobrecarregando suas horas extras com aulas de Filosofia. Em 1872, publicou *O Nascimento da Tragédia*. O livro, embora elogiado por Wagner, recebeu críticas negativas, particularmente de Ulrich von Wilamowitz (1848-1931), que viria a se tornar um dos principais filólogos alemães de seu tempo.

Nietzsche filosofava de maneira diferente. Escrevia através de aforismos (máxima ou sentença, em poucas palavras, trazendo uma reflexão de natureza prática ou moral). E esse gênero de escrita era consequência de seu hábito de fazer pausas para anotar seus pensamentos enquanto caminhava. Seja qual for a causa, esse hábito aforismático de Nietzsche resultaria em estilo sem paralelo por toda a Europa do século XIX. A prova disso está na primeira e libertadora obra de Nietzsche – *Humano, Demasiado Humano* –, publicada em 1878, escrita em aforismos, porque rompeu com o romantismo de Richard Wagner e o pessimismo de Arthur Schopenhauer. É uma literatura rica em resumos psicológicos, ao ponto de seus admiradores acharem que o que ele fazia não era filosofia. E não é que estavam certos? Tratava-se de psicologia, e com tanta qualidade, que algumas décadas mais tarde Sigmund Freud (1856-1939) decidiu não continuar a ler Nietzsche, temendo descobrir não houvesse mais nada a dizer sobre o assunto. Não pense o leitor que o livro *Humano, Demasiado Humano* seja apenas uma miscelânea de aforismos e psicologia, sem coerência alguma. Não. Por detrás das breves citações psicológicas há uma linha de argumentação, muito tênue, conectando os aforismos, o que fez com que sua obra fosse classificada por assistemática.

Em 1878, depois da publicação de *Humano, Demasiado Humano*, já era claro que Nietzsche estava mais interessado em filosofia (ou psicologia?) do que em filologia. Com efeito, deixou, no ano seguinte, a Universidade de Basel. Mas a causa verdadeira de sua demissão foi em virtude de enfermidades contínuas. Por anos, sua saúde fora frágil e, em 1879, já era um homem muito doente. Concederam-lhe pequena pensão e aconselharam-no a fixar residência em local de clima mais ameno. Ouviu o conselho, e nos dez anos seguintes perambulou pelo sul da França, pela Itália e pela Suíça, procurando um clima que aliviasse seu mal-estar. Sua visão foi afetada a tal ponto, que estava quase cego. Sofria de violentas dores de cabeça, que, por sua vez, o incapacitavam, confinando-o ao leito por dias. A coleção de medicamentos, pílulas, tônicos, pós e poções que mantinha sobre a mesa colocam-no em posição única, mesmo entre os grande filósofos hipocondríacos.[17]

No período de 1879 a 1889, Nietzsche escreveu vários livros, a saber: *Aurora* (1881), *A Gaia Ciência* (1882), *Assim Falava Zaratustra* (1883), *Para Além do Bem e do Mal* (1886), *Genealogia da Moral* (1887), *O Caso de Wagner* (1888), *O Crepúsculo dos Ídolos* (1888), *Anticristo* (1889), *A Vontade de Poder* (1889), *Ecce Homo* (1889). Este é o último livro de Nietzsche. Encheu-o com os mais loucos elogios a si próprio. Infelizmente, nesta obra vemos o orgulho exacerbado de um filósofo desequilibrado, psicologicamente, dando expressão aos seus delírios paranoicos de grandeza e de perseguição.

No dia 3 de janeiro de 1889, enquanto caminhava pela rua, na cidade de Turim/Itália, ele teve um ataque de apoplexia,[18] e desmaiou. Nietzsche foi levado a seu quarto. Nunca mais recuperou a sanidade. A causa? Não foi o excesso de trabalho, a solidão e o sofrimento, mas sim a sífilis (já em estágio terciário), e à época incurável. Após curto período em um asilo, Nietzsche foi liberado e entregue aos cuidados de sua mãe, que, com piedade (filha do amor), paciência e carinho, tratou dele. Boa parte do tempo, estava catatônico, passando os próximos onze anos de sua vida em estado vegetativo, até o dia de seu desenlace do corpo físico, que ocorreu no dia 25 de agosto de 1900. Somente desde então suas obras começaram a conquistar aclamação, e sua fama foi rapidamente difundida.

Por fim, depois dessa breve biografia de Nietzsche, iremos fazer uma síntese de sua filosofia, para que o leitor possa conhecer o filósofo das afirmações e negações categóricas. Pois bem. Como Schopenhauer, Nietzsche não apregoou apenas a *vontade de viver*, mas a *vontade de viver poderosamente* como o segredo da redenção e o elixir da perfeita felicidade. O principal conceito da filosofia de Nietzsche era a *vontade de potência* ou *vontade de poder*. Ele concluiu que a Humanidade era impelida por esse impulso básico e que todos os nossos atos poderiam ser rastreados a partir dessa fonte única. A *vontade de poder* é o imperativo categórico da natureza e deve ser o sonho supremo da Humanidade. Só o ser humano cônscio do seu poder pode ser profundamente feliz.

É no ser vivo que a *vontade de potência* pode expressar-se com mais força, porque procura expandir-se, superar-se, juntar-se a outras e se tornar maior. Tudo no mundo é *vontade de potência*, pois todas as forças procuram a sua própria expansão. Melhor dizendo: a vontade se mostra como sede de dominar, fazer-se mais forte, constranger outras forças mais fracas e assimilá-las. A onda sonora que se expande, o ímã que atrai, a célula que se divide formando o tecido orgânico, o animal que subjuga o outro são exemplos dessa vontade que não encontra um ponto de repouso, mas procura sempre conquistar mais. Portanto, para Nietzsche, a "vontade de potência" não é **algo criado**, mas advém da própria realidade da Vida.

Nietzsche afirma – em *A Gaia Ciência*, p. 258 – que "a maior parte de nossa atividade intelectual desenvolve-se inconscientemente e sem que o sintamos; (...) o pensamento consciente é o mais fraco". **Por ser o instinto a operação direta da *vontade de poder*, não perturbada pelo consciente**, na obra *Para Além do Bem e do Mal*, p. 162, ele diz que "o instinto é a mais inteligente de todas as espécies de inteligência até agora descobertas". **Nietzsche preconiza que o papel do consciente tem sido superestimado**; entretanto, assevera em *A Vontade de Poder*, p. 38, que "o consciente pode ser considerado como secundário, quase que indiferente e supérfluo, provavelmente destinado a desaparecer e a ser substituído por um automatismo perfeito".

Concordamos, em parte, com Nietzsche. Ora, malgrado o consciente seja secundário, quando comparado ao subconsciente – residência de nossos impulsos automáticos, simbolizando sumário vivo dos serviços realizados –, não pode aquele ser visto como algo *indiferente* e *supérfluo* na personalidade humana, porquanto é o domicílio das conquistas atuais, onde se erguem e consolidam as qualidades nobres que estamos edificando, dentro da Lei de Progresso. Portanto, mister ainda se faz existir o consciente no estado evolutivo moral e espiritual em que nos encontramos – Espíritos imperfeitos, habitando um mundo relativo e de visão dualista, por sua intrínseca característica.

Mas Nietzsche está correto ao afirmar, categoricamente, que o consciente está destinado a desaparecer e a ser substituído por um *automatismo perfeito*, que aludimos ser o subconsciente – "zona dos instintos, das ideias natas, das qualidades adquiridas; é o passado superado, inferior, mas adquirido. Aí se depositam todos os produtos substanciais da vida; nessa zona reencontrais o que tendes sido e o que tendes feito; descortinais a estrada percorrida na construção de vós mesmos, assim como nas estratificações geológicas descobris a vida vivida pelo planeta. (...) Assim, pois, a consciência representa apenas a zona da personalidade onde se realiza o labor da construção do Eu e de seu ulterior progresso. Em outros termos: ela se limita à zona de trabalho; e é lógico. O consciente compreende unicamente a fase ativa, a única que sentis e conheceis, porque é a fase em que viveis e em que a evolução se opera."[19]

Outro ponto a ser destacado na filosofia de Nietzsche encontra-se em sua obra-prima – *Assim Falava Zaratustra*. O livro narra as andanças e os ensinamentos de um filósofo (autonomeado Zaratustra), que, depois de deixar seu esconderijo nas montanhas, sai a pregar aos homens um novo evangelho, satirizando o Velho e o Novo Testamento. Mas o cerne da obra é a noção de que os seres humanos são uma forma intermediária entre macacos e o que Nietzsche chamou de Super-Homem. Mas quem é este?

Expliquemos. Nietzsche julgou ter descoberto, no princípio inerente à vida orgânica, desvelado por Charles Darwin – luta pela vida e a consequente sobrevivência do mais apto –, a solução para os problemas da Humanidade. O naturalista inglês, após quarenta anos de estudos e observações, publicou sua obra *A Origem das Espécies*, provando a realidade de uma evolução constante no mundo orgânico. A natureza inteira está empenhada numa intensa **luta pela vida**, de onde resulta a **sobrevivência do mais apto**, e, com efeito, a **eliminação do menos apto**. Dessa forma, pela constante eliminação dos elementos fracos e negativos, e conservação sistemática dos elementos fortes e positivos, era possível um progresso no sentido ascensional.

Essa seleção natural dos elementos mais aptos é um instinto (*vontade de poder*) inerente a todos os organismos. A natureza, graças à sua profunda sapiência, uma vez que é divina, não quer o imperfeito, mas luta pelo que é perfeito. Essa luta universal, que observamos no seio da natureza, não pode ser vista como uma guerra de extermínio, mas sim uma luta de equilíbrio e de melhoramento. Na cadeia alimentar do reino animal, não se matam os seres uns aos outros para destruir; matam-se para construir um mundo cada vez melhor. A luta pela vida, portanto, não tem caráter meramente horizontal – o simples desejo de existir –, mas revela índole ascensional – o impulso de viver melhor, mais abundante e rica do que hoje.

Para Nietzsche, pois, era necessário que o ser humano fizesse, conscientemente, o que os seres inferiores da natureza fazem inconscientemente – eliminar o que é fraco e incrementar o que é forte, a fim de elevar cada vez mais esse *forte*, até atingir o *fortíssimo*. Na linguagem nietzschiana, o infra-Homem de ontem atingiu as alturas do Homem de hoje. Contudo, o Homem de hoje é destinado a galgar as excelsitudes do Super-Homem de amanhã. Para tal mister, Nietzsche conclui que proteger, ter compaixão e piedade com os elementos mais fracos da Humanidade é contra a vontade divina e, com isso, eticamente reprovável, sendo pecado contra a natureza. Na grande lei da seleção no plano humano, o Homem, consciente do seu grande destino, deve eliminar impiedosamente tudo que é fraco e afirmar corajosamente tudo que é forte.

Nietzsche diz que no mundo inferior, as massas não têm razão de ser em si mesmas; são apenas um meio para que uma pequena elite possa atingir o seu alto destino. **Como para ele a moral não está na bondade, mas sim na força, também a meta do esforço humano não deveria ser a elevação de todos, mas sim o desenvolvimento de indivíduos mais dotados e mais fortes**. A natureza não é democrática, e sim aristocrática, pois a vontade última da natureza é a criação do Homem perfeito – o Super-Homem. "A meta não é a Humanidade, mas o Super-Homem."[20] E o caminho para ele, segundo Nietzsche, é trilhado através da aristocracia. Conquanto ele jamais tenha professado racismo nem antissemitismo, Hitler e os nazistas viram no filósofo de Röcken um precursor da política da violência. Ou seja, do superpovo ariano devia surgir, um dia, o Super-Homem germânico. No entanto, para Nietzsche, o Super-Homem surgiria, como tal, do vasto seio da Humanidade, e não dessa ou daquela raça individualmente tomada. Igualmente, ele tampouco proclamou um Super-Homem pela violência física.

Ler Nietzsche é atravessar uma noite escura e profunda, interrompida frequentemente por relâmpagos longínquos. As vezes, essas luzes estranhas assemelham-se aos lampejos de um gênio ou de um místico. Por isso, caro leitor, o Super-Homem de Nietzsche, visto sob sua óptica de uma *vontade para o poder*, é enérgico, inteligente e orgulhoso; mas essas três características devem estar harmonizadas entre si, almejando uma grande finalidade. Perseguir uma finalidade, usando de severidade para com os outros, mas sobretudo consigo mesmo; perseguir uma finalidade, usando qualquer meio, menos a traição aos amigos – eis a fórmula final do Super-Homem. Concordamos com a necessidade de querer que os Homens sejam mais valentes e mais severos para consigo mesmos; quase todas as filosofias éticas pedem isso. Mas não há uma necessidade urgente, conforme afirma Nietzsche, de pedir que as pessoas sejam mais cruéis e mais malévolas. Não há dúvida que isso é ir além do necessário. O Super-Homem de Nietzsche não tem afinidade com assuntos que dizem respeito à moral. Sua única *moral* era a *vontade de potência*. A docilidade e a humildade de coração – características dos verdadeiros cristãos –, para Nietzsche, são armas usadas pelos fracos para cercear os fortes. De forma infeliz e triste, o filósofo de Röcken assevera que Jesus "morreu cedo demais; ele próprio [Jesus] teria revogado sua doutrina se tivesse atingido uma idade mais madura".[21]

Já o Super-Homem, observado à luz da razão-espiritual, tem as feições do Cristo, chamado Jesus – senhor de todas as forças da natureza e do seu próprio corpo; poderoso, sem violência; benévolo, sem fraqueza; servidor, sem servilismo. Para o Super-Homem (ou Homem-Unidade), "a visão da Humanidade alarga-se e o sentimento de amor desindividualiza-se, para sentir uma imensa gratidão àqueles que passaram antes, preparando a senda que ele percorreu. Desponta-se uma grandiosa complacência para com aqueles que ainda não despertaram no presente, compreendendo-lhes a infância espiritual que ainda se demoram. Amplia-se a capacidade de auxílio para aqueles que estão empenhados na autoiluminação, e, por fim, agiganta-se, afetuoso, ao futuro que se adentra, mediante as incessantes irradiações em que se fixa. O mal e os males não o atingem, porque sua compreensão no bem o leva a identificar Deus em tudo, em todos, amando as mais variadas, ou agressivas ou persuasivas formas de alcançá-Lo. Essa libertação inunda-se de equilíbrio e de confiança, sem a pressa nos acontecimentos, sem ressentimentos dos insucessos. A dimensão tempo-espaço cede lugar ao estado de plenitude, no qual a ação contínua, iluminativa, desempenha o papel principal no prosseguimento da evolução. Abstraindo-se das objetivações e do mundo sensorial, pelo desapego, a vida psíquica se lhe irradia generosa, comandando todos os movimentos e ações sob o direcionamento da realidade imortal. Tornando-se plenamente realizado, sente-se purificado das mazelas, sem ambições, aproxima-se do estado luminoso – liberta-se."[22]

Encontramos, também, uma excelente explanação do Super-Homem na obra *A Grande Síntese*, no capítulo 83, quando Sua Voz diz:

O Super-Homem é o supertipo do futuro, uma antecipação das metas humanas. Sua zona de vida, onde reside seu trabalho de construção, está situada no inconcebível. Os normais podem passar a vida sem jamais mencionar o espírito; para o gênio, essa é a mais intensa realidade da vida. Resultado de imenso trabalho no tempo, ele sintetiza os produtos mais altos da evolução e da raça, mas está sozinho e o sabe. Move-se numa dimensão conceptual, que só seus iguais compreendem. Descido dos céus, é um exilado na Terra, em resgate ou missão, e sonha com sua pátria distante. Ele não anda pelas estradas batidas; sabe estabelecer relações entre fatos e ideias que os outros não veem; é um supersensitivo que percebe as verdades de imediato, por intuição; nada tem a aprender, mas recorda e revela. Essa emersão da consciência normal está numa atmosfera rarefeita; essa antecipação da evolução, muitas vezes, só é compreendida tardiamente.

E no capítulo 84:

O gênio é caracterizado pela monstruosa hipertrofia do psiquismo, colocado numa posição biológica supranormal e, por isso, situado em tudo e por tudo. (...) O gênio [Super-Homem] passa, solitário e dolorido, mas cônscio do próprio destino, incompreendido e gigantesco, repugnando os ídolos da multidão, atordoado pelo estrépito da vida, desatento e inepto, porque sua alma é toda ouvidos para um canto sem fim que lhe sai de dentro e voa ao encontro do infinito.

(...) Mas o gênio não pode descer; sente seu Eu gritar e não pode calar. Ele não é um corpo apenas, como os outros; é, acima de tudo, uma alma. O espírito que dormita em tantos e deve nascer, aparece nele como um gigante, evidente, troveja e se impõe; quem poderá compreender suas lutas titânicas? A humanidade caminha lenta, debaixo do esforço da própria evolução; ele está à frente e carrega toda a responsabilidade, arrasta o peso de todos. Esses caminhos de aperfeiçoamento moral prosseguem e continuam, exatamente, a evolução orgânica darwiniana; e a ciência, que compreendeu uma, deveria, por coerência, compreender a outra. É lei de equilíbrio natural que qualquer hipertrofia, como também qualquer atrofia, seja compensada.

Como no campo orgânico, cada indivíduo tem normalmente um ponto de menor resistência e maior vulnerabilidade, que fica compensado por um reforço proporcional em outros pontos estratégicos. Assim, no campo psíquico verifica-se um desenvolvimento de qualidades que a média sequer suspeita. Não se pode julgar um tipo psíquico de exceção com os critérios e unidades de medidas comuns, para relegá-lo sumariamente no anormal e no patológico. Insisto nisto porque assim inverte-se a apreciação desse novo tipo de Homem, cuja criação é função justamente dos tempos modernos. Querer levar para o anormal tudo o que exorbita da maioria medíocre é sufocar a evolução, fazendo do tipo humano mais comum, de valor duvidoso, o tipo ideal; é crime querer esmagar embaixo o que não se compreende, colocando igualmente fora da lei o subnormal e o supernormal, fenômenos que estão simplesmente nos antípodas um do outro.

Nietzsche afirma que a vontade última da natureza é a criação do Homem perfeito. E isso é uma verdade. Mas, seu erro se encontra aqui, ao escrever: "Vós, ó homens solitários de agora, vós que estais separados, sereis um povo algum dia; de vós surgirá um povo escolhido e dele virá o Super-Homem".[23] Ora, por ignorar as verdades espirituais, desconhecia que o Super-Homem não surge de um mundo em provas e expiações, como na sua época se encontrava a Terra; nem vem de um mundo regenerador (mesmo em sua aurora), como se encontra o nosso planeta atualmente. Vem ele, quase sempre, de outro planeta mais evoluído que o nosso mundo de calcetas.

O Super-Homem – sempre Espírito mais evoluído que os habitantes do orbe terráqueo – aqui se encontra conosco, encarnado, em missão para ajudar, colaborar e acelerar a evolução da Terra. "As massas, porém, podem aceitar e suportar o Super-Homem, mas não compreendê-lo por antecipação. É a evolução que coloca à frente o ser antecipado, a fim de arrastar e plasmar os outros, involuídos, que só sabem receber e obedecer. O conceito tradicional é invertido, a escolha não vem da quantidade medíocre, mas do alto, das forças da vida; o número é quantidade, que é incompetente para decidir a respeito da qualidade. Se sua missão é educar, o chefe tem que ser um senhor espiritual que desce e, do alto de sua fase superior, sabe dar; não um medíocre que sobe e pede."[24]

Se o Homem, nos moldes de Nietzsche, fosse bastante *forte* para criar um Super-Homem – através de uma *vontade dinâmica* (*de poder*) –, ter-se-ia um mundo sem encantos, cheio de fastio. É ilusão pensar que a vontade humana, por mais poderosa que seja, possa produzir, na face da Terra, algo essencialmente diferente e maior do que aquilo que o intelecto humano logrou produzir até hoje. Individualmente considerado, o Homem será sempre um átomo infinitamente pequeno, perdido na imensidade de um Universo infinitamente grande. O saber que ele pode ter do mundo, será sempre como que uma minúscula casquinha de noz a flutuar, incerta e solitária, na ilimitada vastidão do oceano. A ascensão espiritual do ser humano é um detalhe mínimo na execução do Grande Plano Sideral, que segue a disciplina da Lei Única – a Divina.

A *vontade de potência* se limita a realizar algo no plano horizontal dos fatos individuais, que dizem respeito ao intelecto; e este é incapaz de tornar o ser humano realmente feliz. Pois bem: nem o intelecto nem a vontade (individual) podem dar a verdadeira felicidade. Esta deve vir de algo que transcenda o plano do intelecto e da vontade individuais. Ou seja, que ultrapasse as raias de qualquer percepção sensitiva, de qualquer concepção intelectiva e de qualquer produção volitista.[25] A verdadeira filosofia não é simplesmente intelectual e de vontade, mas sim racional, espiritual e cósmica. Todas as teorias filosóficas engendradas pelo intelecto e pela vontade são sistemas que preconizam a eficácia da violência, seja em forma de militarismo estatal (como Hegel defendeu), de comunismo operário (como Marx asseverou). Todos esses *ismos* escravizam os seres humanos de um outro modo; seja pelas armas, seja pelo trabalho compulsório.

O *reino dos céus*, porém, é prometido aos mansos e não aos violentos. E esse reinado é o da *Razão* – incompatível com qualquer espécie de força bruta. A *Razão* não é o intelecto nem a vontade, e nem mesmo a síntese dos dois. A *Razão* é o *Logos*, a *Vida*, Deus – luz que ilumina a todo ser humano que vem a este mundo. Francisco de Assis, Tolstoi, Gandhi, Schweitzer são exemplos de Espíritos que, mesmo encarnados, ultrapassaram as fronteiras do mundo individual e invadiram as regiões do universal, ou do racional-espiritual; negaram definitivamente toda e qualquer política de força física, porque sabiam, por experiência própria, que o poder do espírito começa onde termina o espírito do poder. Conheciam a impotência da matéria e a onipotência do espírito. Hegel, Schopenhauer, Nietzsche e Marx, todavia, foram, no fundo, apóstolos da violência, e apóstatas do espírito. Suas filosofias, essencialmente materialistas, revestem-se de roupagens de espiritualidade e defendem as suas teorias antiespirituais sob uma bandeira de filosofia espiritualista. Eis aí o *fantasma materialista* que, não fosse o Espiritismo seu maior combatente, a vida humana não seria digna de ser vivida.

A despeito de concordarmos com Nietzsche, que o Homem de hoje é destinado a galgar as excelsitudes do Super-Homem de amanhã, não podemos esquecer de tecer, desde já, três verdades: I) O progresso moral e espiritual do ser humano é individual. II) A lei imutável (portanto divina) da reencarnação demonstra que, mais cedo ou mais tarde, o infra-Homem de hoje tornar-se-á o Super-Homem de amanhã, porque na Lei de Progresso todos estamos fadados à perfeição. III) O ser humano só alcança o *status* de Super-Homem, se, e somente se, viver e souber viver entre os infra-Homens, já que a ponte para alcançar o psiquismo de um Super-Homem foi e sempre será o infra-Homem. Logo, mister se faz que amemos as pessoas em Deus, e a Deus nas pessoas. Ora, a Lei de Progresso, quando exige do violador compensações para restabelecer a ordem, Ela (a Lei de Progresso) usa como executor do débito e da divina justiça, um outro indivíduo, mais atrasado, razão por que o devedor se apresenta como uma ocasião para satisfazer os próprios instintos maléficos. Para quem a suporta, essa oportunidade é uma prova; a quem a usa para prejudicar o outro, é uma tentação e um erro em que ele caiu. A evolução para se chegar ao Super-Homem do futuro é um ciclo; porém, redentor. Aprendam, portanto, os futuros Super-Homens, a perdoar "aos que Deus colocou em nosso caminho para serem instrumentos do nosso sofrer e para nos porem à prova a paciência".[27]

O Super-Homem, sob o prisma espiritual, é cônscio de que SABER não quer dizer ter ouvido ou ter lido, estudado; mas sim VIVER ou SER aquilo que se sabe. Em verdade, só SABEMOS, de fato, aquilo que SOMOS. Não podemos saber, compreender o universo desse *Logos*, da *Razão*, sem que o VIVAMOS e SEJAMOS. Para tanto, mister que nossa evolução, tipicamente humana, atinja grandes alturas. A verdadeira filosofia tem como objeto e missão orientar o ser humano, que do fato e do grau de sua evolução só depende exclusivamente de si. Conhecer a verdade é ser livre; ser livre é ser feliz. A verdadeira filosofia – idêntica à verdadeira Religião – leva o ser humano ao conhecimento intuitivo e dinâmico da verdade libertadora, rumo a uma felicidade sólida, vasta, profunda, imperturbável.

Rendamos glória nas Alturas, desde já, ao Espiritismo.

Notas

1. Allan Kardec. (*O Evangelho Segundo o Espiritismo*, capítulo XIV, item 8.)

2. Albert Einstein. (*Como Vejo o Mundo*, capítulo V.)

3. Vianna de Carvalho. (*À Luz do Espiritismo*, cap. I.)

4. Arthur Schopenhauer. (*O Mundo Como Vontade e Representação*.)

5. Arthur Schopenhauer. (*Dores do Mundo*, p.7.)

6. Idem. (Idem, p. 9.)

7. Vianna de Carvalho. (*À Luz do Espiritismo*, cap. I.)

8. León Denis. (*O Problema do Ser, do Destino e da Dor*, Introdução.)

9. O bolchevismo é uma doutrina da ala esquerda majoritária do Partido Operário Social-Democrático da Rússia, adepta do marxismo revolucionário pregado por Lênin, que tinha como compromissos para os componentes do partido a militância e o engajamento políticos, implementação integral do programa socialista, liderança proletária e centralizada. A palavra *bolchevismo* originou-se no II Congresso realizado pelo Partido Operário Social-Democrata Russo, em Londres, no ano de 1903.

10. Allan Kardec. (*O Livro dos Espíritos*, Q. 806.)

11. Allan Kardec. (*Obras Póstumas*, 1.ª parte – As Aristocracias.)

12. Vianna de Carvalho. (*Espiritismo e Vida*, capítulo 4.)

13. João. (*Evangelho de João*, 14:15-17.)

14. Idem. (Idem, 14:18).

15. Filologia é a disciplina acadêmica que gira em torno da interpretação de textos clássicos e bíblicos.

16. Richard Wagner, o mago da ópera mística, lendária e misteriosa. Na obra *O Romance de uma Rainha* (publicação da Federação Espírita Brasileira), do Espírito John Wilmot Rochester (1647-1680), cuja médium fora a russa Wera Krijanowsky (1861-1924), diz que o compositor alemão foi, no Egito, a reencarnação de Tadar – mago, em Mênfis, do príncipe Horemseb. Este, por sua vez, esteve reencarnado, como contemporâneo de Wagner, na personalidade de Ludwig II. O rei da Baviera era admirador incondicional de Wagner. Sua ópera romântica – *Lohengrin* – foi executada por um quarteto do Astral, segundo informação do Espírito Atanagildo, na obra *A Sobrevivência do Espírito*. Na página 80, Atanagildo assim diz: "Outros ainda revelam, nas suas composições musicais futuras, a força de civilizações onde viveram anteriormente, tal como Wagner, cujos motivos que baseiam os seus monumentos sonoros ainda traem a magia, a lenda e os sortilégios tenebrosos dos hititas, em cujo seio ele viveu, na época de submissão deste povo ao Egito, na figura do temido feiticeiro Tiglat". Acreditamos que o nome *Tadar*, dado por Rochester, e o nome "Tiglar", escrito por Atanagildo, sejam da mesma personagem do Egito antigo. A diferença na nomenclatura, acreditamos ou ser uma questão de pronúncia ou mesmo de tradução para o português, uma vez que atualmente a língua egípcia é uma variante do árabe. O importante nessa nota é cativar

o leitor a conhecer *O Romance de uma Rainha,* que, por sua vez, complementa e explica, plausivelmente, muito do que os historiadores profissionais não tomaram conhecimento, no antigo Egito, principalmente na 18ª Dinastia, quando, por vinte e dois anos de prosperidade econômica e relativo clima de paz, reinou Hatasu ou Hatchepsut.

17. Nietzsche viveu durante sete verões – 1881 e 1883; 1884 até 1889 – em uma casa localizada na pecada montanha da vila de Sils Maria, na Engadina (região situada a sudeste da Suíça). Atualmente, na Nietzsche-Haus encontra-se uma biblioteca aberta, para pesquisas, que contém uma das maiores coleções do mundo, com mais de 4.500 volumes de livros. Lá, existem inúmeras obras do filósofo prussiano, e em várias línguas, a saber: alemão, inglês, francês, italiano, português, romeno, holandês, finlandês, sueco, russo e japonês. A Nietzsche-Haus disponibiliza o espaço para encontros filosóficos, literários e culturais, servindo frequentemente como lugar de encontro entre artistas, escritores e acadêmicos. Ainda se encontra, no mesmo lugar, o quarto de Nietzsche, localizado no primeiro andar da bela casa. Vale a pena uma visita, àqueles que estiverem morando ou de passagem pela Suíça, não somente por saberem mais sobre Nietzsche, mas pelo clima agradável de Sils Maria, bem como pela beleza do local, principalmente na primavera.

18. Apoplexia: padecimento dos centros nervosos, que se manifesta pela perda súbita das sensações e dos movimentos. É uma patologia causada pelo derramamento de sangue no interior do cérebro. É uma designação antiga do que hoje se conhece como AVC – Acidente Vascular Cerebral.

19. Sua Voz. (*A Grande Sínteses*, p. 208.)

20. Friedrich Nietzsche. (*Vontade de Potência*, p. 387.)

21. Idem. (*Assim Falava Zaratustra*, p. 99/100.)

22. Joanna de Ângelis. (*Autodescobrimento*.)

23. Friedrich Nietzsche. (*Assim Falava Zaratustra*, p. 107.)

24. Sua Voz. (*A Grande Síntese*, cap. 99.)

25. Os filósofos volicionistas trazem uma concepção dinâmica, e não estática, da realidade. A vontade não é simplesmente refletora, como o intelecto. Este trata da ciência, que DESCOBRE FATOS REAIS. A vontade, porém, trata da consciência (ética, filosofia, religião), que CRIA VALORES REALIZÁVEIS.

26. Allan Kardec. (*O Evangelho Segundo o Espiritismo*, cap. 9, item 7.)

PARTE VI

O Espiritismo

O missionário do Novo Mundo

No que diz respeito à personalidade de Hippolyte Leon Denizard Rivail (1804-1869), cujo pseudônimo é Allan Kardec, restringimo-nos a abordá-la apenas no campo filosófico, deixando aos interessados o convite para ler sua interessante biografia, escrita por Henri Sausse (1851-1928). Contudo, se o leitor desejar se aprofundar um pouco mais sobre a vida do Codificador do Espiritismo, sugerimos a meticulosa obra *Pesquisa Biobibliográfica e Ensaios de Interpretação* – dividida em três volumes, edição da Federação Espírita Brasileira, cujos autores são Zêus Wantuil (1924-2011) e Francisco Thiesen (1927-1990).

A **força do espírito** tem suas verdades inconcussas. A demonstração disso está na volta de João Huss (1369-1415) à Terra, reencarnando no dia 3 de outubro de 1804, em Lyon, na França. A notícia dessa encarnação foi dada psicograficamente, através da médium Ermance Dufaux (1841-?), no ano de 1857. As notas sobre esse fato, e tantos outros, estavam, em 1921, na Livraria de Pierre-Gaëtan Leymarie (1827-1901). Em 1925, foram transferidas para o arquivo da Maison des Spirites, quando, em 1940, foram destruídas pelos alemães, durante a invasão de Paris. Entretanto, enquanto estiveram na Livraria de Leymarie, chegaram a ser copiadas quase totalmente pelo farmacêutico, advogado, médico e pesquisador espírita brasileiro Silvino Canuto Abreu (1892-1980).

Ademais, há uma mensagem do Espírito Irmão X, ou seja, o jornalista e escritor brasileiro Humberto de Campos (1886-1934), através da psicografia de Francisco Cândido Xavier, informando exatamente que o Espírito reencarnado como João Huss voltaria, mais tarde, como Allan Kardec. A comunicação mediúnica foi recebida em 22 de setembro de 1942, sendo lida no dia 3 de outubro de 1942 (durante a 3.ª Concentração Espírita de São Paulo, no Ginásio do Pacaembu), e mais tarde exarada no livro *Doutrina Escola*. Não esquecemos o livro *Herculanum*, do Espírito John Wilmot Rochester, pela psicografia da médium Wera Krijanowsky, quando, na página 191 (4.ª edição da obra), é trazida a notícia da reencarnação de Allan Kardec, quase 400 anos antes, na personalidade de João Huss, queimado em Constança no ano 1415. Endossando as revelações sobre a reencarnação Kardec–Huss, encontramos na literatura espírita

O Solar de Apolo, do eminente Victor Hugo (Espírito), pela psicografia de Zilda Gama, confirmação do famoso escritor de que Allan Kardec foi a reencarnação do apóstolo da renovação cristã, na Boêmia do século XV – João Huss.

Pois bem. Hippolyte Leon Denizard Rivail foi um homem muito polido, de fina educação, sério (não sisudo), circunspecto e moralista por excelência. O professor Rivail fora um dos mais eminentes discípulos de Johann Heinrich Pestalozzi (1746-1827). Este, nascido na cidade de Zurique, Suíça, influenciou muito a educação, acreditando que ela podia elevar o homem e aperfeiçoar a sociedade. Disse Pestalozzi: "O amor é o eterno fundamento da educação". Também falou: "Formai primeiro o espírito para, depois, instruí-lo". Até os dias de hoje, pode-se conhecer seu Instituto de Educação, como também seu notável gabinete de trabalho, pois se encontra assaz conservado na cidade de Yverdun (Suíça).

O Codificador estudou com Pestalozzi durante oito anos consecutivos – dos doze aos vinte anos de idade. Um fato no mínimo curioso a relatar: Jean Pestalozzi, certa vez, ausentou-se da cidade para percorrer, em propaganda dos princípios pedagógicos, diversos lugares na Europa. E foi Rivail, graças a seu talento e à sua aplicação, dons naturalmente inatos, o escolhido para substituir o pedagogo suíço na direção do Colégio protestante de Yverdum, na Suíça. Aos oitenta anos de idade, Pestalozzi fechou, em 1825, o Colégio, e seu principal discípulo foi logo em seguida para Paris, estabelecendo-se na Rua Sèvre, n.º 35, onde fundou um Colégio nos moldes do de Yverdum, dando então aulas de Física, Química, Astronomia e Filologia. Em 1832, com o nome largamente conhecido nos círculos educacionais da França e fora dela, casou-se com a professora Amèlie-Gabrielle Boudet (1795-1883), que lhe foi a companheira dedicada na existência laboriosa de ambos, ajudando-o não somente nas fainas do Colégio, que ele fechou em 1835, mas também na sua missão social e espiritual.

O nome adotado pelos espíritas, ao professor Rivail, é Allan Kardec. Isto se dá porque sabem (os espíritas estudiosos) ter sido essa personalidade uma das existências do nobre educador, ao tempo de Júlio César, na Gália antiga. Esta revelação deu-se através da médium sonâmbula Ruth Celine Japhet (1837-1885), que obtinha comunicações muito interessantes, com o auxílio da *cesta aguçada*. E foi através de uma comunicação mediúnica, pela *cesta de bico*, que o Espírito Zéphyr disse ter conhecido o professor de *Lyon*, em uma existência em que os dois viveram juntos como druidas, quando Júlio César imperou na Gália (portanto, de 58 a.C. a 44 a.C.), cujo nome do pedagogo era, na época, Allan Kardec. Eis aí a origem desse criptônimo.

Aqui vai um trecho que o Espírito Áureo narra, referindo-se à significativa missão de Allan Kardec, que achamos por bem transcrevê-la:

> Quando a Filosofia altera sua estrutura com Hegel, Marx e Engels,[1] estabelecendo a desnecessidade da alma como interpretação da vida e a compreensão do Universo; no momento em que Flourens[2] e Cuvier[3] declaram nunca haver encontrado a alma nas centenas de cadáveres que dissecaram; no instante em que Broussais[4] e Bouillaud[5] zombaram da alma imortal e Moleschot,[6] Büchner[7] e Karl Vogt[8] afirmam que o espírito é uma exsudação [transpiração] cerebral, surge Allan Kardec com a força demolidora da lógica e da razão, apoiando-se na linguagem insuperável dos fatos, para firmar a Causalidade do Universo, a preexistência da alma e do corpo e a sua sobrevivência ao túmulo, apresentando uma ciência ímpar, resultado de laborioso trabalho de investigação fundamentada na experiência e que resistirá ao pessimismo, à perseguição e ao descrédito.[9]

Como bem observa o leitor, "a tarefa de Allan Kardec era difícil e complexa. Competia-lhe reorganizar o edifício desmoronado da crença, reconduzindo a civilização às suas profundas bases religiosas."[10] Esse missionário de primeira grandeza conseguiu, não sendo um filósofo acadêmico, mas sim um pedagogo emérito, descobrir as linhas mestras através da desconcertante e, por vezes, caótica, multiplicidade de sistemas e correntes; enxergou essas linhas como convergentes do mesmo pensamento; viu a unidade através da multiplicidade; penetrou os invólucros opacos da letra e descobriu por detrás delas a luz do espírito imortal. Kardec foi o escolhido de Deus, por intermédio de seu eleito – Jesus –, com o fim de compilar a Verdade, mediante um corpo doutrinário que mister se faz "encarar frente a frente a razão em todas as épocas da Humanidade".[11]

"Não que outros missionários não tivessem aportado antes dele: ases do conhecimento que dilataram os imensos horizontes do saber; místicos que se embrenharam nos dédalos do EU, aprendendo vitória sobre si mesmos; santos que rasgaram sendas luminosas no matagal das aflições; apóstolos que fizeram da renúncia e da humildade os baluartes da própria força; filósofos que ensejaram à razão o campo da investigação; cientistas corajosos e audazes que ofereceram a vida em prol de pesquisas inapreciáveis na preservação de milhões de vidas. E heróis, missionários do amor, sacerdotes da fraternidade – operários sublimes, todos eles, do Pai Construtor – encarregados de impulsionar o progresso da Terra conjugado à felicidade dos homens. Ele [Kardec], entretanto, guardadas as proporções, fez-se nauta de uma experiência antes não tentada nos mares ignotos da Verdade: auscultou o insondável além da morte, inquirindo e estudando, selecionando e fazendo triagem das informações recebidas dos Imortais, de modo a edificar o colossal edifício do Espiritismo."[12]

Allan Kardec desencarnou no dia 31 de março de 1869, em Paris, com a idade de 65 anos incompletos. Domiciliado à Rua Sainte-Anne, n.º 59, estava ele ultimando os preparativos de mudança para a Avenida et Villa Ségur, n.º 39, local este em que Kardec tinha casa própria, desde o ano de 1860. Entre onze e doze horas, ao atender um caixeiro de livraria, caiu pesadamente ao solo, fulminado pela ruptura de um aneurisma na aorta.

A revelação espírita e sua codificação

No dia 18 de abril de 1857, em uma manhã de sábado primaveril, na Cidade de Paris, no Palais Royal, Galeria D´orléans, n.º 13, local em que se encontrava a livraria Dentu, foi inaugurada a **Era do Espírito Imortal**, através do maior tratado que a Humanidade já recebeu – *O Livro dos Espíritos*. Essa obra veio para despojar dos véus da ignorância e do mistério, mostrando às claras, em todo esplendor da sua realidade, de forma sistemática e estudada, uma nova e eterna aliança entre a Terra e o Céu, sem sofismas e silogismos.

> *O Livro dos Espíritos* não é apenas a pedra angular sobre a qual se ergue a Doutrina Espírita, mas também é o tratado de robusta estrutura para orientar a Economia, a Sociologia, a Psicologia, a Embriologia, a Ética, então desvairadas, elucidando a Antropologia, a Biologia, a Fé, cujos fundamentos necessitavam da preexistência e sobrevivência do ser inteligente, que o Espiritismo comprovou e tornou acessível a todo examinador consciente e responsável. Assim, sem *O Livro dos Espíritos*, com seus parâmetros soberanos e esclarecedores, não existe Doutrina Espírita, tanto quanto sem Allan Kardec não existiria esse colosso granítico demarcador da Humanidade – *O Livro dos Espíritos* –, que o porvir bendirá, tornando-se manual iluminativo para as consciências do presente e do futuro.[13]

Três anos depois, no ano de 1860, Kardec conclui o trabalho valoroso de *O Livro dos Médiuns,* que vem à publicidade no ano seguinte (1861). No Capítulo I, Kardec interroga se há Espíritos, como natural consequência da existência de Deus. Aprofundando o assunto, estabeleceu a necessidade de demonstrar, antes, a existência dos Espíritos, com o objetivo, a seguir, de partir para a averiguação das comunicações com eles, pelas quais se comprova a realidade deles. Desde então, a filosofia e a ciência experimental confraternizaram, no mundo espírita, alargando os conceitos da vida.

Nesse laboratório espiritual, a mediunidade (termo novo dado por Allan Kardec) foi orientada. Por essa razão, *O Livro dos Médiuns* é o mais completo compêndio a respeito da paranormalidade humana. Nenhuma outra obra, até os dias atuais, foi tão a fundo nas investigações sobre os médiuns, sobre a mediunidade e seus efeitos morais, quando exercitada, bem como seus perigos e bênçãos, ofertando, assim, os mesmos excelentes e seguros resultados, quando bem praticada.

Com linguagem acessível, *O Livro dos Médiuns* desmitificou a mediunidade e os fenômenos paranormais que, no século XIX, adquiriram importância capital, porque os estudos acerca do psiquismo humano, culturalmente falando, foram muito difundidos. Longe das superstições e fórmulas, ritos ou privilégios, numa análise lógica e verossímil das potencialidades humanas, Kardec colocou a mediunidade em seu devido lugar, ou seja, a serviço da vida e da evolução do próprio ser humano. Posto isso, a segunda obra da Codificação Espírita – *O Livro dos Médiuns* – ficou como marco insuperável da investigação mediúnica, que nenhum pesquisador da ciência psíquica, destituído de preconceitos, pode deixar de conhecer.

A dor, no entanto, campeava. Embora o Consolador prometido por Jesus já se encontrasse entre os homens, o luto e o desencanto, desenfreados, alastravam-se, disseminando amargura e aflição. As Esferas Sublimes, porém, recolhendo os apelos e as lágrimas que se erguem da Terra angustiada preparam a Grande Mensagem de consolação, em nome de Jesus, e a 1.ª edição de *O Evangelho Segundo o Espiritismo* foi concluída em 29 de abril de 1864. Cabe ressaltar que a obra tinha o título de *Imitação de O Evangelho Segundo o Espiritismo*. A 2.ª edição de *O Evangelho Segundo o Espiritismo* foi feita em 1865. A 3.ª edição, e definitiva, de *O Evangelho Segundo o Espiritismo*, foi feita em 1866. Dessa forma, Allan Kardec, corporificando essa obra, consegue distender a esperança e o amor sobre todo o orbe terrestre. Entrementes, mais precisamente no ano de 1865, Kardec havia publicado a obra *O Céu e o Inferno*. Em 1868, por fim, o Pentateuco Kardequiano é finalizado com *A Gênese*, demonstrando, assim, as Obras Fundamentais do Espiritismo.

Espiritismo *vs.* materialismo

Como definir alguém como materialista? Como dizer que fulano é espiritualista, e não espírita? Diante dessas questões simples, as respostas, muitas vezes, não correspondem à verdade. Pois bem: o materialista não crê em Deus; não acredita em qualquer força superior a ele, que seja constituída de cérebro. O espiritualista, porém, é aquele que acredita em alguma coisa a mais que a matéria; isso não significa que creia na existência dos Espíritos ou na comunicação com eles. Ademais, alguns espiritualistas acreditam que o Espírito foi criado juntamente com o corpo. Os adeptos da Igreja Católica Apostólica Romana servem como exemplo. O espírita, alfim, não é materialista. Aliás, todo espírita é espiritualista, mas nem todo espiritualista é espírita. Este crê que o Espírito não foi criado junto com corpo, e tem a certeza da relação entre o encarnado e o mundo invisível.

O Espiritismo veio patentear que a vida não é uma simples agregação de matéria, que com a morte se extingue. Ao revés, nos demonstra que, se assim o fosse, viver seria um contrassenso, uma aberração da Natureza. Por isso, a partir de 18 de abril de 1857, os conceitos da filosofia do desespero, negativista, niilista, aonde o nada era a suprema libertação que todos esperavam, sofreria vigoroso embate.

É certo que as doutrinas e correntes espiritualistas, ao aceitarem a sobrevivência espiritual, não negam (nem poderiam negar) a manifestação de entidades do mundo extraterreno; mas também é certo que os seus argumentos sobre a imortalidade da alma **não se apoiam na prática mediúnica, segundo as normas espíritas**, porque seus ensinos procedem de velhos troncos orientais, ao passo que o Espiritismo nasceu no Ocidente, após os fatos e circunstâncias que deram origem à codificação de sua doutrina, no século XIX.

Posto isso, para o Espiritismo, a experimentação mediúnica é uma necessidade, não propriamente como fim, mas logicamente como meio indispensável. Sem o fenômeno, que é a prova objetiva da imortalidade da alma, **não haveria espiritualismo experimental**. Então, a filosofia espiritualista seria apenas a crença na vida do além, uma crença tão discutível, tão insustentável como as tradições da Teologia. Não fossem os fatos, que o Espiritismo interpretou com o mais agudo senso filosófico, a decadência do espiritualismo ainda seria maior a partir da segunda metade do século passado. É justo, portanto, reconhecer que o Espiritismo reergueu o espiritualismo no Ocidente e, ao mesmo tempo, **revigorou a fé sobre alicerces racionais**. Do mesmo modo, a Doutrina Espírita tem vínculos com as correntes espiritualistas do Oriente, sob o ponto de vista filosófico da reencarnação e da imortalidade da alma.

Sendo assim, a Doutrina Espírita oferece uma filosofia pragmática, alicerçada na metodologia cartesiana, facultando no futuro enfrentar, com altivez, a derrocada da ética e da cultura, qual ocorre nos dias atuais. O Espiritismo sabe por que veio e para quem veio – aos fortes. E convenhamos que é destes que Jesus precisa agora, nestes tempos que são chegados, visto que ontem precisou de mendigos, de pecadores, dos malvistos pela sociedade – únicos indivíduos que, apesar das imperfeições que portavam, estiveram à altura de compreender e executar os sacrifícios necessários à difusão da Boa Nova que surgia. Façamos o mesmo.

A universalidade do ensino, aliado à razão

Ensina-nos a Doutrina Espírita ser a universalidade do ensino uma das condições para que se conheça se o Espíritos "são de Deus ou não". É claro que não é esta nem a principal, nem a mais importante das exceptivas. Um esclarecimento nocivo pode, tanto quanto um honesto ensinamento, ser universalizado pelos agentes das trevas.

Os Espíritos, livres que são, têm a natural capacidade de se movimentar na Espiritualidade ao ponto de *ensinarem*, da erraticidade, através da vários médiuns, em muitos pontos da Terra, que Deus não existe. Assim, se a universalidade do ensino bastasse, não se poderia acreditar, ainda, na reencarnação, porque ela é negada, peremptoriamente, por quase todos os Espíritos que se manifestam nos imensos e populosos territórios da Inglaterra, dos Estados Unidos da América e do Canadá. Esse ensinamento, nesses lugares, está devidamente universalizado.

E Jesus? Ora, em todos os países orientalistas (onde está o maior número de pessoas na Terra) as captações espirituais são unânimes em dizer que Krishna, Buda, Lao-Tsé, Confúcio e outros enviados celestes foram muito superiores a Jesus. Este, para eles, não passa de um aprendiz. Isso está solidamente universalizado no oriente. Sem embargo, ainda existem outros que sustentam a ideia (embora não seja a nossa) de que o Mestre houvera ido, durante seguidos anos, aprender com os essênios.

Portanto, a universalidade do ensino há de ser sempre um dos aspectos da autêntica Revelação; mas jamais o ponto principal. A lógica, o bom-senso, o exame cuidadoso do assunto, enfim a razão – eis os elementos de maior prevalecimento e supremacia. O insigne Codificador do Espiritismo já dissera essa ressalva na *Revista Espírita* de maio de 1866, quando falou sobre a marcha progressiva do Espiritismo, assim expressando: "Aceitando todas as ideias novas fundadas na **razão e na lógica**, desenvolvendo-as e fazendo surgirem outras desconhecidas, seu futuro estará assegurado". Como se não bastasse, na *Revista*

Espírita de agosto de 1867, diz Kardec: "É a universalidade do ensino, aliás sancionado **pela lógica**, que fez e que completará a doutrina espírita". E o último parágrafo de *O Livro dos Espíritos*? Lá não está grafado, com ênfase, que "o argumento supremo deve ser a razão"? Não olvidamos que, naturalmente, ao lado da razão, ou seja, da análise intelectiva, há uma idiossincrasia peculiar a cada indivíduo, conduzindo-o ao entendimento das grandes transcendentais verdades. Em suma, há sempre aquela certeza de que não devemos praticar o mal ou de que Deus existe. Certeza, esta, inerente ao silvícola ou ao gênio. Só assim conseguiremos compreender o critério da verdade, problema, aliás, de extrema gravidade, já que preocupou filósofos de todos os tempos.

Outra questão: como determinar os limites mínimos e máximos da chamada "universalidade do ensino"? Isto é, quantas mensagens espirituais valerão para o esteio desse critério? Umas cem? Duzentas mensagens? Quando Allan Kardec ressalta na *Revista Espírita* de março de 1864, p. 68 e 69, que recebeu comunicações espirituais de "cerca de mil centro espíritas sérios, disseminados em diversos pontos do globo" e, com efeito, "estaria em condições de ver os princípios sobre os quais houve concordância", por que não 2.000, 3.000 ou 5.000 centros espíritas? Ou faríamos *vistas grossas* que, também, outros 1.000 centros espíritas, não receberam inúmeras mensagens espirituais que ensinaram verdades opostas? Nesse caso, qual foi o critério final? Ora, exatamente o da razão, de Allan Kardec.

Não obstante, é bom levarmos em conta que somente a razão de Allan Kardec não há de ser suficiente, conquanto fora ele um homem altamente culto e inteligente, e revestido de uma missão incomum. Ilustraremos um caso assaz importante. Allan Kardec rejeitou, sistematicamente, todas as mensagens dos Espíritos que, antes de Charles Darwin, afirmavam **o evolucionismo biológico, a descendência do homem, a seleção e a evolução das espécies**. Essa atitude do mestre lionês foi criticada, por escrito, por d'Ambel (seu secretário e um de seus médiuns mais seguros), além de Alexandre Canu (secretário da Sociedade Parisiense de Estudos Espíritas), que, igualmente, fez críticas a Kardec, por escrito, pela mesma razão.

Devido, precisamente, a seu critério pessoal é que Allan Kardec selecionou, para a 1.ª edição de *O Livro dos Espíritos*, o ensino de que o homem não descendia do animal. Basta observar a questão 127, da 1.ª edição: "O homem não foi jamais outro ser senão *homo*". Já na 2.ª edição, tendo sido publicada a obra de Charles Darwin (1859), Allan Kardec se deu conta de que seu critério anterior houvera sido falho e adotou o novo ensino, passando-se, então, para o lado dos Espíritos que deram as explicações contidas nas questões 604 a 611, incluídas na 2.ª edição de *O Livro dos Espíritos*, aparecida em 1860, com natural satisfação dos Espíritos responsáveis pela Terceira Revelação.

Com isso, a universalidade do ensino não é nem pode ser o critério fundamental para determinar a veracidade dos ensinos revelados, mas sim a **universalidade da lógica da razão.**

Com seu tríplice aspecto, avante!

Dogmatismo é a doutrina dos que pretendem basear as suas ideias apenas na autoridade, não admitindo qualquer crítica ou discussão. No entanto, o Dogmatismo postula que a verdade existe e podemos conhecê-la. Alimenta a confiança de cada um de nós em nossas próprias faculdades intelectuais e na crença da realidade objetiva dos nossos conhecimentos, bem como na certeza de que a inteligência humana é capaz de atingir as verdades alusivas ao homem, ao universo e a Deus. Em suma, o dogmatismo é uma teoria do conhecimento que atribui ao homem a faculdade de atingir, pela razão, a verdade absoluta. É o embasamento das doutrinas platônica, estoica, neoplatônica, cartesiana, etc.

O Espiritismo é uma doutrina que nos fornece a liberdade de pensamentos. Podem se considerar os verdadeiros espíritas como sendo livres pensadores. Podem e devem discutir e criticar. Mas a discussão e a crítica devem ser feitas dentro dos termos precisos da chamada autoridade dogmática. O que isso quer dizer? Significa que a doutrina espírita não pode admitir discussões capazes de lhes modificar os fundamentos primários, tais quais da existência de Deus, da imortalidade da alma, da comunicação entre os Espíritos desencarnados e os encarnados, etc. Neste caso não pode haver liberalismos. A dúvida é sempre metódica. Quem não quiser aceitar esses postulados deixa automaticamente de ser espírita.

O Espiritismo, portanto, é dogmático (metafisicamente falando). Não um dogmatismo exagerado que prega a possibilidade duma certeza absoluta em todas as coisas. Não. O Espiritismo prega uma certa relatividade na aquisição da certeza, devido ao poder limitado da nossa inteligência e ao caráter provisório dos conhecimentos científicos.

Há no Espiritismo um racionalismo diferente, visto que não diviniza a razão, conforme fizeram os gênios enciclopedistas do século XVIII, tal qual Voltaire. Abrimos exceção a Rousseau, porque ele defendia um racionalismo teísta e cheio de consolações. Ora, este é o racionalismo da Doutrina Espírita, porque reclama, tão somente, o emprego prudente da razão, da harmonia entre a ciência e a religião, da pesquisa naquilo que a razão não entende, como também da rejeição do que a razão recusa.

O Espiritismo é movimento da mais pura universalidade, pois, além de ser filosofia capaz de traçar roteiros sadios para todos os homens de boa-vontade, é ciência, comprovando em todas as latitudes geográficas do orbe a razão e a lógica dos seus postulados! E a legenda desse universalismo autêntico ainda se confirma na transfusão dos seus ensinamentos libertadores, os quais se realizam à luz do Evangelho, isto é, do *Código Moral* da humanidade terráquea, que, instituído pelo Mestre Jesus, visa a extinguir todas as fronteiras dos preconceitos e das convenções humanas com a simples recomendação: "Amai-vos uns aos outros como eu vos amei".

A Doutrina Espírita, no seu aspecto filosófico, cogita, induz, deduz ideias e fatos lógicos sobre as causas primeiras e seus efeitos. Generaliza, sintetiza, reflete, aprofunda e explica. Estuda, discerne e define motivos e consequências e o porquê dos fenômenos relativos à vida e à morte. "A sua lógica, decorrente da sua filosofia, atende a todas as necessidades e interrogações do pensamento, sem deixar de elucidar os dramas existenciais, a origem do ser, do sofrimento e do seu destino."[14]

No seu aspecto científico, investiga, experimenta, comprova, sistematiza e conceitua leis, fatos, forças e fenômenos da vida, da natureza, dos pensamentos e dos sentimentos humanos. E no seu aspecto religioso, depois das constatações científicas e conclusões filosóficas, traz o conhecimento humano da Paternidade Divina e da irmandade universal de todos os seres da Criação, estabelecendo, desse modo, o culto natural do amor a Deus e ao próximo, fugindo dos dogmas, da fé desarrazoada e cega, do sobrenatural e do mistério.[15]

O Espiritismo tudo nos dá e nada nos pede em troca. É o anticorpo para os males que afligem o mundo e para as misérias morais que maceram os Espíritos neste Vale de Lágrimas – a Terra. Ensina-nos que cada qual leva da vida a vida que leva. O Espiritismo é a ciência integral, a filosofia humana, a doutrina universal. Reconhecido como o Cristianismo renascente, sem os separativismos de raças e credos, é o denominador comum da cordialidade universal, um libertador de almas na hora da alucinação humana do século apocalíptico.

Reproduziremos, a seguir, algumas afirmações do preclaro Codificador do Espiritismo – Allan Kardec –, bem como de alguns vultos dessa veneranda

Doutrina, mostrando-nos o verossímil significado da Terceira Revelação e seu respectivo rumo, desde o dia de sua codificação, em 18 de abril de 1857. Ei-las:

"A Doutrina Espírita, tal qual é hoje professada, tem uma amplidão que lhe permite abranger todas as questões de ordem moral; satisfaz a todas as aspirações e, pode-se dizer, à razão mais exigente, para quem queira estudá-la e não esteja dominado pelos preconceitos. Ela não tem as mesquinhas restrições de certas filosofias; alarga ao infinito o círculo das ideias e nenhuma é capaz de elevar mais alto o pensamento e livrar o homem da estreita esfera do egoísmo na qual têm procurado confiná-lo." (Allan Kardec – *Revista Espírita* de 1861, p. 136.)

"Quem, hoje, poderia afirmar que ela disse a última palavra? Certamente que não a disse; se as bases fundamentais estão estabelecidas, há ainda muitos pormenores a elucidar e que virão a seu tempo. Depois, quanto mais se avança, mais se vê quão múltiplos são os interesses em que ela toca... Só o futuro pode, pois, desenvolver-lhe todas as consequências, ou, melhor dizendo, essas consequências se desenvolverão por si mesmas, por força das coisas, porque se encontra no Espiritismo o que inutilmente se procurou alhures." (Allan Kardec – *Revista Espírita* de agosto de 1863, p. 232.)

"A Doutrina de Allan Kardec, nascida – não será demasiado repeti-lo – da observação metódica, da experiência rigorosa, não se torna um sistema definitivo, imutável, fora e acima das conquistas futuras da Ciência. Resultado combinado de conhecimentos dos dois mundos, de duas Humanidades penetrando-se uma na outra, ambas, porém, imperfeitas e a caminho da verdade, do desconhecido, a Doutrina dos Espíritos transforma-se, sem cessar, pelo trabalho e pelo progresso, e, embora superior a todos os sistemas, a todas as filosofias do passado, acha-se aberta às retificações, aos esclarecimentos do futuro." (León Denis – *Depois da Morte* – cap. XX.)

"O Espiritismo não é, como julgam os padres ser a revelação messiânica, a última palavra sobre as verdades que Deus, em seu amor pela Humanidade, faz baixar do céu à Terra. Enquanto o homem não chegar ao último grau da perfeição intelectual, o de penetrar todas as leis da Criação, a revelação não chegará a seu termo, pois que ela é progressivamente mais ampla, na medida do desenvolvimento da faculdade compreensiva do homem. O Espiritismo, pois, tendo dado mais do que as anteriores revelações, muito terá ainda que dar, porque muito terá ainda que progredir a Humanidade terrestre." (Bezerra de Menezes – *Gazeta de Notícias* de 22/04/1897 – RJ.)

"(...) A Doutrina [Espírita] é progressiva, esquivando-se a qualquer pretensão de infalibilidade, em face da grandeza inultrapassável do Evangelho." (Emmanuel – *O Consolador*, Q. 360.)

"A pouco e pouco, luz e entendimento novo da realidade, e as concepções antigas e venerandas doutrinárias espiritualistas de épocas recuadas são trazidas à atualidade, sendo aceitas sob modernas denominações. (...) O homem marcha para Deus. É inevitável essa fatalidade. O Espiritismo, ensejando uma visão holística da realidade e dos procedimentos saudáveis, é o bandeirante ímpar dos novos tempos." (Manoel Philomeno de Miranda – *Trilhas da Libertação*, p. 124 e 154.)

Concordamos com o pensador espírita León Denis (1846-1927), quando diz, na obra *Depois da Morte*, que o Espiritismo é um dos maiores acontecimentos da História – portanto, uma realização de Deus –, e que o futuro o espera. A Doutrina Espírita, que consideramos como ímpar, convida o ser humano a não permanecer no amolamento de caráter, tornando-o, com efeito, inexperiente, ou seja, que conhece as coisas apenas porque ouviu dizer, ou por processo meramente analítico-intelectual. São aqueles que Kardec denominou como a segunda categoria de espíritas, porque compreendem o alcance filosófico do Espiritismo, admiram a moral que dele decorre, mas não a praticam; para eles, a caridade cristã é uma bela máxima, e nada mais. Estes, consideram a racionalidade como contrária à mística, a filosofia inimiga da religião (no seu sentido verdadeiro). Mas, todo Homem de experiência profunda, que não se limita apenas a admirar a moral do Cristo Jesus, mas vivê-la, é um *racionalista místico* ou um *místico racional*; é um *filósofo religioso* ou um *religioso-filosófico*. Deus não é apenas infinito Amor, mas também a Razão eterna.

Encerramos, convidando o leitor a não apenas estudar a verdade trazida nesta singela obra, porque a verdade é uma só, seja ela religiosa ou seja ela filosófica. Pedimos ao leitor que VIVA a verdade, pois ela é libertadora, conforme preconizou Jesus: "Conhecereis a verdade, e a verdade vos libertará" (João,

8:32). Verdade apenas ESTUDADA, chama-se Verdade. Verdade VIVIDA, chama-se Amor. Este, é a culminância da Verdade e da Razão. O Evangelho e o Espiritismo são obra do mesmo autor – Jesus, o Cristo. Dessarte, se vos perguntarem algum dia se o Espiritismo será a Religião do futuro, diga, sem hesitar, que não. Mas, resoluto, anuncie, convicto, que o Espiritismo é (e será) o futuro das Religiões, porque une a razão ao sentimento (Amor), a ética à moral, o pensamento à emoção, como jamais qualquer doutrina o conseguira. O Espiritismo, em seu tríplice aspecto – filosófico, científico e religioso –, responde todas as questões, e resolve todos os problemas de maneira a satisfazer a razão e a consciência.

Paz.

Notas

1. Friedrich Engels (1820-1895) foi um revolucionário alemão. A fundação do socialismo científico ou marxismo, de Karl Marx, teve o grande suporte teórico de Engels. O *Manifesto Comunista*, de 1848, que tanto incitou a Revolução Russa, é de sua autoria com Marx.

2. Marie Jean Pierre Flourens (1794-1867) foi um fisiologista francês, sendo pioneiro no conceito de que a mente estava localizada no cérebro, e não o coração.

3. Georges Cuvier (1769-1832) foi um naturalista que procurou atingir a compreensão das leis naturais que regem o funcionamento dos seres vivos, formulando, com efeito, as leis da Anatomia Comparada.

4. François Joseph Victor Broussais (1772-1838) foi um médico francês que, infelizmente, conceituou a causa da inteligência como sendo material.

5. Jean Baptiste Bouillaud (1796-1881) foi um médico e pesquisador francês de doenças como o câncer, a cólera, as doenças cardíacas e a própria encefalite. Foi um dos primeiros defensores das localizações das funções cerebrais, destacando a área da fala. Não obstante, em sua intelectualidade fulgurante, o pensamento não passava de função fisiológica, e que a alma é atributo da matéria.

6. Jacob Moleschott (1822-1893) foi fisiologista e escritor holandês. Suas ideias mostram ostensivamente seu materialismo científico. Vão, aqui, algumas frases, poéticas por sinal, de Moleschott: I) – "A matéria é base de toda a força espiritual, de toda a grandeza humana e terrestre." II) – "O vocábulo *alma*, considerado anatomicamente, exprime o conjunto das funções cerebrais e da medula espinhal, e, fisiologicamente, o conjunto das funções da sensibilidade encefálica." III) – "A análise não encontra na consciência, neste augusto instinto, nesta VOZ imortal, mais que um simples mecanismo, que se desmonta como qualquer aparelho." IV) – "É a matéria que governa o homem."

7. Karl Georg Büchner (1813-1837) foi um médico, escritor e dramaturgo franco-alemão. Para ele, "o homem não passa de produto material; que não pode ser o que os moralistas pintam; que não tem faculdade alguma privilegiada." E, como um inveterado criticista de Deus, argui: "Todos os corpos celestes, pequenos ou grandes, se conformam, sem relutância, sem exceções. nem desvios, com esta lei inerente a toda matéria e a toda partícula de matéria, como podemos experimentar a cada momento. É com uma precisão e certeza matemáticas que todos esses movimentos se fazem reconhecer, determinar e predizer. Os espiritualistas veem nestes fatos o pensamento de um Deus eterno, que impôs à Criação as leis imutáveis de sua perpetuidade. Os materialistas, porém, ao contrário, não veem nisso senão a prova de que a ideia de Deus não passa de uma pilhéria. Outro fora o caso, se existissem corpos celestes caprichosos ou rebeldes, se a grande lei que os rege não fosse soberana. É fácil conciliar o nascimento, a constelação e o movimento dos orbes com os processos mais simples que a matéria de si mesma nos possibilita. A hipótese de uma força pessoal criadora é inadmissível. Por quê? Ninguém, jamais, pôde sabê-lo. Os espiritualistas admiram o movimento dos astros, a ordem e harmonia que a eles preside. Ingênuos! No Universo não há ordem nem harmonia, e sim, pelo contrário, a irregularidade, os acidentes, a desordem, que excluem a hipótese de uma ação pessoal regida pelas leis da inteligência, mesmo humana." (apud José Lacerda, *Força e Matéria*.)

8. Karl Christoph Vogt (1817-1895) foi um fisiologista, zoologista e geólogo franco-alemão voltado, como Moleschott e tantos outros, ao materialismo científico, mostrando, assim, que a fisiologia cerebral ainda estava (ou ainda está?) na sua infância, porquanto as relações do cérebro com o pensamento permaneciam (ou ainda permanecem?) desconhecidas. Para Vogt, "as faculdades da alma valem como funções da substância cerebral e estão para o cérebro como a urina para os rins." (*Letras Fisiológicas*.)

9. Vianna de Carvalho. (*Reflexões Espíritas*, p. 12/13.)

10. Emmanuel (*A Caminho da Luz*, p. 199.)

11. Allan Kardec. (*O Evangelho Segundo o Espiritismo*, Cap. XIX, item 7.)

12. Vianna de Carvalho. (*À Luz do Espiritismo*, p. 129.)

13. Idem. (*Princípios Espíritas*.)

14. Victor Hugo. (*Compromissos de Amor*, p. 155.)

15. Pode o leitor questionar: o Espiritismo é religião? Depende do que realmente se considera religião, pois o Espiritismo não é mais uma seita que se particularize entre os diversos tipos de associações religiosas do mundo. Contudo, é *religião*, na acepção do vocábulo *religare*, processo ou meio de religar o Espírito à Consciência Cósmica. Sua função é dinamizar o *quantum* energético da centelha espiritual que domina em sua intimidade, fazendo-a aflorar cada vez mais à superfície da transitória personalidade humana; e assim consolidando a individualidade eterna do ser consciente de existir no Universo! Não é movimento destinado a reunir homens e incentivá-los à adoração de

Deus sob um aspecto particularizado; nem se distingue por cerimônias em templos, dogmas, compromissos ou posturas peculiares a estatutos religiosos. É norma de vida do Espírito encarnado, induzindo-o a libertar-se, o mais cedo possível, da animalidade que o prende aos ciclos encarnatórios nos mundos planetários. Mas tudo isso será exercido com um *estado* de espírito no homem, sem limitações, preconceitos, obrigações ou exigências aos seus fiéis e adeptos. O esforço da criatura em "religar-se" o mais cedo possível com o Pai deve ser espontâneo ou voluntário. Jamais obrigatoriamente, pois isso lhe tiraria o mérito da ação.

Referências

ÂNGELIS, Joanna de (Divaldo Pereira Franco). *Atitudes Renovadas*. 6.ed. Salvador, BA: Leal, 2014.

_____. *Autodescobrimento*. 5.ed. Salvador, BA: Livraria Espírita Alvorada, 1981.

_____. *Estudos Espíritas*. 5.ed. Salvador, BA: Livraria Espírita Alvorada, 1981.

ÁUREO (Hernani Trindade Santana). *Universo e Vida*. 5.ed. Rio de Janeiro: Federação Espírita Brasileira, 1978.

BACON, Francis. *Ensaios*. 3.ed. Lisboa, Portugal: Lisboa Guimarães Editora, 1992.

_____. *O Progresso do Conhecimento*. São Paulo: Editora UNESP, 2007.

BESANT, Annie. *A Vida Espiritual*. São Paulo: Editora Pensamento, 2009.

_____. *A Sabedoria Antiga*. 2.ed. Rio de Janeiro: Editora Record, 1977.

CARVALHO, Vianna de (Divaldo Pereira Franco). À Luz do Espiritismo. 4.ed. Salvador, BA: Livraria Espírita Alvorada, 2000.

_____. *Princípios Espíritas*. Salvador, BA: Livraria Espírita Alvorada, 1992.

_____. *Reflexões Espíritas*. Salvador, BA: Livraria Espírita Alvorada, 1992.

DENIS, León. *O Problema do Ser, do Destino e da Dor*. 26.ed. Rio de Janeiro: Federação Espírita Brasileira, 1919.

_____. *O Grande Enigma*. 3.ed. Rio de Janeiro: CELD, 2011.

DESCARTES, René. *O Discurso do Método*. São Paulo: Editora Martin Claret, 2006.

DURANTE, Will. *A Filosofia de Espinosa*. Rio de Janeiro: Tecnoprint.

_____. *A Filosofia de Francis Bacon*. Rio de Janeiro: Editora Ediouro.

_____. *A Filosofia de Schopenhauer*. Rio de Janeiro: Editora Ediouro.

_____. *A Filosofia de Nietzsche*. Rio de Janeiro: Editora Ediouro.

_____. *Os Heróis da História*. Porto Alegre, RS: L&PM, 2013.

EINSTEIN, Albert. *Como Vejo o Mundo*. 11.ed. Rio de Janeiro: Editora Nova Fronteira, 1953.

EMMANUEL (Francisco Cândido Xavier). *A Caminho da Luz*. 11.ed. Rio de Janeiro: Federação Espírita Brasileira, 1982.

_____. *Emmanuel*. 24.ed. Rio de Janeiro: Federação Espírita Brasileira, 1940.

_____. *O Consolador*. 24.ed. Rio de Janeiro: Federação Espírita Brasileira, 1940.

ERNY, Alfred. *O Psiquismo Experimental.* 4.ed. Rio de Janeiro: Federação Espírita Brasileira, 1995.

FLAMMARION, Camille. *Deus na Natureza.* 6.ed. Rio de Janeiro: Federação Espírita Brasileira, 1937.

_____. *Narrações do Infinito.* 6.ed. Rio de Janeiro: Federação Espírita Brasileira, 1938.

GONÇALVES, Jésus. *Em Busca da Ilusão.* 6.ed. Matão, SP: Editora O Clarim, 2005.

GROSS, Ronald. *À Maneira de Sócrates.* Rio de Janeiro: Editora Best Seller, 2005.

HEGEL, Georg Wilhelm Friedrich. *Fenomenologia do Espírito.* Editora Livro Móvel (iBooks), 2017.

ROHDEN, Huberto. *Filosofia Universal.* São Paulo: Editora Martin Claret, 2011.

KANT, Immanuel. *Crítica da Razão Prática.* São Paulo: Editora Martin Claret, 2011.

_____. *Crítica da Razão Pura.* São Paulo: Editora Martin Claret, 2011.

KARDEC, Allan. *A Gênese.* 48.ed. Rio de Janeiro: Federação Espírita Brasileira, 1944.

_____. *Obras Póstumas.* 11.ed. Rio de Janeiro: Federação Espírita Brasileira, 1957.

_____. *O Céu e o Inferno.* 48.ed. Rio de Janeiro: Federação Espírita Brasileira, 1944.

_____. *O Evangelho Segundo o Espiritismo.* 43.ed. Rio de Janeiro: Federação Espírita Brasileira, 1954.

_____. *O Livro dos Espíritos.* 33.ed. Rio de Janeiro: Federação Espírita Brasileira, 1974.

_____. *Revue Spirite de 1859.* São Paulo: EDICEL, 1985.

_____. *Revue Spirite de 1860.* São Paulo: EDICEL, 1985.

_____. *Revue Spirite de 1861.* São Paulo: EDICEL, 1985.

_____. *Revue Spirite de 1863.* São Paulo: EDICEL, 1985.

_____. *Revue Spirite de 1864.* São Paulo: EDICEL, 1985.

_____. *Revue Spirite de 1866.* São Paulo: EDICEL, 1985.

_____. *Revue Spirite de 1867.* São Paulo: EDICEL, 1985.

MARX, Karl. *Manifesto Comunista.* Fix Pub, iBooks, 2017.

MENESES, Paulo. *Hegel e a Fenomenologia do Espírito.* Rio de Janeiro: Editora Zahar, 2003.

MIRANDA, Hermínio C. *Alquimia da Mente.* 3.ed. Bragança Paulista, SP: Editora 3 de Outubro, 2010.

NIETZSCHE, Friedrich. *Assim Falava Zaratustra.* São Paulo: Editora Centauro, 2012.

_____. *Vontade de Potência.* Petrópolis, RJ: Editora Vozes, 2011.

ORÍGENES. *Tratado sobre os Princípios.* São Paulo: Editora Paulus, 2012.

PASCAL, Blaise. *Pensamentos.* São Paulo: Editora Centauro, 2013.

PLATÃO. *Apologia de Sócrates.* Porto Alegre: L&PM, 2008.

_____. *Fédon*. São Paulo: Editora Martin Claret, 2005.

_____. *Fedro*. São Paulo: Editora Martin Claret, 2005.

RODRIGUES, Amélia. *Pelos Caminhos de Jesus*. Rio de Janeiro: Livraria Freitas Barros, 1987.

SCHOPENHAUER, Arthur. *Dores do Mundo*. São Paulo: Edipro, 2014.

_____. *O Mundo Como Vontade e Representação*. 3.ed., 1883.

SPINOZA, Baruch. Ética. 2.ed. Belo Horizonte: Editora Autêntica, 2016.

SILVA, Hélio Alexandre da Silva. *As Paixões Humanas em Thomas Hobbes*. São Paulo: Editora Cultura Acadêmica, 2009.

UBALDI, Pietro. *A Grande Síntese*. Rio de Janeiro: Federação Espírita Brasileira, 1939.

_____. *Problemas Atuais*. 2.ed. Rio de Janeiro: Federação Espírita Brasileira, 1984.